播音与主持艺术专业
"十三五"规划教材·实训系列

即兴评述

姜 燕 著

中国传媒大学出版社
·北京·

前　言

《即兴评述》是一本关于"器"的书。

它跟"道法术器"和"君子不器"有关。

因此，这本书的前言，由三部分组成。

第一部分，关于"道法术器"。

先说一个看上去和"即兴评述"似乎八竿子打不着的东西，那就是源自老子《道德经》的"道法术器"。2500年后，在传统的辩证哲学思想跟现代传播的理论和实践之间，依然可以用这种有效的对应关系来解释。

道：就是核心思想、理念和本质规律。

法：就是法律、规章、制度、方法。"法"是以"道"为基础制定的原则，比如"道法自然"或"以人为本"都与这个"法"密不可分。

术：是以道为指导原则，做出反应和选择的行为与技巧。"以道御术"，亦出自《道德经》，很多人把"御"看作"承载"，其实更贴切的是"驾驭"。

器：本质就是"有用者也"。

《易经·系辞》曰："形而上者谓之道，形而下者谓之器。"意思就是把有形的东西抽象上升为规律就是道，把有形的东西具体下用作某种功能就是器。"器"为"具体而有用者也"。无道，不成器；没有器，则无以载道。

很多时候，某一领域不缺少理论家，但缺少能够切实落地的人。还有的时候有了核心技术，但缺少技术推广应用的方法。对一个技术具体怎么应用会有很多的字面解释，但没有具体的方法和路径。许多看上去有指导性的理念，基本上都是在指导"方向",而没有具体的"方法"。

《即兴评述》就在"道法术器"的最末端,旨在以口语传播的"道"为基本指导思想,探寻"落地"的方法。

第二部分,关于"方向"和"方法"。

白岩松在第20届齐越朗诵艺术节暨全国大学生朗诵大会的学术论坛发言中说:"在我们的传播教育当中,我一直觉得我们一起要去改变一个东西,我们在方向上付出的时间太多,我们都在教方向。我觉得教育应该是用很短的时间,大家统一方向,用绝大多数的时间来教方法。因为方向从来不自然诞生方法,但是方法却可以确定方向……没有方法,光有方向,教育有什么用?教育不是在教方向。我认为教育是明晰它的方向,然后教方法,让学生能找到自己的人生方向。我们需要在知道了我'说什么'后,重点往'怎么说'方面去努力。"

《即兴评述》所涉及的正是这个"方法"。

第三部分,关于"即兴评述"。

为什么要学好即兴评述呢?

因为它几乎是一切考查性语言活动的基础。近年来,在各种语言类考评中,无稿表达问题最多。

无稿表达主要包括即兴评述、即兴演讲、模拟主持和即兴答问等形式。其中,即兴评述由于考查的综合性强、难度大,又是无稿表达中出现问题最多的。

即兴评述需要套路吗?

遇到不熟悉的材料怎么办?

容易跑题怎么办?

心里明白但组织不起语言怎么办?

……

类似的问题是不是还有很多?

基于此,《即兴评述》希望能够探寻口语传播的"道"与即兴口语学习的最佳接口,希望有助于教师结合不同任务类型的特点对教学策略做出调整,希望学生能够站在一个更高的角度来认识正在进行的即兴评述这种"任务",从而促进即兴评述朝着准确、流利和精彩的方向发展。

《即兴评述》遵循"道在术中,以道御术"的规律。它由六章、三大部分组成:第一章到第四章的即兴评述宏观指导、第五章四个常见即兴评述形式的分类指导和第六章即兴评述的临场状态调控。

道家的"道法术器",如果是以出门旅游为例,可以这样描述:

道:你的目的地。

法:你选择到达的方式。

术:你的开车技术。

器:你选择开哪辆车。

而作为即兴评述的"道法术器",是这样的:

道:口语传播的大规律,在这之下你要达到的目标。

法:口语表达的择词、组句、排序等显性方法或潜在规则,在这之下你选择的练习提升的方式。

术:你用来提升即兴评述能力的种种技术。

器:将这些规律、规则和技术一一落实的方法。

道是无形的,器是有形的。有形的物质都是器,不单指器皿;而道,是所有器物存在、运动、发展的总规律,是无形的。但是,道器不离,无形的规律(道),恰好就存在于有形的器物之中。

同为姜燕的口语传播系列研究著作,作为"道",有《汉语口语美学》;作为"法",有《即兴口语》;作为"术",有《问答术》《论辩术》;而《即兴评述》,就划归到"器"中吧,但它的目标是成为一个利器。凡事都有一个起步,你无论走到哪里,都要始于足下。学习即兴口语表达的人可以试着从即兴评述这里起步,秉承"大道至简"原则,举一反三,时时研读演习,才会百炼成钢。小"器"的目标是成就口语传播的大"道"。

古人云"君子不器",说的乃是"小器",而我们要成的是"大器"。"教方法"其实很难,从这一点上来说,《即兴评述》是一本关于"大器"的小作。

姜 燕
2020 年 5 月

目　录

第一章　即兴评述的任务

第一节　即兴评述的任务定位 ··· 1
一、围绕素材概括评述主题 ··· 4
二、确定清晰的思维主线 ·· 6
三、保持无文本的即兴评述 ··· 9
四、寻求艺术化的表达 ·· 10

第二节　即兴评述的题目设定 ··· 13
一、即兴评述题目设定三原则 ··· 13
二、无情境性和情境性即兴评述 ·· 14
三、评述"开口难"主因 ·· 17

第二章　即兴评述误区和加分点

第一节　即兴评述十二误区 ·· 21
一、概括错误 ··· 21
二、不扣原题 ··· 25
三、先写后说 ··· 26
四、表达书面化 ·· 26

五、复述有误 ··· 27
　　六、只评不述 ··· 29
　　七、没有有效观点 ·· 30
　　八、缺少有效信息 ·· 31
　　九、套用万能公式 ·· 32
　　十、堆砌例子 ··· 36
　　十一、立场有误 ·· 36
　　十二、表演化 ··· 40
第二节　即兴评述五大加分点 ··· 42
　　一、语言分 ·· 42
　　二、观点分 ·· 47
　　三、思路分 ·· 55
　　四、形象分 ·· 57
　　五、信息分 ·· 63

第三章　即兴评述思维拓展

第一节　两种思维与材料处理 ··· 68
　　一、聚敛思维层级练习 ··· 68
　　二、思维发散与层递拓展 ·· 73
　　三、核心意义与延伸意义 ·· 76
第二节　即兴评述思维的运行规律 ······································· 87
　　一、即兴评述思维的"站位" ··· 88
　　二、即兴评述思维的"顺向" ··· 91

第四章　即兴评述语言组接

第一节　多维思维到一维口语 ··· 97
　　一、从面对面到点对点 ··· 98
　　二、对视像进行口语转述 ·· 100

三、语言与世界的矛盾···102
第二节　即兴评述语言问题分析···105
　　一、口语表达不畅的五种表现···105
　　二、常见语病的六种类型··108
　　三、评述语言问题的四个源头···111
第三节　即兴评述语言提升五法···120
　　一、给话语照镜子···121
　　二、给话语拆支架···122
　　三、给话语一个核心···126
　　四、给话语一个任务···129
　　五、给话语一个场景···131
第四节　即兴评述语言微观组接···137
　　一、即兴评述的词语重组··137
　　二、即兴评述的句子串联··141
　　三、即兴评述的语篇构建··146

第五章　即兴评述分类和评述路径

第一节　新闻即兴评述···159
　　一、信息点的平行联想···159
　　二、避免迷路的明示信息··162
　　三、新闻材料的评述支架··165
　　四、应对难题的方法··166
第二节　话题即兴评述···178
　　一、话题的两大类别··179
　　二、观点分类及相应评述步骤···182
　　三、三条路径···188
　　四、多角度与核心点··192
　　五、难题的化解··196

第三节　图片即兴评述	199
一、捕捉明示信息	200
二、描述和解释	201
三、浅联想和深联想	202
四、图片的视角拓展	203
第四节　群体即兴评述	209
一、常见形式与流程	210
二、题目类型和争议点	211
三、群体即兴评述的测试点	213
四、群体即兴评述释疑	215

第六章　即兴评述临场状态调控

第一节　评述前紧张状态调整	220
一、替换行为和转化控制	221
二、暴露冲击	223
三、注意力训练	224
第二节　评述中的控制应对	226
一、避免开口错	227
二、有效深呼吸	227
三、讲个故事	228
四、换个姿势	229

后　记	232

第一章　即兴评述的任务

即兴也谓之乘兴、随兴。它的顺利完成，原本靠的是厚积薄发，一如渊潭之积水，蓄之愈深则流之愈长。

口语表达能力是人类最复杂的社会认知技能之一。即兴评述是基于一定材料的无文本的、即兴的叙述和评论，是在一定的叙述基础上表达自己的观点。

在即兴口语测试中，经常采用的题型主要有自我介绍、命题演讲、回答问题、即兴评述、模拟主持、即兴论辩和小组讨论等。这些题型不仅可以用作试题测试学生的口语表达水平，也可以作为日常练习口语的任务类型。即兴评述，就是其中综合性最强、最常见的一种。

第一节　即兴评述的任务定位

即兴评述，是即兴口语表达各种任务类型中的一个重要组成部分，也是公认的使用最普遍、难度最大的任务类型。即兴评述的基本形式是以某个新闻资料或话题材料为依据，进行即兴的叙述和评论。在即兴评述中，既有对原事实材料的简单叙述，也有自己对材料的客观看法。简言之，即兴评述的步骤包括"述"和"评"两部分，这两部分都没有文本依托。

即兴评述没有明确的答案，对即兴评述的考查重点不是评述者是否表达出了唯一"正确"的答案，而在于评述者的分析、表达能力，对时事的洞察力，以及自身的知识面等；在于评述者能否抓住看似复杂问题的实质和症结所在，有逻辑、有层次、有针对性地展开论述；也在于评述者的思维是否活跃且具有创造性。这类问题一般不是要评述者发表专业性的观点，也不是对观点本身正确与否做出评价，而主要是看评述者是否言之成理。

即兴评述是一道"主观题"，评述者可以自由地发挥，但评委在评分时是有一定

即兴评述

标准的。得分比较高的评述者不仅能够准确概括出评述主题，而且还能够针对自己的观点，配合个人或社会的实际来进行论证，论点鲜明，考虑问题有深度；语言顺畅且不乏形象化的表达、创新性的使用。较差的即兴评述是没有自己的观点，语言不流畅，考虑问题没有深度，泛泛而谈，言之无物。更差的甚至跑题，事例材料与主题无关，观点偏差，语言有卡壳、缺失等。

与即兴主持、即兴演讲和即兴答问等其他几个即兴口语任务相比，即兴评述是对评述者的语音面貌、思维能力、逻辑能力、知识储备、应变能力、语言表达能力等多方面的综合考查。评述与复述、描述的不同点在于它不仅要"述"所见所闻，更重要的还要谈出所"感"。"述"是"评"的基础，"评"是"述"的生发，即兴评述表达方式具有综合性特征。从对事实的叙述到即兴谈出自己的观点，思维活动越来越复杂，表达的难度也越来越大。例题 1 是一则新闻类评述材料。

⊃ 例题 1

随着教育信息技术的不断发展，中小学生家庭作业开始出现"电子化"趋势，越来越多的孩子回家后"捧着手机做作业"。不少家长对此表示担心。

徐女士的儿子在汉口某小学读三年级。这个暑假，英语老师布置了 50 多天的在线作业，需要用手机 App 完成，而且设置为每天只能完成当天的作业，第二天才能更新下一个"关卡"。这就意味着，这项作业必须每天用手机"打卡"完成，不能"攒"在一起自由安排进度。

徐女士儿子的日常作业记录中，英语老师布置电子作业的频率最高，每周都布置需要在线完成的作业。此外，语文老师也经常要求将学生读、背课文的音频、视频发到班级群里；数学老师则向家长推荐了多款练习口算和数独的 App。

为了帮儿子完成作业，徐女士和爱人的手机上都安装了相关 App。今年 8 月初，徐女士一家前往马来西亚旅游，每天一换新的酒店，第一件事就是拿出手机连接 Wi-Fi，先让儿子完成作业进度。为此，她还专门发了一条"旅游也不忘学习"的朋友圈。"就怕哪天玩忘了形，影响儿子开学交作业。"徐女士说，现在就算假期回老家，首先要"落实"的也是 Wi-Fi 问题。

即兴评述，就是对题目所提供的材料中的人物、事件或立场、观点即兴发表自己的见解。下面是围绕例题 1 展开的评论：

随着社会的发展、电子产品的普及，我们的很多业务可在手机上办理，比如银行业务、停车缴费业务等，这些都给我们的生活带来了便利。在这样的大形势下，中小学生家庭作业也开始出现了"电子化"的趋势。电子化作业肯定是大势所趋，在我们因疫情而蜗居在家的那段时间，线上课程和电子作业更是起到了不可替代的作用。

相对于传统的纸质家庭作业，孩子们大多喜欢用手机做作业。作业"电子化"的趋势虽然看上去与科技发展同步，也适应了现代化生活的需求，但是，我们也不能忽视它带来的各种弊端。

不少在线作业软件中植入了游戏、领养宠物等娱乐性内容，如果不加选择地运用，孩子们就会以写作业为由玩手机，家长也会因为这是老师布置的任务而难以管理。

近年来，许多小学生写字时坐姿不端正、握笔姿势不正确，书写难看，这些现象都与过度使用电子产品有关。电子作业更会使学生的书写能力不断退化，现在很多成年人出现提笔忘字的现象，患上"失写症"，小孩子在成长过程中过多做"电子作业"，也有可能加剧这种现象。

电子作业需要很多外在手段加以控制，一旦疏于监管，就可能加重孩子的网瘾或手机瘾。

对于处在成长阶段的中小学生来说，电子作业会加重用眼负担，影响孩子的视力发育。

因此，对于这种"电子作业"，我的看法是，它是一柄双刃剑，应当加强在使用过程中的管理力度，避免"电子"成分的泛化、"作业"任务的不足。如果能够合理安排电子作业和纸质作业的比例，还是可以的，因为我们毕竟处于一个电子产品极大丰富的时代。

这是一段教科书式的即兴评述，因为它既有自己的观点也有与题目相关的额外的新信息，述得精当准确，评得恰到好处，显示出评述者宽广的视野、清晰的思路和丰富的知识面。对即兴评述的评判不仅仅是针对评述时现场一瞬间的表现，而是立足于评判评述者是什么样的人，是不是有良好的培养潜力和发展前景。

好的即兴评述能对现有材料中的内容画龙点睛、举一反三。进行即兴评述的练习，能提高人们分析、评判事物的能力，也能提高抽象、概括事物的能力。由例题1和依据例题1所做的评述，可以对即兴评述的任务有一个大致的了解。表1-1-1中可以看到新闻评述和话题评述这两种类型例题及评述的对照。

即兴评述

表 1-1-1

任务类型	任务内容（评述素材）	评论内容
新闻评述	随着教育信息技术的不断发展，中小学生家庭作业开始出现"电子化"趋势……（例题1）	近年来，许多小学生写字时坐姿不端正、握笔姿势不正确，书写难看，这些现象都与过度使用电子产品有关。电子作业更会使学生的书写能力不断退化，现在很多成年人出现提笔忘字的现象，患上"失写症"，小孩子在成长过程中过多做"电子作业"，也有可能加剧这种现象。 电子作业需要很多外在手段加以控制，一旦疏于监管，就可能加重孩子的网瘾或手机瘾。 对于处在成长阶段的中小学生来说，电子作业会加重用眼负担，影响孩子的视力发育。 因此，对于这种"电子作业"，我的看法是，它是一柄双刃剑，应当加强在使用过程中的管理力度，避免"电子"成分的泛化、"作业"任务的不足。如果能够合理安排电子作业和纸质作业的比例，还是可以的，因为我们毕竟是处于一个电子产品极大丰富的时代。
话题评述	我们的世界每周至少有4亿外卖，至少产生4亿个一次性打包盒、4亿个塑料袋及4亿份一次性餐具	可以毫不夸张地说，外卖，正在毁灭我们的世界。你有没有过这样一个熟悉的场景：快到饭点儿就打开外卖App，看看有没有什么对胃口的，然后下单，等待外卖。赶上天气恶劣的周末，甚至整天不出门，在家依靠App解决吃饭问题。 外卖的包装也做得越来越花俏、精致了。塑料盒、塑料袋，还有一次性筷子、吸管，吃完往垃圾桶一扔就行了。 你可能没觉得这一系列操作有什么问题，但是，当外卖就餐成为人们的常规生活方式时，问题就来了：每一个塑料袋的降解至少需要470年。一次性餐具的滥用将导致巨大的生态危害。可以想象，外卖红火几年之后，我们将被大量的垃圾包围。当垃圾围城时，发达国家向贫穷国家倾倒，城市向郊区倾倒，乡村向荒野倾倒……倒来倒去，地球，总有被倒满的时候。 能够减少这一切污染的方式，就是减少一次性塑料制品的使用。我国民众对于这方面的环保意识还相当欠缺，必须引起重视。
任务要求	即兴评述采用现场抽题的方式获得评述材料。评述者经过短时间准备，表述时间为2—3分钟。在评述时，评述素材通常不会收回，评述者可手持评述题目进行即兴评述。	

在完成即兴评述的过程中，即兴评述语言表达会存在个体差异，评述者的性别、年龄、家教、生活环境、学习态度、焦虑程度等，都可能对即兴评述的最终呈现带来影响。下面分别从四个方面明确即兴评述这一语言活动的任务定位。

一、围绕素材概括评述主题

即兴评述所依据的材料一般是当年发生的时事热点，或者是某个能够概括出独立主题的话题。即兴评述的话题是限定的，有话题材料依据，这个依据可能是某个事件，也可能是某张图片、某个事实、某句名言，或者是某个观点的正反面。

因此，即兴评述可以说是一种限定了主题的、源于主题的"借题发挥"。

第一章 即兴评述的任务

❍ 例题 2

在安徽省金寨县周集村，有接近70%的家庭父母在外打工。以前每逢暑假，孩子们都会在户外玩起九宫格、躲猫猫等游戏，村里非常热闹，但现在却很难再看到孩子们嬉戏打闹的身影。"孩子们都去哪儿了？"许多少年儿童越来越喜欢宅在角落里，一言不发地盯着手机，甚至连别人打招呼都很少理睬。面对自己的娃"手机成瘾"，不少返乡民工既心疼又无奈。不知不觉中，手机正侵蚀着孩子们的童年。

日前，针对留守儿童手机使用状况，扬州大学志愿者团队奔赴贵州、安徽、江苏北部等地展开调研，走访了近400户农村家庭。结果发现，长时间玩手机已经成为乡村少年的"流行病"，"手机带娃"在山区，尤其是留守儿童家庭愈加普遍。有些孩子吃饭、走路、上厕所，甚至睡觉，手里也紧握着手机。

调研数据显示，在12—16周岁的留守儿童中，有接近42.7%的孩子拥有自己的手机，其中，超过77.3%的孩子经常手机上网。此外，不少地区乡村儿童的上网时间已经高于城市儿童，尤其是留守家庭儿童，其上网数据更是令人惊讶。

部分地区有超过31%的留守儿童，暑假期间每天耗在手机上的时间超过两小时，更有接近15%的孩子，每天上网时间超过4小时。以"暑假期间每天上网次数超过3次或时间在两个小时以上"为判断依据，48.3%的留守儿童高度依赖手机。其中，刷视频、打游戏和网聊三项活动，占据了孩子们90%以上的上网时间。此外，14—16周岁的青少年正处于"叛逆期"，是手机成瘾问题的"重灾区"。

为什么留守儿童群体会集中陷入手机成瘾的困境之中？据了解，"手机带娃"是许多留守家庭的无奈选择。留守儿童的手机一般都是在外务工的父母买给孩子的，为的是方便通话交流和远程监管，但对当下很多中小学生来说，手机却更像是他们的电子玩具。

贵州省八河小学张校长说："绝大多数留守家庭属于隔代教育，由于文化水平较低、身体状况较差、缺少教育方法等，老人普遍不懂智能手机，也没办法管好孙辈，给一部手机，孩子不吵不闹，可以省很多事。"

这段800字的新闻材料就是给即兴评述提供的一个素材，面对这一新闻素材，评述者要先概括出它的主要意思"农村手机带娃现象普遍"或者"留守儿童手机成瘾问题"，概括出准确的主题之后，在此基础上展开评述。

评述可以有多个视角，这些视角都源于这一评述素材。

即兴评述

⊃ 例题 3

如今社会上出现了整容热潮,你怎么看?

相对于例题1和例题2所提供的篇幅较长的新闻材料来说,例题3属于话题评述,它所提供的材料短小简洁,只是一个话题。围绕这个话题,可能有下面几个不同的评论视角:

第一,这体现出人们对美的要求越来越高。

第二,明星效应引起的从众心理。

第三,社会对"颜值"的追捧以及因整容而改变命运的例子引发了整容热。

第四,整容失败的例子越来越多。

第五,整容是对父母的不尊重。

这五个评论分别来自不同的视角,都没有跑题,因为都是围绕着例题3所给出的话题来评述的,无论选择哪一个角度来做主要评论立场都没有问题。

二、确定清晰的思维主线

即兴评述的串联也就是即兴评述内容的组接方法,确定清晰的主线需要用一种符合逻辑和听众接受规律的方式将即兴评述的内容串起来。可以提前设定主线,事先对立意和选材、组织和表达等有一个统筹的安排。

例题4是按照"界定—渊源—对策"的"三步路径"来进行评述的。

⊃ 例题 4

浙江杭州市某小学推出"轻声教育",要求学生在不同场合使用相应等级音量说话。校长接受采访时称,国民素养要具备国际水准,其中很重要的一条就是不同的场合控制说话的音量。你对此怎么看?

例题4中提出了一个"轻声教育"的问题,下面是围绕着这则材料,顺着"三步路径"展开的评述:

第一步,对"轻声教育缺失"的描述和界定。

"轻声教育",是一种"公共空间意识"的教育,图书馆、纪念馆等公共场所不能大声喧哗。近年来,我国国民的素质有所提高,然而,"轻声"往往仅限于图书馆等文化场所,在走廊、高铁、公交车等其他公共场所里,还是经常见到一些人粗声大嗓说话和接电话,随意嬉笑打闹等。这就是一种"公共空间意识"的缺失。

第二步，列出"轻声教育缺失"的原因。

推行"轻声教育"，先要寻找问题的源头。在"轻声教育"上，仅靠学校教育难有长效，"轻声教育"的缺失，很大原因是家庭教育重视度不够。许多孩子喜欢大声说话，和父母与孩子的交流方式有关。家庭教育是落实"轻声教育"的重要环节。年幼的孩子非常容易专注在一件事情上，听不见大人说话，这时，家长倾向于提高音量，让孩子听见自己的话语。久而久之，孩子就会形成这样一个意识：想让人注意到自己，就要提高音量大声说话。

童年时期，如果家长习惯大声说话，孩子自然也会不自觉地提高音量。

孩子的天性容易兴奋，容易大呼小叫，现在不少人提出让孩子自由成长，但很多人对"自由"的理解有误区，自由不代表可以没有规矩，可以乱喊乱叫，有约束的自由才是真正意义上的自由。

还有一个情况是我们特有的文化所决定的，在中国，人与人交往，声音大了会显得比较热情，其他国家安静的交往模式在我们的文化里会被视作冷漠，并不适用于我国。因此在推行"轻声教育"的过程中，不应该生硬类比，不同的文化对公共空间规则的具体定义不同。一个国家的公共空间呈现出的模样，植根于这个国家的文化内涵。

第三步，为"落实轻声教育"给出对策。

"轻声教育"的初衷是好的，但是具体实施过程中的方式方法很重要。

第一，强化"轻声教育"的情景体验。可以在各种活动中，让孩子在不同的场景感受"轻声细语"的重要性。

第二，将"轻声教育"纳入评价指标。比如，在低年级学生的期末测评中，可以将是否具有良好的公共空间意识纳入考评项目。

第三，给孩子适当的宣泄空间。

在合适的时间地点可以给孩子喊叫和跑跳的自由，而不是时时处处都限制。孩子天性好动，需要一定的发泄空间。现在由于课业负担比较重，孩子能发泄能量的时间不多，可以给予他们充足的活动时间和空间，在满足天性需求的基础上，再引导他们注意场合，根据不同的场合养成良好的公共空间意识。

第四，家长、老师以身作则。

年幼的孩子神经发育不完全，无法准确地根据环境判断自己应该使用的音量，无法用成人的标准来约束他们。合适的"轻声教育"不能通过强制性的要求去压制孩子的天性，而是通过家长、老师自己的行动，帮助孩子养成良好的行为习惯。

第五，给予"轻声教育"一定的时间，不可操之过急。

即兴评述

每个国家都有自己的公共空间文化,学校要教孩子有公共空间意识,要弄清我们国家的公共空间文化是什么样的,不可能通过强制性规定获得立竿见影的成效。可以通过学校教育的倡导,潜移默化地让孩子知道,嗓门大小是与生俱来的,但说话的音量是可以控制的。

这个评述主线十分清晰,"轻声缺失"的"界定—渊源—对策"的"三步路径"形成了例题4的评述线索。思维是层层推进的,串联十分清晰。

相对于即兴主持等其他形式的即兴口语表达类型,即兴评述的思维主线更为重要,因为评述内容受题目的限制,评述时不一定有统一不变的思维模式,只要有一条思维的主线就行。"三步路径",也可以做进一步的拆分,"三步"可以再拆分为"六步":

提取主题—现象描述—原因分析—点明利弊—提供对策—远景展望

这个路径更适合初学者。以例题2"手机带娃"这个素材为例,下面的评述就是以"提取主题—现象描述—原因分析—点明利弊—提供对策—远景展望"这个"六步路径"为主线来做的:

随着越来越多的农村人口外出打工,农村留守儿童沉迷手机的问题愈加严峻。(提取主题)

城乡教育差距使得农村孩子的教育基础本来就薄弱,手机成瘾会让留守问题更加复杂。比沉迷手机更严重的,是学生成绩下降、注意力不集中、接触不良信息等衍生问题。调查显示,在农村,许多少年儿童越来越喜欢宅在角落里,不知不觉中,手机正侵蚀着孩子们的童年。(现象描述)

留守儿童沉迷于手机不能自拔,原因往往是儿童对世界的好奇心比较强、自律性差、缺少监督等。这些因素综合作用,再加上留守儿童缺少家庭关怀,很容易陷入迷茫,手机娱乐可以让他们暂时逃避眼前的焦虑。然而,过分在虚拟世界中寻找价值认同,可能会导致他们与家长、与同龄人缺少正常有效的交流,造成性格孤僻、寡言少语。(原因分析)

从身体健康的层面来看,长时间盯着手机屏幕,容易导致视力下降、颈椎压迫等问题。看惯了手机上动感十足、感官冲击力强的画面,孩子有可能对普通信息的刺激变得迟钝,这就很容易影响学业。(点明利弊)

在家庭教育缺位的情况下,怎样避免手机成瘾成为留守儿童的痛点?我认为可以在偏远乡村启动健康上网普及教育活动。家校联合,是破解手机依赖的有效途径。学校对避免上网成瘾的教育工作要从孩子扩大到家庭,只有祖辈等实际监护人懂得移动

互联网知识，意识到"手机带娃"问题的严重性，才能够有效发挥监管和教育引领作用。（提供对策）

在互联网时代，找到青少年正确使用手机的方式，是当务之急，也是一个需要长久跟进、不断探索的工作。（远景展望）

在顺着思维主线行走的时候，即兴评述是使用口语来表达的，口语的传播特征是一维性的，话语要一个字接一个字地说出来，它具有单向性、直线性的特点，一旦说出就不可收回。

这给我们什么样的启发呢？

在许多即兴演讲、即兴主持或者即兴评述的场合，常听到有人这样说：

不好意思，我可以重新开始吗？

假如是在即兴评述的考场上，不要问考官这个问题。这是把单向的、不可撤回的口语，和答卷子时写在纸上的书面语混淆了。纸上的字写错了，用橡皮擦擦就看不出来了，这是书面语的特点。口语是无法撤回的，即便重新开始，前面的错误听的人也已经听到了，只是又多浪费了一段时间。况且，有可能前面并没有什么错，只是一种自我感觉；或者，由于口语传播的一过性和粗略性特点，听的人可能并没有听出有什么错，评述者要求重新开始，就相当于告诉别人：请注意，我刚刚出了错。

说出来的话，只能补救，不能撤回。因此，不要倒退也不要逆行。认识到即兴评述本身就是一个不完美的、留有遗憾的艺术，会更有利于放平即兴评述时的心态，从而获得更好的评述效果。

三、保持无文本的即兴评述

当评述者对即兴评述这一任务很熟悉并有足够的时间对言语进行计划和组织时，表达就可能比较流畅。不少评述者习惯在评述前先写成文稿，这源于给即兴评述多划拨了一些准备时间。在展开评述之前进行充分准备会加强说话者对语言形式的注意，即在说出口之前先充分完善语言形式，但并非准备时间越长即兴评述就越流畅，因为，有时候就准备成了"文稿+背诵"。

在准备即兴评述的过程中，不能将准备说的内容通过文稿形式表现出来。对一个成功的评述者来说，"出口成章"是即兴的最高境界，提前写出文稿反倒违反了"即兴"的基本原则，容易失掉话语的生动性和灵活性。保持无文本的即兴评述，指的是真正意义上的脱稿评述，而非看似"即兴"，实则事先背过的、暗中有文本依托的所谓的"无稿"即兴评述。按照即兴口语表达的生成性来划分，即兴口语分原生口语和次生口语两大类。没有受到文字影响的原生态的口头语言是"原生口语",由书面文本转化过来的口头语言就是"次生口语"。[①]

即兴评述只能有潜在的串联脉络。不擅长即兴表达的人,经常过分依赖事先准备好的所谓"即兴口语":通过文稿来理顺思路,突出主题,斟酌语言,再通过背诵的形式表达出来。这不是即兴的自然形态的语言,而是"次生口语"。"次生口语"所依赖的文稿难以获得出口成章时的语境,没有充分考虑它是供人听的,听的人通过声音来接收语义,他们看不到文稿。在这种情况下,往往关注不到字、词、句说起来顺不顺口,是否有利于听众的接收,经常是写稿时使用了书面语词汇或语法形式,转成口语时按图索骥,这就等于给自己和听众都设置了语言障碍。

预先成型的文字容易使人在表达时过多依赖记忆中的符号,少了创造性。经常回想某个事先打好的腹稿会引起思路的中断,影响语言的流畅性和气势,同时也削弱了即兴评述的现场感。即兴评述要找到即时表达出思维流程的语言,呈现出与听众交谈的状态。

如果过于重视语言形式和词汇意义准确性的表达,评述语言就会离不开稿子,使评述者产生文本依赖。文本是二维的,口语是一维的,两个维度发生矛盾,在口语表达时就难以左右兼顾,从而导致表达断断续续,既不流畅也不连贯。

即兴评述属于口语语体,"边想边说"才是符合要求的语言表达状态。流程大致如下:

研读素材—提取主题—形成腹稿(主线+开头+典型事例)—边想边说(思维外化)

如果已经形成了"先写后说"的不良习惯,有个简单的修正办法,那就是只给评述者很短的准备时间,或者不给准备时间,看过即评。没有时间写下来,评述者就只能从思维状态直接进入表达状态,勤加练习就会逐渐养成无文本的表达习惯。

四、寻求艺术化的表达

艺术地表达观点是在即兴口语中注意语言表述的艺术感。即兴评述的语言是源于生活又高于生活的语言。好的评述能以材料为依据,寻求闪光点,避开陈腐的论调。如果观点很难出新,可以在表述时大开脑洞,尝试一种相对陌生的话语表达方式。

不要把即兴评述想得太"阳春白雪",一些广受欢迎的直播、短视频和网络脱口秀

[①] 姜燕.即兴口语[M].北京:中国传媒大学出版社,2018:2.

等都有即兴评述的痕迹。还可以借鉴"读报""新闻评述""主播说联播"类电视节目，这些都是很贴近即兴评述形式的：将一条消息重新包装，融入个性化的因素，用自己的话重新说出，语言活泼，一个人就能把电视画面表现得动感十足。有的地方台将日常新闻的播报融入平常人视角，这些观点再由主持人进行口语化播出，即从普通老百姓的角度出发，用普通人的语言来表达对某个新闻的观点和评论，这些语言形态值得即兴评述的学习者借鉴。

★ 评述训练

1. "倍速播放"似乎已经成为时下年轻人追剧的"标配"。"想看的剧太多，时间太少"为主要原因，一些作品剧集冗长、剧情拖沓也让人选择"倍速＋拖进度条"模式。对此，你怎么看？

2. 因为期末考试发挥欠佳，杭州六年级的孩子写下两首"悔过诗"，字里行间流露出的反思之情，看得人又好笑又心疼。有人说现在这个社会，对教育普遍存在焦虑感，并且这种情绪正慢慢传递给孩子。如何对待孩子交出的期末成绩单，其实考验的是家长的智慧。你怎么看？

3. 百度公司董事长兼CEO李彦宏在中国高层发展论坛发表讲话，谈及数据和隐私问题时表示："我想中国人可以更加开放，对隐私问题没有那么敏感。如果用隐私交换便捷性，很多情况下他们是愿意的，那我们就可以用数据做一些事情。"这一说法在网上引起热议，很多网友表达了不同意见。对此，你有何看法？

4. 游客在博物馆的展品上投掷钱币祈福，博物馆被当成"祈福之地"。对此你有何看法？

5. 生活中总有这样的瞬间，能够在不经意间击中心扉。比如近期，一则"为生命接力，与时间赛跑"的消息刷屏，沿路车辆纷纷为疾驰的救护车让行；一个骑着摩托的年轻小伙，挡在车流前护卫陌生老人安全走过马路；一名地铁执勤的文明劝导员，将鞋子借给急着赶路的乘客后坚守岗位……对此你有何看法？

6. 某鞋店招女服务员要求其有36码的脚，因为36码的脚穿鞋最好看。你怎么看？

7. 翼装飞行是世界上最危险的娱乐活动之一，英文BASE-jumping四个大写字母代表了运动员要飞越的常见物：B代表建筑、A代表天线、S代表跨度、E代表地形。音译成中文"背死跳"很贴切。研究表明其受伤和死亡率比飞机跳伞项目高出43倍之多，堪称"死神运动"。截至2020年2月，"BASE死亡名单"统计的翼装飞行死亡事故有383起，一次飞行的死亡率为0.04%左右。全世界目前大约有

600位翼装飞行运动员，中国选手不到10人。但随着发达地区生活水平的提高，近年来尝试翼装飞行以及出飞行事故的人越来越多了。你怎么看这类向死而生的极限运动？

8. 2020年2月11日，新冠肺炎疫情期间，网上一名"直播授课"的济南中年数学老师苏老师登上热搜。50岁的他因为直播经验不足，镜头对着鼻孔，还开了满级美颜，在屏幕上呈现出"唇若施脂，面若桃花"，还因为直播时被妻子打断，一口章丘话"直播呢，全班都听着了"惹人发笑。视频传上网后，网友们纷纷直呼：太可爱了！对此你怎么看？

9. 近期不断有网友在"抖音"上喊话，质疑小学语文教材内容有误。教材总主编表示，教材是公共知识产品，大家都可以批评指正，若对教材内容有异议，可通过正常渠道反映，而非将学术问题放在网络平台上"炒作"，这"容易变形"。对此你有何看法？

10. 英国有个叫吉姆的小职员，成天坐在办公室里抄写东西，常常累得腰酸背痛。他消除疲劳的最好办法就是在工作之余去滑冰，冬季很容易在室外找到滑冰的地方，而其他季节就没有机会了。怎样才能在四季都滑冰呢？对滑冰情有独钟的吉姆一直在思考这个问题。想来想去，他想到了脚上穿的鞋和滑行的轮子，吉姆在脑海里把这两样东西形象组合起来，想象出了一种能滑行的鞋。经过反复设计和试验，他终于制成了四季都能用的旱冰鞋。以此做即兴评述。

11. 国庆假期和家人朋友在餐馆聚餐，美食你得排队等。美团"2018年排队吃饭图鉴"显示，上海人在节假日期间外出就餐人数相较于平常多了5倍；杭州人是最耐心的，他们愿意为吃饭等待6.5个小时。各大城市中，网红餐厅等位哪家强？在大众点评上收集2019年"十一"当天，杭州、南京、北京、西安几家网红饭店的排队数据，发现最高接近4小时。你对此怎么看？

12. 研究显示，在照护痴呆患者的家属中，八成以上遭遇不同程度的情绪和心理问题。家属可能在重重压力之下成为隐形的受害者，甚至转变成患者。家属的状态也直接影响着家庭照护的效果及患者的康复和预后。所以，对于痴呆患者的家属来说，最重要的是先照顾好自己。在照护过程中，若条件允许，患者家属最好能保证每周有1天不照护患者，充分地放松休息；平时合理安排自己的生活起居，每天至少有1小时的空闲时间，通过外出散步、聊天、听音乐等活动放松自己，缓解心理压力。你怎么看？

13. 继微博营销、微信公众号之后，移动知识付费又成为当下最热门的商业现象。知识越来越成为一种社交货币。你怎么看知识付费的爆炸式增长？

14. "抖音五分钟，人间一小时"，许多人沉迷抖音耗费了大量的时间。对此你有何看法？

15. 即将实施的《电子商务法》明确了通过微信朋友圈、网络直播等方式从事个人代购、微商也需要依法办理工商登记，取得相关行政许可，依法纳税。对此你有何看法？

16. 父亲在职场中压力大，不能细致地全程参与孩子的教育，很多家庭在平日里都是妈妈管孩子管得多。针对这种情况，不少学校强调家长会尽量父亲来开。"在孩子成长的关键节点上，父亲一定不要缺位。如在孩子兴趣开发的选择上，在孩子享受成功的喜悦以及承受挫折的痛苦时，一定要有父亲的角色出现。"你对此怎么看？

17. 如今，灭火已不是消防队的"主业"，各种救援救助接近火灾扑救量的3倍。溧阳市别桥镇的一只猫被老鼠夹子夹住了前爪，当地消防队员接到报警后驱车20公里赶到现场，用钳子钳断了老鼠夹子的铁丝。有人说这是对资源的浪费，有人认为救助动物是对生命的尊重。你怎么看？

18. 随着生活的日益改善和全民健身观念的普及，越来越多的人认识到健康生活的重要性，利用春节长假迈开腿动起来，以健身运动的方式拥抱春节。吃吃喝喝的过年常态已悄然改变。你怎么看？

19. 你怎么看"倒金字塔式"家庭结构带来的独生子女家庭养老问题？

20. 近日，索尼公司申请了一项专利。看电视时，如果站起来大喊广告品牌商的名字，就可跳过这一广告。索尼将这项专利描述为"将电视广告转换成交互式网络视频游戏的系统"。你对此怎么看？

第二节 即兴评述的题目设定

什么材料都可以拿来评述吗？

看到一条新闻就试着做一下即兴评述是个好习惯，这对短时间内提升即兴评述能力很有帮助。但是，并非所有的材料都可以拿来做即兴评述的题目。

一、即兴评述题目设定三原则

即兴评述题目的设定应该符合不确定性、难易适中和题型合理性原则。

（一）不确定性原则

评述所依据的材料应当具有一定的不确定性或冲突性，能引起一定的争论。

对于一些话题，如果提供的观点或谚语已经是颠扑不破的真理，观点一边倒，这并非是即兴评述的最佳题目。相反，一些新生的、尚未有定论的材料是最好的即兴评述题目。有的即兴评述是群体评述，以多人论辩或者小组讨论的形式出现，就更要注意题目的不确定性或冲突性。论辩或者讨论的目的并不在于分出胜负，而是借助对题目的讨论，让评委看到参与评述者的真实行为和状态。当然，作为小组讨论的题目冲突亦不能太大，否则参与讨论者难以在规定时间内达成一致。

（二）难易适中原则

难易适中原则，通常适用于测试状态下的即兴评述。因为在考试中，评委需要对评述者的总体情况进行评判，难易适中的评述材料更容易体现出评述者的真实状态，使得测试更加公平。

太偏和过难的评述材料，有可能令一个原本语言表达不错的评述者陷入失语状态。有的材料需要评述者拿出更多的时间来思考，需要较长时间才能进入状态，甚至会想方设法上网检索或者找人求助。题目过难容易给评述者带来较大压力，评述者可能因此表现失当，不能真实、有效地呈现出平时即兴表达的水平。

相反，题目过于简单，提供的观点缺少发挥的余地，也容易限制住一些高水平评述者的思路，不利于选拔性考试中人才的评定。

（三）题型合理原则

要设计合适的即兴评述题型。

题型无论怎么变化，都是给即兴评述提供一个材料依据。根据考查形式，即兴评述可以分为不同的题型，常见的单人即兴评述有新闻即兴评述、话题即兴评述、看图即兴评述等；还有群体评述，包括多人论辩和小组讨论等。本书第五章将对这些题型进行分类解析。

二、无情境性和情境性即兴评述

从即兴评述的内容设置来看，可以分为两个大类，即根据即兴评述材料的主题可以分为无情境性即兴评述和情境性即兴评述。

（一）无情境性即兴评述

无情境性即兴评述的题目，一般是针对某一个开放性的问题来进行，题目本身并没有提供一个具体的评述情境。例如：

你怎么看"知识不付费，永远学不会"这一说法？

生活中该不该"知足常乐"？

你认为一个优秀的领导者应具备的3个最重要的素质是什么？

谈谈当下你最看不惯的一种社会现象。

这些评述的主题都不需要一个具体的情境，评和述都可以依据评述者自己的知识储备直接展开，所以是无情境性即兴评述。

围绕例题3"如今社会上出现了整容热潮，你怎么看？"展开的评述，就可以是无情境的、开放性的评述：

对于整容热这种现象，我是持反对态度的。在《孝经》里就有个说法，叫作"身体发肤，受之父母，不敢毁伤，孝之始也"，珍惜父母所给的一切，是孝顺的开始。父母生的你是这个样子，你就是你父母的印记。现在，感觉不完美，想要"网红脸"，就通过手术的方式，把这种印记去掉，变成千篇一律的样子，我认为是对生身父母的不敬，也是对自己的不认可。况且，整容价格不菲，整容医院鱼龙混杂，弄不好就会既花了钱，又破了相，更有甚者连命都丢了。

对无情境性题目的评述，也可以给它人为地设定相关的一个或者几个情境，从而让评述更加有的放矢。针对这类开放性的题目，情境设定的自由度比较大，可以根据自己的评述观点进行设定。比如对例题3还可以在评述时这样分一下情境：

对于该不该整容这个问题，我觉得也要分情况来看：

有些人是容貌受损，或者天生有明显的缺陷，通过整容，可以修正受损的容貌，弥补缺陷，增强对生活的信心，获得对人生更多的选择和更大的提升，这种情况下就应该整容。有时，原来容貌体态上的问题影响了成长过程中一些专业的选择，以及某些岗位的就业，比如，演艺界、播音主持专业或者正在从事的重要接待工作等，这些专业和工作本来就对容貌体态等提出了更高的要求，假如经济条件允许，通过整容可以使容貌更加完美，从而获得更好的专业发展或者更多的工作机会，也可以选择整容。

但是，假如过分追求完美，有的人容貌已经很好了，还不满意，希望好上加好，就会在整容过程中出现较重的心理负担，带来一系列心理问题，或者容易出现医疗纠纷。

有的是自己心理和认知的问题，认为当前的一切不如意，通过整容就可以改变，人变好看了就什么都有了，比如割了双眼皮就能追到男神，更瘦了、更好看了就能成为大明星，这就是对整容缺乏正确的认识，这种情况下不建议进行整容，否则花了钱遭了罪，还失望，徒增烦恼。不如把金钱和精力放在提升自我修养上。

这一段评述，就是给一个无情境的开放性的评述题目设定了情境，使得评述更加客观、丰富了。因此，对于无情境的题目，可以进行无情境的评述，也可以根据自己对题目所涉及问题的了解和对具体事实的把握，给它设定一些情境。

（二）情境性即兴评述

情境性即兴评述一般会把评述者放在某个假设的情境中来进行，或者题目本身就有某个社会场景的设定。

如对例题4"轻声教育"这个评述就有一个特定的情境：浙江杭州市某小学，要求学生在不同场合使用相应等级音量说话。评述的情境就设定在"小学生"这个群体里。

还有一些评述题目看上去比较简单，似乎没有情境，但和前面那些无情境性评述题目来比较，可以发现它还是有情境的。例如：

针对农村留守儿童沉迷手机问题谈谈你的看法。

你怎么看外卖小哥在马路上骑快车险象环生问题？

类似的题目虽然字数简洁，似乎只提供了评述主题，但这些评述的主题依然是存在一个评述情境的，"针对农村留守儿童沉迷手机问题谈谈你的看法"这个评述的情境是"农村"的"留守"儿童，而"外卖小哥在马路上骑快车险象环生"的情境是外卖小哥"在马路上骑快车"，这些即兴评述还是有一个潜在的情境的，不能脱离这些情境天马行空地发表议论。因此，这些题目要归入情境性即兴评述。

还有的即兴评述虽无情境设定，但是有身份设定，也要在评述的时候注意将其放入情境性即兴评述中。

➲ 例题5

作为21世纪的新一代，00后的身上曾被贴上各种标签：捧着手机的草莓青年、网络原住民、有个性也容易固执己见，有能力也难免不能抗压。作为00后，就此谈谈你的看法。

在这则材料中，就给评述者划定了一个身份，那就是"00后"。评述者是不能跳出这个身份来进行漫无边际的评述的，因此这个题目也还是有一个情境的设定的。

情境性即兴评述题目，要求根据相关情境来做评述，否则就容易出现跑题现象。

三、评述"开口难"主因

评述训练的环境影响因素包括即兴评述的任务类型、任务复杂程度、语言输入量、对任务话题的熟悉程度以及开口说话的机会等。面对即兴评述,"开口难"几乎是每个初学者都曾面临的问题,主要因素有两个:

(一)对即兴评述任务类型不熟悉

对即兴评述任务类型不熟悉,在影响即兴表达开口度的因素中是最常见的。评述者不明白即兴评述这个题型需要完成什么任务,在各种各样的即兴评述训练中,大部分时间只是用来做机械性练习,心中总是在想"说多长时间""说不够时间怎么办""观点没说完被评委打断怎么办"等,缺少有意义的互动,依据题目材料展开的评述话语与日常真实语境有出入。只有在评述者有表达的冲动时,才能够促进主动表达。大部分人在经过训练,对题型有了了解之后,就会提高对即兴评述的熟悉度。增强对即兴评述这种任务类型的熟悉度有利于提升语言的流利度。

有些即兴评述在表达过程中会出现来回重复的问题,这通常是评述者不好的表达习惯造成的。评述者可以根据录音或录像看到自己的问题,但往往并不清楚这一问题源自对即兴评述任务类型的不熟悉。例如在一个关于"直播电商"的评述中:

第一点就是目前直播电商中所存在的问题,适用的法律很少,仅有《电商法》《广告法》《合同法》。第二点就是在不久的将来我们的工商部门会进入我们的直播电商中来,工商部门如何进行登记报备、税务缴纳,以及交易信息的备案,等等。那么我们的明星、"网红"等意见领袖在网络平台、网络电商上到底扮演一个什么样的角色?

评述者心里还是知道自己要表达什么意思的,但是说出来时语言组织混乱,意思跳跃性太大。

即兴评述需要专门练习。但在即兴评述的"教"与"学"中,学习即兴评述的人数往往较多,教师在一节课中很难兼顾到每一位学生。评述练习这种"输出"的机会往往掌握在少数积极且外向的学习者手中,大部分人处于被动状态,不会主动开口表达,也很少主动提问。由于教学内容与现实的联系不够密切,以及教学模式单一等原因,评述者的语音语调以及遣词造句难以摆脱日常表达的束缚,还有的用词准确度较差,表达内容过于简单。因此,要提高即兴评述水平,仅仅依赖课堂学习和练习还远远不够,理清即兴评述要完成的任务,利用生活环境多交流,抓住每一个练习即兴评述的机会,才能快速提高。

（二）对话题不够熟悉

有的人并不太熟悉即兴评述的题型，甚至没有太多当众讲话经验，但是开口就有话说，这通常是因为他们对评述材料所涉及的主题比较熟悉。越是面对自己熟悉、有话说的材料，评述者越不会出现开口难的问题，口语表达也会更加流畅。

⊃ 例题 6

"靡不有初，鲜克有终"给你什么启示？

这是一道话题类即兴评述题目，评述的主题是一句古语。评述者对这一话题的熟悉度远远不及前面其他的例题。由于对题目"靡不有初，鲜克有终"不够清楚，所以评述者在评述时就很难展开：

"靡不有初，鲜克有终"表示很难坚持下去……其实就是我们常说的"不忘初心，方得始终"。……这句话是习总书记提出来的，对我们的工作、学习……还有生活……都有很大的指导意义，我们做各种工作，都要坚持不忘初心……

可以看出，和"靡不有初，鲜克有终"相比，评述者对"不忘初心"还是更熟悉些，但是在评述中也仅仅限于空谈，未能展开更详细的评述。

对于熟悉这个古语的评述者来说，无论是否有即兴评述的经验，都比较容易将评述进行下去：

好多人对"靡不有初，鲜克有终"可能不是特别熟悉，大家熟悉的是最近常提的另外一句话，就是"不忘初心，方得始终"。"不忘初心，方得始终"，初心，就是当初的心意，指事情一开始所抱持的信念；方，指才，才能；得，指得到；始终，指终了，完成。比喻一个人做事情，始终如一地保持当初的信念，最后就一定能得到成功。其实，和"靡不有初，鲜克有终"的意思很接近。"靡不有初，鲜克有终"这句话出自《诗经·大雅》。"靡"意思是"没有"，和"不"构成双重否定，"初"意思是"开始"，"鲜克"是"很少能够"。意思是刚开始做的时候都能有一个好的开始，但很少有人能坚持到最后。意思是说做人、做事、做官没有人不肯善始，但很少有人善终。仔细体会，其中蕴含了深刻的哲理和警示。

现在我们为什么提"不忘初心，方得始终"？我想，意思是一样的，告诫人们为人做事要善始善终。而"不忘初心，方得始终"由于去掉了"靡不有初，鲜克有终"里面的艰涩难懂的古文字，并且去掉了否定和双重否定的意思，就使得意思更加通俗易懂，更容易流传。

习总书记是特别擅长用典的，这也使得很多古代的词语又重新焕发了生机，在新的时代给了我们很多新的启示。

在这段评述中，评述者基于较强的古典文学功底，使得评述一开始就有理有据，而且也拿出了自己的观点，对"旧词新用"和"总书记用典"做出了自己的肯定和解读。评述分量比较重，信息含量也足够大，这都源于对话题的熟悉。

★ 评述训练

1. 近年来，以外卖、快递为代表的"懒人经济"在大学校园日渐流行，你怎么看？

2. 如何理解"独行快，众行远"？

3. "真心的朋友并不经常联系，但是却无处不在。"这碗鸡汤你喝吗？

4. "人生近看是悲剧，远看是喜剧。"你怎么理解？

5. 你的心态决定你是坐骑还是骑手。你对此怎么看？

6. 粉丝私下从不法渠道购买艺人手机号码或航班信息，影响艺人正常工作生活的现象屡见不鲜。对此你怎么看？

7. 某书店实行入场阅读收费制，即买门票方能进店。这种面向大众的书店采取这种经营模式，在国内尚属首次。实施一周后，书店营业额并未减少，店方表示收费将一直坚持下去。对此你有何看法？

8. 宿迁一名小学老师公开组织三年级的全班学生为肖战跳舞应援，还录下视频发到了网上。第二天下午，宿迁市沭阳县教育局对此事做出调查处理，对所在学校校长进行诫勉谈话，学校对当事老师做出停职停课的处理。以"小学生不应变成追星应援的工具"为题做评述。

9. 你有"偶像"吗？谈谈你对"偶像的力量"的理解。

10. 儿童触网低龄化趋势明显，这些"小小网络原住民"数字化技能成长十分迅速。你怎么看？

11. 你如何看待"考上大学就解放了"这句话？

12. 犹太人爱读书，在以犹太人为主的以色列，14岁以上的人平均每日读一本书。对此做出评述。

13. 有人说，我们如今生活在一个信息爆炸的时代，人人都面临着"信息过载"的困境。你认同吗？

14. 国庆假期结束之际，网友们纷纷晒出被爸妈塞得满满的行李箱和后备厢。有网友表示：妈妈托了好多人才买到的散养土鸡蛋，还有外公家给的大米、南瓜、冬瓜、菜籽油，奶奶给的自己种的蔬菜和红薯，还有自己酿的葡萄酒等，满满都是爱。对此你有何看法？

15. 你认为读书是否可以改变人生？

16.《中美日韩网络时代亲子关系的对比研究报告》显示，在我国，上网日益成为引发亲子冲突的重要原因之一。在国内，很多父母对网络存有较深的偏见，认为孩子上网就是为了玩游戏，对上网的其他功用视而不见。这会导致亲子关系紧张，孩子变得更叛逆、更难管教。孩子因为上网挨骂，还可能选择躲在父母看不到的地方上网，从而增加了管理的难度。对此你有何看法？

17. 如何看待全民减肥这一现象？

18. "斜杠青年"这一概念，源于英文 slash，出自《纽约时报》专栏作家麦瑞克·阿尔伯撰写的《双重职业》一书，指的是不再满足于单一职业，而是拥有多重职业、多元生活的人群。他们通常会用 "/" 来介绍自己的身份，例如 "李某，教师 / 自由撰稿人 / 情感顾问"等。对此概念你有何看法？

19. "硬核"是 "2019年中国媒体十大流行语"之一，译自英语 "hardcore"，最早指一种节奏强劲、充满爆发力的说唱音乐形式，后被用来形容那些使用难度高且特立独行的事物，如 "硬核游戏""硬核科普"等。近年来，其含义和使用范围进一步扩大，衍生出 "很厉害""与众不同""让人震惊"或 "难以理解"的意思，如 "硬核老头""硬核人生""硬核规定""硬核年会"等。你身边有什么可以称为 "硬核"的事物吗？以此来做个即兴评述。

20. "你好，刚刚看你拿着手机边看边过斑马线，根据《温州市文明行为促进条例》，行人横穿道路时低头看手机，要处以10元处罚。"浙江温州交警对斑马线上的 "低头族"胡女士开具罚单一事，引发讨论。你怎么看？

第二章 即兴评述误区和加分点

即兴评述这种传统的语言考查和练习形式虽然沿用很久了，但大家对它的认识一直存在一些误区，这是横亘在评述者和即兴评述水平之间的一道鸿沟。认清了即兴评述的误区，再掌握了它潜在的加分点，即兴评述的能力才可得到实质性的提高。本章就来理清即兴评述的十二个常见的认识误区，并指出它的五个潜在加分点，帮助学习者搞清楚在哪些方面努力可以迅速提高即兴评述的水平。

第一节 即兴评述十二误区

"道法术器"是我国传统文化中的四个战略思维方式。即兴评述中的"器"指的就是即兴评述的纯套路，它本身是有帮助的，但之所以那么多即兴评述陷入误区，通常是走到了"器"的窄洞中无法跳出。如果这"器"是利器，那倒也无妨，就怕这"器"是钝器。下面就来看看这一路上常常会出现哪些"钝器"，从而影响了即兴评述的畅行。

一、概括错误

根据即兴评述的任务描述可以看出，即兴评述的依据是题目给出的材料，对材料进行概括是即兴评述的基本出发点，也是评述的关键。根据材料概括出主要内容，也就是给评述找到一个"抓手"，对这种"抓手"的把握是通过聚敛思维来完成的。即兴评述的路径是：通读材料，找出出现频率较高的关键词，然后概括出主要内容，把主要内容叙述出来，再选一个集中的点展开评论。然而，在即兴评述中有时会出现概括错误，评述者误以为，说一段与原材料有关联的话，就算是即兴评述了。

即兴评述

⊃ 例题 7

十字路口，过往行人手里拿着手机，哪怕在密集车流中横穿马路也时不时看上几眼，快递员一边操作手机一边骑电动车，外卖送餐员更是如此，一心二用让人心惊胆战。你怎么看？

某评述者针对例题 7 展开的评述是这样的：

手机给我们的生活带来了很多好处，它开阔了我们的视野，但是也有不良网络、垃圾信息，给我们的生活带来了很多问题……

这就是概括错误。评述者拿到题目后没有深入分析，看到"手机"二字，就开始在脑海中搜寻自己熟悉的和"手机"相关的部分，忙于构建自己的评述体系。殊不知自己想说的那些早已偏离了原题的方向。其实"概括错误"这个问题不难解决，可以留意题目素材中关键词的出现频率："手机""路口""行人""马路"，由这些词可以看出，"手机"作为出现了两次的高频词显然是评述的重点，但是，"路口""行人""马路"这些词又提示了这个材料中"手机"是和交通问题紧密相连的，手机与交通安全的关系才应该是评述材料的重点。

例题 7 属于话题即兴评述，材料比较短，主题相对明晰，假如评述题目是新闻即兴评述，题目本身提供的新闻材料字数较多，即兴评述时出现概括错误的概率会更大。

⊃ 例题 8

成都市郫都区一珠宝店工作人员易先生乘坐出租车，下车后发现包忘拿了。包里装了 40 枚戒指，价值 10 万元。易先生向周围交通执法大队的人员求助。多方询问排查后，联系上了当班司机吴师傅。

另一方，出租车驾驶员吴师傅等红绿灯时，发现了遗落在副驾上的小包。"因为赶到公司去肯定就 7 点多了，公司工作人员都下班了，就想明天再上交公司。"一会儿时间，吴师傅又接到一单大生意，一个女乘客想从郫都区坐车到龙泉区。

"快上绕城高速时，接到了公司的电话，问我是不是捡到一个包，说顾客很着急。"吴师傅立刻上报，确实捡到了。基本情况核实一致后，吴师傅向车上女乘客解释情况，帮助女乘客另外叫了一辆出租车，自己开车赶往犀浦镇派出所。按照市价，这单生意出租费用在 200 元左右。

赶到派出所，吴师傅将包送还到失主易先生手中，经易先生检查，包内物品完好无损。吴师傅这才知道，包里装的是 40 枚铂金戒指，价值 10 万元。

从丢失到找回，时间约 2 小时。易先生很感动，主动拿出 1 000 元现金和价值 4 000 元以上的纯金吊坠作为感谢，"在我看来，的哥师傅的宝贵品质，远远超过这些物品的价值！"

吴师傅再三推诿不要，在易先生的强烈要求下，吴师傅收下了。"本来就是客人的东西，捡到人家的东西肯定要还回去才安心。"吴师傅说。吴师傅每个月收入约 4 000 元，"这笔钱我一年肯定挣不到。"

这是一个新闻评述题目，提供的材料字数较多，细节也比较复杂。但这道题目本身概括难度并不大，概括主题是这样的：

成都的哥捡 40 枚戒指主动归还，失主送 4 000 元金吊坠、千元现金表示感谢。

由于每个人看问题的角度、思考的站位以及生活经历不同，在对同一则新闻材料进行评述时，不同的人可能提出不同的观点。例题 8 这则材料有好几个点可以评说，首先要选择一个扣题紧的、自己熟悉的、容易展开评说的点来展开评论。如果各个点都比较熟悉，那就从中选一个容易出彩的点来集中评论。如果思维够发散，总体掌控力也不错，也可以几个点都涉及，这样评述会更全面、更辩证。

观点 1.

出租车司机身上表现了当今社会拾金不昧的正能量，而且为了送还物品还推掉了大生意，没有落入金钱为上、唯利是图的怪圈。值得在全社会提倡。

观点 2.

前一段时间，滴滴、顺风车都出现过乘客遇害事件，引发全社会的批评和抵制。司机吴师傅的出现，告诉我们在任何一个工作群体中，都不乏品德高尚的人，不能因一两个害群之马就排斥整个行业。两种司机相比，真是天壤之别。

观点 3.

这位的哥好样的，失主也爽气。出租车司机为了送还丢失的物品耽误了生意，失主给予适当报酬是应该的，不仅弥补了出租车司机的经济损失，而且更重要的是，有利于在全社会提倡拾金不昧。

观点 4.

通过材料可以看出，公司已经排查到了司机，也就是说，这个司机肯定是要归还失主的物品的，只是时间早晚的问题。很多人都有过坐车丢东西的经历，如何建立一个丢失物品的找回机制，是当下值得探讨的问题。

观点 5.

现在的新闻报道应当注意用词准确，材料里说"吴师傅再三推诿不要"，"推诿"

是个贬义词，在这个语境下应当用"推辞"才合适。在网络大环境的影响下，很多新闻表达越来越粗糙，不应出现这种用词不当的情况。

以上五个评述观点各不相同，都是在新闻材料的基础上概括出的。这些观点在评述时，有的点是扣题目更紧的，如观点1、观点2和观点3，这三个观点更贴切，也更容易出彩。观点4虽然新颖，思考也深入，但就一个两三分钟的即兴评述来说，稍微离题目提供的材料远了一些，只可以作为评述时的一个分支提出，而不能作为评述的主干。观点5则是落点太小。

以上五个观点都是由新闻材料概括出的，都是符合要求的，但有的评述的概括就不大恰当了，如下面这则即兴评述实录：（∧表示言语缺失）

诚信，是每一个人必不可少的品质之一。而最近呢，成都市的出租车司机便是一个良好的例子。近日呢，成都的一名出租车司机在自己的车上拾到了10万元的，价值10万元的戒指，但是呢，他并没有去自己中饱私囊，而是选择将戒指送给，交给了民警，让民警去寻找失主。而这件事情之所以成为热点是因为，随着现在经济发展呢，诚信也慢慢地丢，很多人的诚信也慢慢地丢失了。而出租车司机的出现呢，无疑是为诚信注入了一剂强心剂，让人们知道诚信的可贵。而在这儿，我想说的是只有每个人诚信之后呢，每个人的经济，每个人的生活和发展才会更加的良好。

所以说在这件事情上呢，我的态度是赞同出租车司机的做法，并且对他进行由衷的敬佩，因为他并没有在高，∧巨额∧的，∧在巨额，∧在重金面前遗失，迷失自我，没有选择中饱私囊，而是选择交给民警，这就是一件十分诚信的事情。只有诚信之后呢，每个人才会有更加向上的空间，<u>才会有一种，才会有一种更加向前的一种动力</u>。而在这件事情上呢，我想到了美国总统华盛顿，他的两棵樱桃树的事情。有一天他拿樱桃，他拿斧子去砍自己的樱桃树，去砍自己家后花园的樱桃树，但这却是他父亲最喜欢的樱桃树，他却不知道。等他父亲回来之后呢，大发雷霆问是谁干的，孩子们都不愿意说，孩子们都不敢说，而华盛顿呢，这时却勇敢地站了出来，说是他砍的，他父亲呢并没有责罚他，而是让他继续地去勇敢地承担每一件事情，这也是让华盛顿成为美国总统的，第一任总统的一个重要原因之一，那就是诚信。在未来呢，我希望每一个人都可以拥有诚信，每个人都可以拥有诚信这样的基因，这样这个社会才能更加稳定向前发展，这个社会才会更加有爱，让整个社会呢都会大踏步地前进。所以在，∧∧所以我认为，每个人只有诚信之后才能做大事情，诚信是每个人必不可少的品质之一，只有诚信了，每个人才会更加向前地努力。

在这段即兴评述实录中,即兴表达问题很多。尤其是对材料主题的概括,一开始就定位在了"诚信"上。虽然和原材料所传递的主题意思接近,但是随着评述的展开,就可以看出其实偏离了原材料的"拾金不昧"主题。评述者假如平时观察力不够,对社会新闻和热点话题不关注、不了解,拿到题目后不能完全理解所给材料内容,概括和把握没有那么充分,那么评述的主题就会跑偏,也就难以引申出深层的含义。

二、不扣原题

不扣原题,并非对材料概括错误或者概括不当。不扣原题是在整个评述过程中,评述者只顾按照自己的思路来评述,而没有提及原题,使得评述脱离了原材料。它又可具体分为两种情况:

(一)未在合适位置点题

应该扣题的地方通常是即兴评述的开头、中间和结尾,也就是在评述中,应该在这三处分别明确地点到原材料的话语。有的评述者先是洋洋洒洒一大篇,跟题目没有什么关系,只是快结束时才提到题目材料。这是点题过晚。

⊃ 例题 9

不少人认为,单亲家庭中生长起来的少年在青春期更容易出现问题,你怎么看?

例题9这个评述主题还是很清晰的,但是在某个即兴评述的考试现场,有考生是这样评述的:

谈到校园欺凌,它多发生在中小学。校园欺凌的出现大多为校园周边或人少僻静处,甚至是明目张胆地在校园公共区域进行欺凌,对学生的身心造成伤害。近年来,校园欺凌事件愈演愈烈,有几部电影就是与校园欺凌有关的,引起了大家的热议,其中由郭敬明小说改编的电影《悲伤逆流成河》,就反映了跟校园欺凌有关的主题,其中女主人公,生长在一个单亲家庭……

这个评述,一开始听上去似乎离题万里,听到最后还是能够和评述题目拉上关系的。但是这个关系出现得太晚了,以至于往往被误认为评述者事先背了一个其他主题的评述,生拉硬套在这个题目上的。

如果因为"点题过晚"而被误认为是"跑题",看上去似乎有些冤枉,但评述时间是有限的,这就要求评述者必须在一开始就明确点题。当评述者开始评述后,评委却在频频看题目，往往是因为他们在疑惑评述者为什么做出了这样的评述，此时评述者就要抓紧时间点题，不要再做无关联的评述。

（二）主题概括为远涉关系

有的评述并非概括不当，而是概括的范围过大，即概括出的内容与所给的材料是远涉关系，而非直接有密切关联的一一对应的近涉关系。比如，某材料是关于教师体罚学生的，评述者洋洋洒洒评述的是加强思想教育的重要性。有关联吗？不能说没有。加强了思想教育就会提高教师素质，提高了教师素质就会减少体罚学生事件的发生，但这个关系太远了，这两者之间就是远涉关系。

三、先写后说

很多人，包括一些培训即兴口语表达的老师，都对即兴评述有个误解，以为它可以先写好了文稿再背出来；有时是练习时间有限，为了弥补练习的不足，让一部分学习者将即兴评述以文稿的方式进行"练习"——这就有违即兴评述的基本特征了。

即兴评述的重要标志就是无稿、线性。先写成文稿再背出来，不仅会导致较重的文本意识，还会使口语表达捆绑在起草好的文本上。动态语境往往会与文本话语产生矛盾，在即兴表达"依据文本"和"依据语境"之间处于"两难"境地时，容易导致话语失畅。即兴评述应当是不动笔墨的。习惯了先写后说的评述者，要注意克服。在即兴评述时，应将文本意识置换为现场意识，一切服从于语境，让文本为现实语境服务，这样才可能做到语流顺畅。

在做即兴评述之前，应当首先认识到即兴评述本是一门"遗憾"的艺术。就算准备得再充分，在评述时，也不可能按照原先设想的内部语言一字不差地完整表达出来，而是会发生一些语法和词汇上的变化。认识到这一点评述者才会保持心态的平和，评述时语流顺畅，把大体的意思表达明白就可以了。

培养在公众场合公开说话的能力，建立评述者积极自信的语言发动心态，需要从抛开文本开始，敢于说，不怕错，这就迈出了即兴评述的第一步。

四、表达书面化

很多人平时讲话一马平川、一泻千里，然而一旦进行即兴评述，就会如临大敌，变得举步维艰。原因一是即兴评述时由于话题的局限性和场合的严肃性，容易造成评述者心理紧张，分散了注意力。二是源于评述者的认识误区，认为通晓明白的口语不能使用在即兴评述中，即兴评述需要严肃、一本正经，要和平时的说话有区别。因此，他们本来"会说话"，一到即兴评述的时候却"不会说话"，或者"不说人话"。

有这样一段关于"国宝"文物展的评述：

象征王者尊荣的"天下第一剑"越王勾践剑、被康有为誉为"中华第一古物"的大秦石鼓、收录了王羲之"天下第一行书"的唐摹《万岁通天帖》等这一众平时隐于庙堂之高的国家级博物馆的国宝如今共同亮相于一档文化综艺节目《国家宝藏》，节目开播两期，刷爆朋友圈。精美的珐琅彩、天青色的汝窑、素雅的青花瓷，几千年来，中国匠人创造出多少奇迹，作为伴随着华夏文明的产生而产生的酒文化，在发展中也创造出了璀璨的光辉。

这段评述虽然每一句都很美，但却过于华丽和书面化，说的人别扭，听的人也在短时间难以抓住话语的主要意思。这也是源于对口语表达的理解有误。无论原素材有多枯燥和书面化，在此基础上生发出的即兴评述，语言都要力求通俗。试试将它"翻译"成口语：

在《国家宝藏》这个节目中，你可以看到越王勾践用的剑、王羲之的书法，还有其他的珍品。这个节目刚刚开播就已经刷爆朋友圈。我们国家历来就有"工匠精神"，在几千年的历史中创造出了许多传世之作。像大家熟悉的青花瓷、各种酒具等，你都可以在这里看到。

使用短小简洁的句子、简单明了的词语，有了这样口语化表达的意识，评述者的语言就好组织了，既不会把自己"绕死"，听的人也容易接收和消化。口语化的评述并非零散随意，也并非单调乏味，它的自如使用和顺利转换恰恰是评述者语言表达功力炉火纯青的标志。

五、复述有误

你能把一个事情说清楚吗？

看到这个问题时你可能觉得挺容易的，但当试着去"说"的时候，往往会发现要把一件事"说"给别人听，且用几句话就"说"清楚，真的不是一件容易事。因为"说"的人和"听"的人，生活背景不同、知识储备和文化底蕴不同、思考问题的方式不同，对生活的理解也不同。一个心里很明白的人，按照自己以为能让人明白的方式讲出来，但听的人未必就能听明白，所以听的人在"听"的同时，未必就意味着"接受"和"理解"。在即兴评述学习的初级阶段，应先从复述入手，提高语言概括、提炼和转述能力。

大家通常会觉得，对原材料的复述本身是没有什么技术含量的，但即兴评述中有相当一部分问题出在复述有误上。

⊃ 例题 10

2019年"十一"假期，扬州市政府向游客开放内部停车场，机关餐厅还提供淮扬特色简餐。衢州市政府也开放内部停车场，并提供十几元一份的简餐。这些政府大院随后成为游客打卡地，引发舆论关注。你怎么看？

基于这则材料展开的即兴评述，评述者就反复进行了这样的表述：

这个材料，说的是在2019年国庆长假中，这些政府部门成为网红打卡地，机关停车场成了网红停车场，而餐厅则成了网红餐厅……

评述者有可能事先对"网红"这一话题有所准备，就拿来套用了，但无论如何，原材料中是没有"网红打卡地"这一说法的。这个评论中将"网红"当作一个关键词来反复表述，犯了"无价值信息拓展"的错误。

⊃ 例题 11

西安一家咖啡馆推广了一个活动：捡20个烟头就可以换一个冰激凌，附近小学生们趁课余时间捡烟头，保洁阿姨说附近地面上已经没有烟头了，都让小学生们捡完了。你对此怎么看？

这道即兴评述题目并不难，事件线索清楚，然而评述者就此展开评述时，是这样开始的：

小孩子们大多从小就有收集东西的欲望，西安的咖啡馆，推出捡烟头换冰激凌的活动，附近幼儿园的孩子们，因此上街捡烟头……

这个评述"述"的部分出现了信息不准确的情况，原材料里的"小学生"到了评述者这里就成了"幼儿园"。不要小看这小小的误差，这种基本复述能力的不准确，表现出的是评述者在阅读、理解、转述等方面的欠缺。这种复述错误在即兴评述的考试现场出现概率是非常高的。

⊃ 例题 12

一位十岁的"熊孩子"在电梯内撒尿，并在半个月内多次作为。男孩母亲得知后在业主群内道歉，并主动打扫电梯一个月。你怎么看？

评述：

男孩每天在电梯里大小便……

复述有误，多是源于在即兴评述的考试现场准备时间短，评述者未能仔细读题，在大致看了评述素材之后，就想当然地展开评述了；有的评述者对"叙述"这部分重视不够，主要准备如何"评"了，所以叙述的时候就会出现细节上的错误；还有的是和自己头脑中某个原有的储备材料混淆了。这种评述的问题比较普遍，约有十分之一的人会在评述中出现材料复述有误的情况，必须在平时练习环节就引起重视。

还有的评述者觉得材料里的一些细节，特别是数字很难记，因而在叙述时特别容易卡壳或者出错，这里有一个简单的方法，就是在"述"的部分，把握"抓西瓜丢芝麻"的原则。对于一些细节，可以在评述时概而言之，这样就会避免背不过来材料，也规避"述"的时候出现信息不准确的问题。

六、只评不述

即兴评述从字面上可以看出是由评和述两部分组成的。有趣的是，按照表达顺序它应该叫"即兴述评"，因为它通常是要先述再评，述是评的基础，要评述结合。述，是对原材料的口头语言的复述式描述。评，是在述的基础上自然生发出来的。

以前面的例题8为例，围绕"拾金不昧"展开的即兴评述，应当先从"述"开始：

的哥捡到40枚戒指主动归还，失主送4 000元金吊坠、千元现金感谢，而的哥却未接受，这是刚刚发生在成都的事情。

在述的基础上再展开评：

对这件事，我是这样看的……

这样的述和评就是自然而有序的。由此可见，即兴评述主要是做好述和评这两部分。

即兴评述首先是建立在复述之上的评说，述的起语可以采用主谓宾式，即用一句话概括出材料的主要内容。面对新闻评述题目，一些评述者上来就说"我认为……""我的观点是……"，这样就缺少述，只剩下评了。

在评述中既有自己对新闻事件的客观看法，也要有对原材料的简要复述。不进行合理复述，只评不述，会给听的人留下套用现成套路和过分唐突的印象。

口头复述练习对于"述"的提高有很好的效果。口头复述是把听到的、看到的信息经过理解、加工，将记忆的信息内容转换为自己的话表述出来。口头复述分为详细

复述和简要复述,即兴评述中的"述"通常是简要复述,需把材料中主要的人物、时间和事件发展脉络进行组织、加工、简化,将之口语化地表达出来。

七、没有有效观点

只评不述,不符合即兴评述的要求。同样,缺乏观点、只述不评的即兴评述也是一个误区。

能准确说出自己的观点并非易事。有的评述者面对评述材料 A 时,或许很有想法,观点阐述得也很到位,但面对评述材料 B 时,则有可能脑中空空,难以给出观点,只能靠空话、套话来填满时间。

有的评述看上去是有观点的,但实际上评述者并没有"有效"观点。表 2-1-1 中右边的文字就是出现在即兴评述考场上的话语,它们都属于无效评述。

表 2-1-1

例题	无效评述
过年期间,针对人们打车困难,有些私家车出来运营,并且收取不等的服务费,你怎么看?	我认为在过年期间,交打车服务费是正确的,也是不正确的。
近日,某菜市场一个摊位被挂上"缺斤短两黄牌警告摊位"的醒目公告牌,有网友表示,只去这家买菜,因为他们不敢再缺斤短两了。摊主没想到因为缺斤短两反而带动了自己的生意。你怎么看?	买家也是人,卖家也是人。
据某机构统计,有 52% 的年轻人微信朋友圈屏蔽了父母,反映出两代人之间存在隔阂与代沟。父母为什么成了圈外人,谈谈你的看法。	朋友圈屏蔽父母,不是大事,但也不是小事。
是否要设"儿童车厢"?	儿童车厢既可以设,也可以不设。
怎么看"人不为己,天诛地灭"?	人不能全为自己,也不能全不为自己,全考虑别人,要既考虑自己也考虑别人。

面对一则新闻评述材料的时候,新闻事件本身通常会有一个基本导向,所以评述者不应在表达个人观点时模棱两可。有的话之所以可以正反两面说,是因为它本身可能涵盖了一定的辩证思想,比如《伊索寓言》中的"世界上最好的东西是舌头,最坏的也是舌头"。但是在分秒必争的限定时间内,这样在语言上绕来绕去,往往归因于评述者本身就没有什么观点;就算是有,也会在这种不明不白的表述习惯中把自己的观点绕没了,导致即兴评述缺乏有效观点。这往往源自一种不好的"套话"习惯,在即兴评述中需注意避免这样的无效评述。

八、缺少有效信息

我们的话里有什么？有信息。在即兴评述的时候，缺少有效信息的话，就是废话。

没有废话，一句话一个信息点，是即兴评述的最好表达状态。"听君一席话，胜读十年书"是表达的最高境界。相反，有些话很没有"营养"，没有"思想"，没有"精气神"，这样的话是被人为地"抻长"的，它本身没有有效信息，仅仅是一些车轱辘话，也就是流利的废话，说出来只是为了填充时间。

○例题 13

世界卫生组织指出，青少年过早饮酒对肝脏、骨骼、内分泌有害；酒精对儿童与青少年大脑的影响更大，轻则影响生长发育，重则造成酒精中毒，危害生命。"六一"前夕，相继发生在广西和四川的因为"逗小孩"喝酒造成一死一痴呆的悲剧，让大家聚焦起并不陌生的儿童喝酒这一现象。一项网络调查显示，有25%的受访者表示，印象中自己小时候被灌过酒，而自己周围曾被大人灌过酒的小孩比例有将近一半。

专家指出，逗小孩喝酒，看似儿戏，其实是"中国式逗小孩"的陋习在作祟。被排在最讨厌"逗小孩"做法的第二位，"中国式逗小孩"还有其他类似"妈妈不要你了"这种吓唬小孩的做法等。

这个评述给出的新闻材料是一则关于"中国式逗小孩"的话题。有人这样展开评述：

最近，逗小孩喝酒引发了一死一痴呆的事件，引发了整个社会的关注。酒作为中国传统文化必不可少的一部分，但是，逗小孩喝酒的这种行为是非常不可取的，许多家长用逗孩子喝酒来寻开心，却忽视了这种行为对孩子身体的伤害。父母作为小朋友最信任的人，小朋友在这时往往没有认知能力，只是认为爸爸妈妈说的都是对的，就喝下了他们手中的这杯酒，他们的父母却不知道这杯酒对孩子的身体会造成多大的伤害。每个小朋友生下来都是一张白纸，他们最信任的人就是自己的爸爸妈妈，而许多逗小孩的行为不仅仅是停留在让他们喝酒，一句无心的"妈妈不要你了""妈妈讨厌你"，都会在小朋友的心灵上留下伤痕。而"中国式逗小孩"的这种陋习经历的时间也是非常广的……相信大到70后、80后，小到我们00后、10后，都经历过被家长……来寻乐子的事情。有的孩子在父母温和、家教良好的家庭中长大，父母总对他给予鼓励和支持，那么这个孩子长大之后是自信的，而有的家长总是对孩子进行抨击、进行打压，那么他走入社会、走入学校，整个人的状态也会是自卑的。……每一个孩子都是祖国的花朵、祖国的未来……而父母作为花朵的栽培人……一定要……不管是从身体还是从心灵上好好爱护他们，不要因为自己一个不经意的行为或者一个动作毁了他们的一生。

这一段评述，用时3分钟，看上去表达充分，听起来却发现里面实质性的内容并不多。实际有效的只有这些：

逗小孩喝酒的这种行为是非常不可取的，许多家长用逗孩子喝酒来寻开心，却忽视了这种行为对孩子身体的伤害……小朋友没有认知能力，喝了酒，对身体会造成很大的伤害。许多逗小孩的行为都是陋习。

通过对照，就可以看出一些比较"水"的话在即兴评述中的作用了：它们用来充字数、撑长度，但并没有实质性的内容。这种评述语言如果出现在考试中，可以说是一种救急的策略，但如果出现在日常练习中，就是自欺欺人了。

九、套用万能公式

有句话挺有意思，叫"自古真情留不住，偏偏套路得人心"。"即兴"本是自然状态中的语言，在即兴评述时可以遵循一定的逻辑规律，对于初学者，刚开始有一个"支架"，相当于小孩子学走路时使用的"学步车"，在特定阶段也有些用处，但如果不分情况，套用所谓的"万能公式"，滥用"套路"或者"支架"，就会弄巧成拙。

下面就来看一下在即兴评述考场上常见的所谓"万能公式"是什么样的：

（一）万能公式一：国家、社会、个人

这是在即兴评述考试中，流传了好几年的一个常见套路，无论任何材料都套用"国家、社会、个人"公式。

这种情况，从国家的角度，国家要立法……，要……。

从社会的角度，社会要加强监督，树立……的意识。

从个人角度，个人要加强……的修养。

具体来说，这种"国家、社会、个人"的万能公式，可以在面对任何材料时扩充为一段现成的话：

……从国家的层面来说，国家要重视这个问题，多去关注……；从社会的层面来说，政府监管要到位，对……这种问题要加大监管力度；从个人的角度来说，一定要重视……这个问题，先天下之忧而忧，后天下之乐而乐，为祖国的前途、命运分愁担忧，为天底下的人民幸福出力，做好当代青年该做的，为实现中国梦而不断奋斗……

这就是即兴评述中的"总结性模板"。许多评述者懒于思考，害怕表达出错，通过背诵这种套话，让自己以较轻松的方式在即兴评述考查中做到以不变应万变；面对任何材料都能填充满时间，而且表达顺畅，听上去还逻辑清晰。故此，导致"国家、社会、个人"的套路在即兴评述考场上出现的概率非常高。

以例题13"中国式逗小孩"为例，有了这个模板，就可以替换为这样的语篇：

……对于这个问题，可以从"国家、社会、个人"三个方面来看。从国家的层面来说，国家要重视这个问题，多去关注少儿的成长；从社会的层面来说，政府监管要到位，对"中国式逗小孩"这种问题要加大监管力度；从个人的角度来说，一定要重视"中国式逗小孩"这个问题，先天下之忧而忧，后天下之乐而乐，为祖国的前途、命运分愁担忧，为天底下的人民幸福出力，做好当代青年该做的，为实现中国梦而不断奋斗……

换了其他的内容，可以同样照此替换。对于评委来说，这种"国家、社会、个人"的套路已经听过无数次，类似的表达评述者一出口，评委就已经知道结尾了。关于即兴评述的套路，有这样一句忠告：

所有的捷径，都是有弊端的。

（二）万能公式二：新三字经

一个众所周知的评述套路是"是什么、为什么、怎么做"，无论抽到什么题目，都尽力将内容向这个框架上靠拢，这就是"新三字经"。自从熟识了这个套路，许多参加考试的即兴评述者认为找到了表达的方向和评述的捷径。

就评述的"支架"来说，"新三字经"是一个相对合理的路子，它不像"国家、社会、个人"那样痕迹明显，但问题在于评述者对它的盲目套用。

这个表达套路本身没什么问题，在许多题目中都能用到，比如分析某个社会现象、分析某条至理名言等。有位考生抽到"烛光"这个题目，还是按照"是什么、为什么、怎么做"的框架，按照套路表达出什么是烛光、为什么叫烛光、蜡烛该怎样点亮成为烛光……显然，这就是机械套用。

人们思考问题的方式就是"是什么、为什么、怎么做"的，它的合理应用会让评述主题更清晰，表达也会更有条理，这对评述是有一定帮助的，但在选择上要慎重，同时要注重表达上的创新，运用个性化的表达方式，弥补"新三字经"套路的不足。这种"新三字经"思路要具体问题具体分析，不可盲目套用。否则一旦形成保守式套路思维，即兴评述能力就很难更上一层楼。

（三）万能公式三：三方参与

"三方参与"通常是将评述材料中事实所涉及的三方（有时是四方）分别列出来，对每方的情况各说一遍。这种评述套路，听上去挺清晰，也有逻辑，但仔细听来就会发现它并未紧密联系原材料，这些评论并非从材料中得出，没有营养，全是水分。它可以用来评说任何材料，但很容易出现的问题是，评述者说着说着就会把评论素材本身说丢了，甚至评述者本人都忘了自己要评述的事件是什么了。

○ 例题 14

在高铁上出现了"霸座"现象，你怎么看？

以这则材料为例，有评述者采用"万能公式"中的"三方参与"来进行如下评述：

对这个问题，可以从三方来看：

首先，从霸座者来看，你是乘客，就要遵守高铁的运行规则，霸座行为就是违反了这个规则……

其次，从高铁工作人员的角度，应该负起管理的责任，有人霸座，作为高铁上的执法人员应当出来制止……

最后，从乘客的角度来看，你作为乘客，有人霸座，不能助长这种行为，要站出来制止这种行为，如果听之任之，就……

再如，关于"重庆公交车坠江事件"，评述者找出的三方是"公司""司机""个人"，这样一分，显然即兴评述临场准备的难度就大大降低了。看上去，这种评述是有层次、有条理的，但当不顾任何材料、任何条件就乱往上套，就会影响评述的质量。

就练习者而言，套路相当于走路时的"拐杖"或者"支架"，在刚开始学走路时可以扶一扶，但要走得长、走得好，就必须扔掉"支架"走出自己的路子。

即兴评述只是一个载体，通过即兴评述，评委要从中挑选出具有较高评述能力的人才，而并非能说流畅套路的机器。在任何时候都要明白一个基本的道理：评委并非是来听套路的。

（四）万能公式四：万能句

有一种套路是无论抽到何种题目，皆套用某个"万能句"。乍一听语句顺畅优美，似乎评述者颇有文采，语言功底高深，但留心听就会发现既无信息也无观点。这是即兴评述中过于追求辞藻华丽，导致语言空洞的结果。这种评述里并没有真正的

"评"，只有一些源源不断的、不符合真正题意的"述"。这就是即兴评述中的"空话"，它往往以"万能句"的方式表现出来，是许多考生都会依赖的一种固定表达模式。

生活中确实有一些看上去放之四海而皆准的"套语"，这就是"万能句"的由来。即兴评述的初学者可以积累一些有代表性的"万能句"来应付不时之需，但要套用准确方可奏效。不少评述者未理解意思就盲目套用，轻的会使即兴评述变得支离破碎，严重的则会出现牛头不对马嘴的后果。

下面是一个经常出现在即兴评述考场上的万能句：

这到底是人性的扭曲还是道德的沦丧？

这句话之所以是个万能句，是因为在遇到评述材料中有个负面事件时，它会反复出现在评述者口中。再如：

这是一个最好的时代，也是一个最坏的时代。

19世纪英国作家狄更斯的这句话，毫无疑问是在艺考的即兴评述考场上出现最多的。狄更斯本是一位以反映现实生活见长的作家，大概因为他的作品中描绘了包罗万象的社会图景，表现出了揭露和批判的锋芒，贯彻了惩恶扬善的人道主义精神，所以，他的名句也就被即兴评述的考生反复套用，变成了"万金油"：

这是一个最好的时代，也是一个最坏的时代。

这是一个智慧的年代，也是一个愚蠢的年代。

这是一个光明的季节，也是一个黑暗的季节。

这是希望之春，也是失望之冬。

人们面前应有尽有，人们面前一无所有。

人们正踏上天堂之路，人们正走向地狱之门。

这一串串的句子抛出来，虽然流畅富于文采，但难以捕捉评述者到底想表达什么，而且还容易造成立场错误。我们面对的是包罗万象的大千世界和取之不尽的民族语言宝藏，一味追求捷径和秘诀，失去了对民族语言宝库的开采，会导致对"万能句""名言"的过度依赖，表达会变得机械。

自然、质朴的语言应该是即兴评述初学者的主流语言。如果没有深厚的语言文学功底做基础，没有走过朴实无华方才上升到累累硕果的语言功力，只想通过走捷径的方式追求一步登天的语言，最终反而会流于华而不实、矫揉造作。

即兴评述应当口语化，但并非生活口语的原生态放置。即兴评述语言是经过加工提炼的更高层次的口头语言。要想从根本上提高即兴评述的语言水平，刚开始练习时

就不能依赖评述中的"套话"。准确、流畅、丰富的评述语言先要让人听得"懂",然后使人有所"动"。

十、堆砌例子

有的即兴评述听上去洋洋洒洒一大篇,其实所谓的评述是以各种例子堆砌起来的"拼盘",缺少围绕材料概括出的有针对性的观点和言简意赅的阐述,只是拉了很多无关的例子来填上评论时间的"空"。

即兴评述可以有例子,但由于时间有限,通常例子不能多。在大多数考查性的即兴评述,如自主招生面试、公务员、事业编面试以及艺考的即兴评述中,例子的使用要遵循"1+2"原则:一个稍大些的例子(大例子指的是10秒钟以上的例子),外加不超过两个小例子(小例子也就是10秒钟例子,即一句话例子)。超过了这个数,往往就会喧宾夺主。

经常在即兴评述考场上听到评述者说:

看到这个材料,我想到我自己家的一件事……还有另外一件事是发生在我同学家……

这个材料使我联想起……还有一个同样的事情……

看上去围绕着材料滔滔不绝说了不少,不过全是各种例子的堆砌,没有合适的"评"在里面。

十一、立场有误

立场有误,听上去是个比较严重的问题。立场有误在即兴评述中非常多见,不以单一的形式出现,而是会有各种各样的表现。这里归纳了即兴评述考场上常见的五种涉及立场有误的情况,分别是表达失误、缺乏原则、观点偏激、观点消极、"愤青"行为等。

(一)表达失误

在即兴评述环节,立场有误和表达有误往往是紧密相连的,因为绝大多数看似立场有误的表达都是源于语言表达上的失误。看下面的句子:

尽管我们努力努力再努力,这个世界都是黑暗的。

地狱空荡荡,魔鬼在人间。

当前,中华民族已经到了最危急的时候。

谋事在人，成事在天，我们只能尽人事、知天命，因为一切命由天定，我们无法把握。

搞关系也没有什么不对，因为我们早晚都要走上社会，需要一个圈子。

这些话语，均为考生话语的实录，它们的问题很明显：违反了基本的评述立场原则。显然，这是在语言表达过程中将平日的消极情绪进行了无过滤的倾倒。或者说，是将一些在特定语境中的话语进行了错误的放置。

（二）缺乏原则

有的即兴评述缺乏原则，违背社会公众意识。

⊃ 例题 15

习总书记说："当官发财两条道，当官就不要发财，发财就不要当官。"请就此进行评述。

针对这个题目，评述者这样说：

只要坚持为人民服务，当官和发财是可以兼得的。

原题分明是"当官就不要发财，发财就不要当官"，意思明明白白，而评述中居然唱起了反调，这就是缺乏基本的评述原则。

⊃ 例题 16

据网友反映，某网红在直播中，公然篡改国歌曲谱，并将国歌作为自己所谓的"网络音乐会"的开幕曲，你怎么看？

"网红"是个热门话题，评述者通常会比较有话说。针对这个题目，有评述者是这样发表观点的：

我觉得适度篡改是可以的，但这个"网红"却嬉皮笑脸，没有适当的尊重，这就不对了。

题目中既然用了"篡改"这个词，就说明这一行为是不正当的。"篡改"是用作伪的手段对经典、理论、政策等进行改动或曲解。而在评述中居然赞同"适度篡改"，这明显属于缺乏原则的立场错误。

还有的表达有误，属于没有站在一个较高的立场来进行评论，而是流于庸俗化和世俗化。

例题 17

老师在管理学生过程中出现过激行为，你怎么看？

有评述者这样评述：

如果老师合理地吵骂学生是可以的，俗话说不骂不成器。

对于"过激行为"，有时可以放在某个具体的情境中来理解和评价，但是当评述者用"吵骂学生"这个词语替换了"过激行为"之后，听上去就有问题了。"吵骂"本来就是个不好的词，"合理地吵骂"也就出现了明显的评述上的漏洞，也就是原则混乱。

（三）观点偏激

有的即兴评述并非违背了公众意识或者出现了原则性错误，而是观点偏激，在此将之归于立场有误一类。

例题 18

你对生育"二胎"这种情况是怎么看的？

下面这个关于"二胎"的即兴评述，是这样展开的：

"二胎"指有一定条件的父母可以在条件允许下生育第二个孩子，但在我看来呢，生二胎对父母来说是十分不正确的事。因为随着老龄化社会的到来，政府出台了二胎政策，无疑会增加第一个孩子的负担，第一个孩子会认为父母把一部分爱分给了第二个孩子，这就会出现兄妹不和睦甚至殴打二胎的现象。而且一些生二胎的大多数是高龄产妇，这无疑会增加她们生育的危险性，因为她们大多是40到45岁之间了，这时生二胎，第二个孩子大学毕业的时候她们就已经60多岁了，她们就无法享受天伦之乐了。现在随着科技的发展，生育孩子的费用越来越大，虽然有九年制义务教育，但是父母的压力变大。前几天一个虐童事件就是因为第一个孩子觉得自己得到的爱太少，虐待弟弟。

对这则材料的评述应当立足于国家政策。2016年1月开始实施《人口与计划生育法修正案（草案）》，施行了30多年的独生子女政策宣告终结。随着社会经济的发展、老龄化社会的到来，我国的人口政策亟待转向，尤其是生育政策应该及时加以调整。这个即兴评述中，评述者充分表达出了自己的观点，但显然并未关心国家的政策导向，在表达上比较偏激、个人化，没有站在一个更高的、全局性的立场上进行辩证的思考与分析。

（四）观点消极

有的评述与例题18的情况正好相反，它并非偏激，而是属于万事得过且过，有意纵容错误行为，消极观点占据上风。

➲例题 19

谈谈你对有偿抢票的看法。

对于这个题目，有人是这样评述的：

"有偿抢票"这也是应该的，这是一个商品经济的社会，无论是"黄牛"还是朋友，只要给我们提供了帮助，就应该提供一些资金。

这个评述之所以会有这样的表达，源于对一些社会现象的消极应对。对于网络平台来说，抢票软件毕竟是新生事物，给大家的生活带来了新变化，但也需要加强管理。目前各公司开发的App抢票软件并未经中国铁路总公司授权，所收取的服务费价格从十几元到上百元不等。由于暂时没有现行的法律法规和有关规定对"有偿抢票"这一行为予以明确和规范，所以题目具有评述的意义。但这个评述将"有偿抢票"和"黄牛"混为一谈显然是不合适的。"黄牛"俗称票贩子，牟利的模式是先囤票后倒卖，从中牟取高额差价，这种行为涉嫌非法倒卖车票。

网络平台提供有偿购票服务，实际是提供有偿代理服务，即代理购票者买票，并收取报酬。这种代理关系并不违反法律禁止性规定，只要不是采用非法的购票方式，就不存在违法问题。假如网络平台是"先囤票后倒卖"，如利用抢票软件和虚假证件进行大批量购买车票，当有人向网络平台购买时，网络平台先将其用假证件已经购买的车票进行退票，使车票回到"票池"中，再输入购买人的真实证件，用抢票软件将之前的退票抢回并加价出售，那么网络平台此举和"黄牛"无异。所以，对例题19，这个评述可以是这样的：

有偿购票是一种服务行为，这是符合市场发展规律的，有合理性。因为提供服务是有成本产生的，收取一定费用也符合市场逻辑。但是对于收费标准的规范化，需要政府职能部门进行监督管理。有关部门应当尽快依据现行的法律法规和有关规定，对这种现象给予明确和规范，以避免消费者权益受损。

如果这样进行评述，就避免了消极观点的出现。

即兴评述

（五）"愤青"行为

有的评述之所以会立场有误，是因为评述者在评述时表现得思想偏激和情绪化，把问题归因为环境和社会。

以例题14"霸座"现象为例，有人是这样评述的：

出现霸座现象，这说明我们的资源有待完善。高铁上如果有充足的座位，谁还会霸座呢？就好像我们现在管理随地大小便的行为，殊不知这是厕所建得不够，如果厕所就在旁边，有谁会随地大小便呢？

这真是奇谈怪论。但它就出现在了艺考即兴评述的考场上，而且这种"愤青"评述还不是偶然现象，而是时有发生。

避免这种有误立场，需把握以下原则：

第一，评述时应遵循社会普遍价值观。

第二，有符合年龄和时代的自己的看法。

第三，有理有据。

即兴评述中的立场有误，通常源于表达失误、缺乏原则、观点偏激、观点消极、"愤青"行为等五种具体情况。进行即兴评述的时候，评述者心中应有舆论导向意识和社会责任感。"导向"就是我们对话题进行的阐述，价值观要符合主流价值标准，符合公共道德与是非判断标准，并与舆论主流、政策法规及人们的文化习惯相适应。

如何迅速把握立场原则呢？有个简单的方法，对于有一定争议的事件，若从正面和反面论述皆可，那就尽量往正面方向进行评述与拓展。

十二、表演化

即兴评述通常是作为一个评价载体而存在的，评委在评判时，除了对评述者所表达的内容进行考查外，还要对语音、表情、动作等其他层面加以评判。即兴评述的表达形式本来属于公众演讲的范畴，它的表达应接近于生活语言，但之所以会有一些表演化的成分介入，是因为评述者为了获得好的评价而进行全方位的努力，就有可能加入表演化的成分。

怎么能在这种单向的即兴评述活动中表现得像是自然交流呢？

不要采用类似舞台表演或是类似朗诵的特殊腔调；在每个句子的结尾不要刻意提高声调；在评述过程中不要比平时的语速更快、更慢或语调更夸张。

即兴评述的时候，表达状态并非完全不需要修饰和美化，只是不要把表演的成分过多地加入进去；只需将你最习惯的当众表达的话语方式再稍稍加大一个码，通常就是合适的即兴评述表达了。

★ 评述训练

1. 宿迁市泗洪县某六年级女生骑车不小心刮花汽车后留道歉字条，车主向学校提出对该学生进行表扬，鼓励孩子们敢于承担的精神，同时对该学生索赔1元。你对此怎么看？

2. 怎么理解"教育的目的不是培养精英，而是培养能够适应严酷集体生活的有协调性的人"？

3. 如何理解"你怎么对待生活，生活就会怎么对待你"？

4. 当前很多中国家庭里，养育孩子的压力转移到了老一辈人的身上。让老人带孩子，其实是一种变相的"啃老"。你对此怎么看？

5. 北京市一中院未成年人案件综合审判庭发布了《未成年人案件综合审判白皮书》。根据法院成立8年来的数据显示，已满16周岁不满18周岁未成年人犯罪，占未成年人犯罪总人数的85.04%；已满14周岁不满16周岁未成年人犯罪，占14.96%，且犯罪手段残忍，后果严重。一位教授在接受采访时说，在做少年犯访谈时，好多少年犯自己知道14岁之前要大干一场，16岁之前也可以干，但是到16岁之后就要收敛点。你对此有什么看法？

6. "没有一颗诗心，你看不到过去，也到不了远方。"你对此怎么理解？

7. 说说你眼中的"视频直播"。它应被鼓励发展还是用制度严管？

8. 谈谈你对"共享汽车"的看法。

9. 谈谈你心目中的本年度关键词。

10. 为解决游客在景区吃饭难、吃饭贵的问题，国庆黄金周某景区推出"一元午餐"，受大家热捧。这种做法是否应该推广？

11. 人们缺乏的不是才干而是志向，不是聪明加能力而是勤劳和意志。你怎么看？

12. 低碳生活不会降低幸福指数，相反会使我们的生活更幸福。你对此怎么看？

13. 你如何看待家长在孩子班级微信群里对老师的附和和追捧？

14. 你怎么看景区执行旺季与淡季区别票价？

15. 江苏某地把"卖身葬父""埋儿奉母"这些中国古代"孝"的故事放在人流聚集的区域予以推广，你怎么看？

16. 一份5岁娃的简历爆红网络。这个5岁小朋友的父母都是复旦大学毕业生，在外企担任高管。为了让孩子入读国际学校，父母设计了这份简历。简历显示，这位小朋友两岁开始听并跟唱诗歌，5岁会背百首古诗，英文书年阅读量超过500本，4岁半开始学钢琴，围棋取得11级证书，曾游历长三角各省市，去过日本和印尼等国家……许多网友看过这份简历后表示要跪，认为自己一辈子也比不上这孩子，当然也有人质疑这份简历。对此你有何看法？

17. 中共中央、国务院发布《关于深化教育教学改革全面提高义务教育质量的意见》，首次明确提出教师惩戒权，并将制定实施细则，然而现实生活中老师们却不愿接过戒尺。面对学生们的出格行为，如何评价越来越多的老师这种"惹不起躲得起"的心态？

18. 世界围棋第一人柯洁和人工智能选手"阿尔法狗"进行了一场人机大战，结果柯洁以0:3失败。事后柯洁在接受采访时直言："阿尔法狗"太完美，看不到任何胜利的希望。网友因此事掀起了"人类是否会被人工智能淘汰"的大讨论。请发表一下你的看法。

19. 越来越多的cosplay爱好者走上街头办漫展，cosplay也叫角色扮演，指模仿装扮虚拟世界里的角色，以动漫和游戏为主。有人认为cosplay是不务正业、浪费时间，而有人认为应尊重每一个人的喜好和权利。对此你怎么看？

20. 如果你是家长，你会赞成"男要穷养，女要富养"吗？

第二节　即兴评述五大加分点

既然即兴评述主要是作为一种训练或者考查方式而存在，那么为了获得最佳评述效果，评述者还要了解即兴评述的评判标准。在考查性即兴评述中，规避前面十二个误区只是个底线，要想做出优秀的即兴评述，还要从大方向上掌握它的五大加分点。

即兴评述只是语言的一种展示形式，对它的评判，取决于通过这种语言形式所展示出的评述者的能力和水平。

下面就从"加分"角度进行一下分解。解析即兴评述在作为考查项目时，哪些要素可以成为加分点。

一、语言分

即兴评述是语言的呈现环节，由于语出"即兴"，所以，语言表达上的"亮点"非常重要。同一个素材，同一个话题，评价即兴评述水平高低的一个重要指标就是语言里有没有"亮点"。这"亮点"可以是一个独特的描述、一种新颖的串联方法、一个形象化的比喻，也可以是一个有创意的词语，或者一种幽默的话语表达方式。语言"亮点"通常来源于即兴评述者的复式思维和多元表达。

例题 20

3 名男子将轿车停在重庆的高速路段应急车道内，在车头驾锅涮起火锅，交警赶到后制止了这种危险行为，三男子竟不知此行为违法。你对此怎么看？

这是 2020 年艺考中的一道即兴评述题目。某位评述者在开始时的导入语就比较吸引人：

在故宫里面吃火锅，是为了给民族文化注入现代化的气息，在高速公路上吃火锅是怎么回事？咱也不知道，咱也不敢问啊。

这个导入语看上去简单，但它既包含了有关"故宫里吃火锅"的最新信息，又有近年来的流行语，表现出了评述者轻松自如的临场状态和幽默的才情。

即兴评述的载体是语言，因此，"语言分"是即兴评述最重要的加分点之一。多重表达是获得语言形象分的关键。语言自身的发展是日新月异的，一些固有的表达方式用旧了，就会有新的冒出来。在自媒体发展迅速，直播无处不在的大环境下，只要你愿意就可以获得发布权、话语权，因此当下的口语表达有着丰厚的培育土壤，也有着无限可借鉴的新形式和新内容。

为了更清晰地展现语言在即兴评述中的呈现方式，下面就从"评""述""问"三个方面来加以分析。

（一）有效复述

简洁、有效、合理复述是获得语言分的关键。

人们平时经常采用"述"的方式来描述过程，讲解事件。例如生活中对一件事情最常见的"述"：

问个让人觉得不太愉快的问题：假如你手机被偷了，首先要做的是什么？

报警？当然，最重要的是找回来，如果可以的话。假如不行，大家也都会关心手机里的各种资料吧。

张女士手机被偷了，她也是这样想的。她还采取了一个行动，就是给自己的手机发了个短信。希望偷走手机的人啊，把手机还给她，因为她手机里的资料很重要。

即兴评述

没想到,张女士遇到了一个奇葩的贼,他把张女士手机里的电话号码打印出来,给张女士快递了过去。当然,手机没有归还。但是,警方在快递公司的监控中发现了他,他还是被抓获了。

这段"述",是最基本的对评述材料的口头描述,可以得到比较高的语言分。因为这个表述比较新鲜,而且语言顺畅,符合口语表达的特点,特别是适度提问的使用,可以传递给听者更多的有效信息。这段复述源自下面的例题21。

⊃例题21

丢东西是件很不开心的事,辽宁丹东一位丢手机的失主,闹心的点和大伙儿都不太一样。5月2日下午,一名男子从出租车下来,盯上了迎面走来的张女士,一直尾随在她身后,趁张女士不注意迅速将背包中的手机偷走。

手机被偷,张女士别提多上火了,主要是里面的资料太重要。抱着试试看的心态,张女士给自己的手机发了一条短信,希望对方将手机还给她,同时承诺给对方一定的费用。在短信的末尾,她还写了自己的邮寄地址。

张女士其实没抱什么希望,可是没想到两天以后张女士竟收到了一个快递,包裹里没有梦寐以求的手机,而是打印着电话号码的密密麻麻的6张纸,正是张女士的手机通讯录。

张女士做梦也没想到有这么奇葩的贼,她将快递送到了派出所。虽然快递单上没有留下寄件人的地址,但警方通过快递公司的监控发现了寄件人,而且民警一眼认出,这个奇葩贼就是曾经被民警处理过的盗窃惯犯刘某,警方随后将其抓获。

在展开评论之前,先对这个材料所涉及的事实进行复述,这就是前面我们所看到的那段,这个复述是有效的、出彩的。要想简单快捷地完成复述,需去掉原材料里的烦琐的细节和详细的情节,将"细描"改为"白描",这样才能准确、快捷地完成对原材料的复述任务。

(二)评论出彩

在"述"的基础上,再有"评"自然生发出来,以下是对例题21的"评":

这个贼的表现啊,让我觉得人真是一个复杂的存在。对于材料中的贼来说,既然偷了手机,还能不厌其烦地调出通讯录打印邮寄,说明他心中还存有善念。有时难以单纯地凭某个行为而判断一个人的好坏,只能说,希望他能够把人性中善的一面发扬出来,做个好人吧。

即兴评述的语言练习,主要是做好"述"和"评"两部分的工作。即兴评述是建立在复述基础上的评说。

获得语言分还可以借助提升"对话感"来实现。很多评述者满脑子都是自己的观点和要说的话,表达的时候表情呆板,目光呆滞,自言自语,缺少与听者的良好沟通。增加"对话感"的简单方式就是随时想象你在跟面前的人进行对话。

针对表2-2-1中这则"校园欺凌"材料,对比有无对话感的评述的差别所在。

表2-2-1

例题	无对话感	有对话感
一部《悲伤逆流成河》把校园欺凌问题提到了社会舆论的风口浪尖,你遇到过校园欺凌吗?你如何看待校园霸凌现象?	校园欺凌在很多学校都存在,这是一种对学生身心有极大伤害的现象。造成这种现象的原因……	提到"校园欺凌",大家可能就会想到前一段热播的一部电影《悲伤逆流成河》,不知老师们看过没有,但我推荐您看一下另外一部电影,就是《少年的你》。相对于《悲伤逆流成河》,这部电影反映出的……

有对话感的评述,不仅拉近了评述者和倾听者之间的距离,更重要的是它可以通过这种对话形式的设定,减轻评述者组织语言时的心理负担,使得评述在相对轻松的语言使用状态下完成。

(三)善于提问

要获得更多的表达分,在即兴评述中加入提问是一个很重要的技巧,也是一条捷径。信息的传递,可以通过一个简单的话语引导和启示来达到目的,那就是提问。

提问具有特殊的引导作用。对于即兴评述来说,提问本身就是一种促使人思考的哲理化形式。它往往是以最生活化的方式提出世界上许多严肃问题的内在联系。成年人的世界中,保持了提问习惯的人才能解释宇宙的奥秘,研究新的元素,生成新的物质,改变人类的旅途。[①]

提问,意味着一种控制。通过提问可以传达信息,说明感受。即兴评述中的提问可以使语言表达更加多样化,也能给评述者自己争取思考的时间。即兴评述并非对话,问题的提出并非为了获得答案,而是为了更清楚、更主动地把自己的感受或已知的信息传达出来。

以表2-2-2中的两个评述材料为例:

---

① 姜燕.问答术[M].济南:山东人民出版社,2017:9.

即兴评述

表 2-2-2

例题	陈述式表达	提问式表达
13岁的雨果在上学时从不愿早睡，他觉得早睡是浪费时间。但在学校里，他不能点灯，也不能起床，于是，雨果就长时间地凝望着窗外的星空，忽然捕捉到了一句美妙的诗。一句、两句……他想好了一首诗，又多次推敲，天亮后写在笔记本上。后来他创作出了《悲惨世界》《巴黎圣母院》等巨作。以此做评述。	提到《悲惨世界》《巴黎圣母院》这样的巨作，说到它们的作者雨果，您一定不陌生。	您听说过《悲惨世界》吗？您听说过《巴黎圣母院》吗？它们的作者是谁？他是天才吗？他是如何完成这些巨作的呢？
某网红在直播中，公然篡改国歌曲谱，并将国歌作为自己所谓的"网络音乐会"的开幕曲，你怎么看？	众所周知，国歌是非常严肃的。	你见过几种版本的国歌？如果说国歌居然成了某网红"网络音乐会"的开幕曲，听到这个，你会怎么想呢？

在即兴评述中使用提问，增加了对话的感觉，虽说这只是一种虚拟对话，但通过提问可以提供一些启发思考的信息，能够在评述现场制造强烈的熟悉感；这些提问也给接下来的评述提供了线索。

人们在进行对话时很适合使用提问，但在表达单一的即兴评述中，提问的使用具有特殊作用。因为提问通常是需要回答的，而所有潜在的回答都意味着对所提问题的接续和思考。

那么，即兴评述中的提问，和生活中的提问有什么不同吗？在即兴评述中如何提问呢？下面就提供一组可以连续使用的提问支架：

填空提问 + 选择提问 + 是非提问

可以看出这个支架分三步，下面就通过例题22来解读一下如何使用这个支架。

⊃ 例题 22

旧时曾有人说："凡是有麻雀的地方，就有山西商人。"他们的足迹遍布大江南北，在商界以群体的形式活跃5个多世纪，经营范围十分广泛，上至绸缎，下至葱蒜，他们在清初即创建中国最早的银行"票号"。他们被统称为"晋商"。晋商成功的根本在于儒商精神，当时受儒家文化影响很深的晋商，有着很先进的经商理念。儒商精神的根本在"诚信"二字，这可能也是社会上比较缺失的一种价值观念。请用今天的观念来评价一下"晋商"。

对例题22，可以按照提问支架，进行三步提问的设计，完成评述中主题的切入：

第一步：填空提问。

提到山西，你会首先想到什么？

很明显，这是道填空题。答案你可以随便填。当然，评述者也可以把它换成一个选择题。

第二步：选择提问。

刀削面？晋商？醋？乔家大院还是镖局？

通过选择提问的相关选项，可以获得一定的"信息分"。后面还有"是非题"。

第三步：是非提问。

没错，这些都是与山西密切相关的"特产"，不过，有没有发现，所有这些都离不开一个关键词，就是"晋商"。你知道山西为什么出"镖局"吗？这些都得从有名的"晋商"谈起。

这种评述中的"填空题＋选择题＋是非题"专用提问题型设计，遵循着一个慢慢导入的原则。通过提问，使提问者与外面的世界，具体地说，是与外面世界中的人建立联系。评述学习者可以先建立这个习惯，这是一种特殊的"扩散"技能：由某一个情景中的"点"扩散出很多相关联进而可扩展的点。这样评述者就可以在评述初期较容易地把控说与听的沟通走向了。小的时候大人讲故事，往往也是这样：

从前啊，有一座山，山上有一个人，他有一盏灯，这个灯啊，很神奇……

这种熟悉的切入形式，从大到小、由远及近，也是构建了一个慢慢走近的话语氛围。从某种程度上说，人们是通过建立联系感，而得以展开话题、沟通感情的。很多人之所以在相识后无法保证有效的后续，就是因为交流停留在表面，没有建立起深层次的联系感。评述中评述者创造的"联系感"越多，与听者的沟通就越有可能深入。即兴评述中的"提问"是评述者创建"联系感"的一条有效途径。

二、观点分

即兴评述的"评"要有"观点"，根据材料选出一个容易出彩的"点"来确立论证的角度。要想获得较高的分数，需要评述者对新闻和社会生活具备较好的洞察力及判断力，在短短数分钟的评述中，准确选择"落点"是获得观点分的关键。

根据例题21，下面这个观点，是绝大多数评述者可以评述出来的：

这位小偷能把通讯录寄回来，可见良心未泯。希望他好好改造，重新做人。

这一观点虽然保险，免了跑题之嫌，但也不会在众多评述中脱颖而出。一个事件的发生受多种因素的制约，找出各种影响因素并区分出它们的主次关系，就需要进行多元的分析。下面是其中一个多元化的观点：

这件事奇葩就奇葩在手机丢了，通讯录还能找回来，相信通讯录对很多人来说还是很重要的。这个小偷能把通讯录寄回来，也说明他不乏善的一面，但是我想，这件事情在处理的时候，应当引发我们的思考和探讨。因为一旦曝光，下次再丢了手机，可就没人再把通讯录寄回来了。

即兴评述的最高境界，是语言、思想和思维的完美结合。能否进行多元分析是决定即兴评述"观点分"的基础。许多人面对纷繁复杂的社会现象只能走那条最常走的评述途径；相反，分析能力强的人却能透过事物表象，获取对问题的本质认识，做到见人所未见，发人所未发，这样才能获得在观点分上"出类拔萃"的机会。

➲ 例题 23

2018年7月19日下午，有网民发出一张海关工作人员穿吊带装的照片。原来这名女性工作人员当天已请假，准备离开时，恰逢有人前来办事。为了不耽误对方，她临时受理了业务。没想到，因着装问题被拍照晒到了网上。你对此怎么看？

针对例题23所提供的材料，许多评述者会这样评述：

海关人员这么做不妥当。窗口行业是有制度的，而制度应有"刚性"。这位海关人员助人为乐没错，但她应该把手头工作处理好再请假离开，或者换好衣服再坐回窗口。

海关人员的行为到底是助人为乐还是不合规定，评述者众说纷纭，这里不做定论。能获得"观点加分"的如下：

观点1.

那位海关小姐姐，也许还会因为这张不合规定的照片受到处罚，尽管她的本意只是想尽快解决办事人的需求。对于这个，我就想说，网友们的监督意识固然值得肯定，但，是不是有些时候批评意识太强了？面对持刀杀害无辜群众的凶手，总有人要问上一句"一定是有理由的吧？不然他为什么会杀人呢？"可是，对于这些默默付出的公职人员，网友能当面拍照发上网，却不愿多问一句，了解一下真相，更有甚者，看了图就编故事对当事人加以中伤。这是不是伤害了很多原本善良的人？

观点2.

海关有它的工作制度，这谁都理解，不过，拍照曝光让大家议论是不是最佳选择？无论这个事情的处理结果怎样，我都有些担心，下次再遇到同样的事，还会有人把手头的工作做完再走吗？下次还有人主动做工作外的事吗？下次如果遇上紧急的事情，也会顾忌着着装怎么办？

为了更加直观，下面把能否获取加分的观点做一下整合：

表 2-2-3

例题	一般观点	加分观点
2018年7月19日下午，有网民发出一张海关工作人员穿吊带装的照片。原来这名女性工作人员当天已请假，准备离开时，恰逢有人前来办事。为了不耽误对方，她临时受理了业务。没想到，因着装问题被拍照晒到了网上。	海关人员这么做不妥当。窗口行业是有制度的，而制度应有"刚性"。这位海关人员助人为乐没错，但她应该把手头工作处理好再请假离开，或者换好衣服再坐回窗口。	网友们的监督意识固然值得肯定，但，是不是有些时候批评意识太强了？……网友能当面拍照发上网，却不愿多问一句，了解一下真相…… ……下次再遇到同样的事，还会有人把手头的工作做完再走吗？下次还有人主动做工作外的事吗？下次如果遇上紧急的事情，也会顾忌着着装怎么办？

要在评述中获得这种"观点分"，评述者要有面对素材的"多元分析"能力。多元分析就是能够进行多角度的分析，在多角度分析的基础上进行深度挖掘。具体可以有横和纵两个方面。

（一）横：先找出所有角度，进行多角度分析

一个客观事物往往是具有多个意义的。事物的多义性，决定了可以先从横向的方面来分析它。从多角度、多方面来认识事物，用怀疑的、批判的眼光看待已有的认识。这是横向评论的重要一步。

有一道评述题目是这样的：

一个探险家出发去北极，最后却到了南极，因为他带的是指南针，找不到北极。别人说："南极的对面不就是北极吗？转过身来走就可以了。"

这道题本身给我们的启示就是看问题应当"横看成岭侧成峰"。就这么一个简单的"转身"，却并非人人都能做到，具备多角度分析能力的人才善于从那些似乎已成定论的认识里发现出人意料的思路。

⊃ **例题 24**

谈旅游

这是一道关于"旅游"的即兴评述题。题目一目了然，取材容易，可评述范围广，但这个题目容易流于平淡。大多数评述者都是说自己去过哪些地方旅游，印象最深的是哪一个，那里有什么吃的喝的玩的，在那里遇到了什么朋友，或者那里有什么风土民情，等等，这些虽然扣题，确实是在谈旅游，表达也流畅，但就即兴评述来讲，"述"的成分偏多，围绕旅游这个话题的"评"通常比较浅，对事物的认识比较表面化。这类题目看上去容易，实际难在如何出彩，怎样做到不落俗套。

在众多评述者的"我去了什么城市""我吃了什么美食""有这样一个风景区""度过了一个愉快的暑假"等种种评述内容中,有这样一个落点新颖的评述:

说到旅游,我就联想到南京。我第一次去南京,是因为艺考。我为了省钱,花了127元坐了绿皮车,但这多花了我6个小时的时间。等我到以后,宾馆没有房间了,我只能花189元住水泥地的平房。这就是南京给我的第一印象。当然,这也是此行给我的第一个教训。

在南京艺考的间隙,我去了南京大屠杀纪念馆,给我印象最深的是那里有一面墙,上面刻满了名字,都是南京大屠杀中遇难者的名字。那间屋子的屋顶,做成了满天星星的样子,我望着那个星空,就想起那遇难的30万同胞。可是,近年来,日本人却不承认他们当年的侵略行径……

这个评述超越了一般旅游话题的吃吃玩玩,而是在一个看上去漫无边际的题目上,找到了可以出彩的"点"。

再以例题8"成都的哥捡40枚戒指主动归还"为例,根据这则新闻材料进行横向发散,可以找到不同的观点。"拾金不昧"这个材料有好几个点可以评说:

观点1.

表现了一种应当提倡的拾金不昧的社会正能量。

观点2.

这个的哥提升了行业形象。

观点3.

失主给予的哥适当报酬是应该的。不仅要提倡做拾金不昧者,还应学会做一名合格的失主。

如图2-2-1所示:

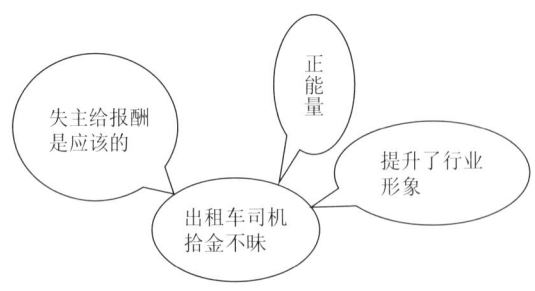

图2-2-1 "拾金不昧"话题横向拓展

从"出租车司机拾金不昧"这个中心材料向外辐射,有多个点可以展开评论,这些围绕中心材料平行拓展开的点,就属于横向评论。

获取横向观点要有对材料的整体把握能力，在"述"的基础上拓展"评"的视野，这就需要评述者平时多了解国家政策，关注社会大环境，跟上社会发展的脚步，在评述时，通过对某种社会现象的分析评论，挖掘出现象背后隐藏的生活道理，表现出看问题的态度。根据材料的不同，即兴评述立场可以有三种：赞扬性话题、批评性话题和启示性话题。

在具体操作中，具有"双刃剑"这样的思维更容易获得观点分。"双刃剑"从字面的意思就能看出它有两个刃，使用的时候当一面对着敌人，另一面就会对着自己；将剑刺出去的时候，对方的兵器一挡，剑就会反弹回来（如图2-2-2）。因此"双刃剑"也意味着考虑问题要周全。"双刃剑"不仅仅是兵器上的意义，在现实生活中它也被赋予了一种丰富的内涵，指一件事物的两面性，对于特定事物产生正反两方面的影响。

⮕ 例题 25

越来越多的孩子玩起了微信、微博、贴吧，网络受众且日益呈现出低龄化的趋势，有人认为这是随大流，有人则充满担心。你怎么看？

基于"双刃剑"这样的两面性思维，可以给出这样的评述：

随着高科技的发展、网络的普及，微信、微博、贴吧等逐渐走入了千家万户，当然，也有越来越多的孩子加入了玩微信、微博的大军之中。我的观点是，这是一柄双刃剑。随着社会的发展和科技的进步，一定会出现电子产品的低龄化现象，这是不可避免的。与其担心、排斥、严令禁止，不如坦然接受这种社会趋势，在这个基础上进行科学的引导。

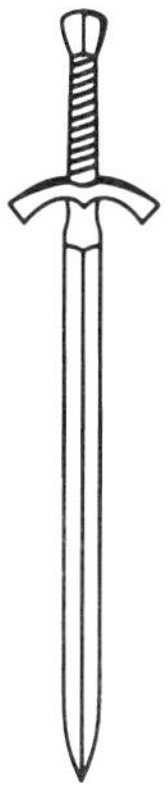

这样兼顾事物两面性的评述既客观又辩证，表现出了评述者严密的逻辑和深邃的思考。

图 2-2-2　双刃剑

⮕ 例题 26

"您的包裹已放在小区快递柜，取件码×××××，请及时领取。"这样的短信对于习惯网购的用户来说并不陌生，与此同时，快递小哥的送货电话却日益减少了，快递常常被直接放进快递柜。你怎么看？

同样是基于"双刃剑"的观点，可以给出这样的评述：

这个材料，看上去似乎是快递业越发达、手段越先进，人与人之间的联系就越少了，快递疏远了人际距离，而小区快递柜的普及又进一步淡化了人际关系，其实不然。

我们对新事物的到来，应当是静心地迎接它而不是抗拒它。想想，老年人腿脚不方便，年轻人又忙于工作，门卫总不能老是化身为快递接纳点，因此，小区快递柜的出现其实是迎合了社会新事物的发展。再者，在2020年初新冠肺炎疫情严重期间，无接触配送就起到了非常大的作用。

善于全面地看问题得益于思维的广度。假设将评述材料置于一个立体空间之内，那么可以围绕着它进行多角度、多途径、多层次、全方位的表达。思维的广度在即兴评述中表现为思路开阔：既能综观问题的整体，又能兼顾问题的细节；既能抓住问题的本身，又能兼顾其他相关的事物。

（二）纵：在选择的角度上，进行深度挖掘

对同一则材料，横向的分析是从多角度、多方面来认识事物，在此基础上还可以进行纵向的挖掘，即把评论的眼光放在发展的视角上。

⭕例题27

你怎么看如今家长给小学生报多个辅导班？

对这一评述题目，很多评述者只能说出"家长这么做是不对的""给孩子带来了很大的压力""让孩子失去快乐的童年"这类观点，不能分析出话题背后的深层原因和需要采取的合理对策，致使话题深入不下去，只能在浅表层游走。

有深度的分析是这样的：

首先不排除一些家长受虚荣心的驱使，形成了攀比教育，比车比房还要比孩子，不想让孩子输在所谓的起跑线上；其次是部分培训班的诱导，借家长的虚荣心理来谋取利益。这是两点主要原因，这种现象会导致两个消极影响：一是无法培养具有独立学习能力的全才，囫囵吞枣式的教育模式容易使孩子在学习上贪多嚼不烂；二是容易导致孩子的逆反心理。

要获得纵向分析的观点分，可以把握这样几个原则：重视切入点，划分逻辑单元，进行由材料切入点到深入思考的有效延伸。评述者在围绕一个材料进行评述时，应能深入到材料的内部，抓住问题的核心，即事物的本质部分，进行由远到近、由表及里、层层递进、步步深入的思考。

⭕例题28

因女友提分手，浙江杭州的13岁男孩小胡心情不好，一口气喝了3瓶100ml的白酒，喝完还去打篮球，结果瘫倒在地并伴有鼻腔出血，紧急救治后被送进儿科治疗。小胡被送医时已昏迷，被诊断为急性酒精中毒。

对此，杭州一位中学班主任说，失恋的男生承受能力比女孩要低。青少年心智不够成熟，早恋很容易产生各种不良情绪。请对此进行评述。

在对这个素材进行评述的训练中，出现了各种不同的评论角度：

观点1.

13岁，儿科，这新闻看上去很悲伤，但同时还有些喜感。"儿科"两个字莫名打破了这则新闻的严肃性。看来还是作业太少了，你一个还看儿科的小屁孩儿谈啥恋爱？

观点2.

这下可好了，小小年纪，全中国都知道你有个难以忘记的前任。很多评论的人应该重新思考一下，为什么13岁的小孩就在为自己的爱情流泪了，而很多大龄成年人还在为别人的爱情流泪？

观点3.

现在孩子的发育提前了，感情萌芽的时间也提前了，家长的包容度大了，整个社会的宽容度也比前些年大了。

观点4.

初恋对于男孩子来说，印象深刻，被分手对他们来说是情感的否定，一时间无法接受。在这方面，家长和老师要提前给孩子打预防针，这段感情没有向他们想象的方向发展，要如何面对？如果一段失败的感情让你学会如何去爱自己、爱别人，变得更好，那就虽败犹荣吧。

观点5.

借酒消愁的这个男生是想仿照成人的方式解决问题。从这则新闻可以看出，现在的孩子发泄情绪的渠道不多，有的一下子想不通可能就走了极端。

失恋并不是一个新鲜的话题，失恋后的过激行为和情绪宣泄也不是一个新的话题，但是这个评述之所以引发这么多新鲜的吐槽是因为评述材料的主人公还未成年，还看"儿科"。把它放在发展的视角上来分析，和上一代人保守的恋爱、前几年对青少年早恋的严令禁止相比，即从纵向来看，围绕这样一件"失恋"所引发的思考，可以拓展出很多不同的线索。

世界是普遍联系的统一整体，在分析个别事物时，还要分析它和周围有关事物矛盾的相互联系；在分析事物矛盾的某个方面时，还要分析它和整体以及整体中其他部分的联系，切忌把部分和整体之间的界限绝对化。客观联系有的是直接的，有的是间

接的。辩证地考虑问题,是以一个更加客观全面的角度去看待世界。人很难做到时时客观、辩证,但换用这个视角看问题也许会更加清晰透彻。

◯ 例题 29

"异烟肼"是一种治疗结核病的药,和"狗"看上去八竿子打不着,但最近它却有了新的用途。这源于1995年的一起意外。1995年7月,河北保定有只西施犬误食一片异烟肼片后中毒,经宠物医院救治无效死亡。这桩意外被河北农业大学的研究人员发表在1996年的《中国兽医杂志》上。此后,专业圈子里有了"如何用异烟肼大量快速扑灭犬只"的讨论。

2015年,《四川畜牧兽医》杂志上刊登了一篇相关的研究文章,研究人员在15只健康的中华田园犬身上进行了异烟肼灭犬试验,发现50毫克/公斤的剂量就足以杀死所有犬只,且犬只从服药到死亡的时间间隔很短。

宠物医生表示,犬只中毒比较常见的除了老鼠药就是异烟肼,基本救不回来,所以异烟肼有个外号,叫"狗立停"。

近日,有微信公众号发布名为《遛狗要拴绳,异烟肼倒逼中国养狗文明》的文章,称异烟肼对人类无害,对犬类却具备非常强的毒杀作用。用于小区投放,可以倒逼养狗文明。

此文一出,迅速引发争议,并且有人付诸行动。很快,北京发生毒狗事件。8月10日,北京警方表示,随意投放有毒物质已经触犯法律,不论伤人或者伤狗,都应承担法律责任。

这则新闻材料是个练习即兴评述的好素材,因为它不像大部分新闻事件一样,有一个相对清晰的导向,而是包含着错综复杂的思维脉络。围绕着它展开的评述,可以出现异彩纷呈的效果。

评述1.

毒狗事件,说明了一个问题:这是人为,不是狗祸。

这些狗,养它们的是人,遗弃它们的是人,嫌弃它们扰民、杀死它们的也是人。

其实,狗是没有人的意识的,养在家里,它就有可能叫,带出门来就会随地排便。作为动物,它们并没有什么错,而问题就在于人。养了但是不好好管理自家的狗,出现了吠叫扰民的现象,一开始觉得好玩想养,发现饲养麻烦又有政策限制,所以出现了主人弃养的情况,大批的狗成为流浪狗。人们怕被这些流浪狗所伤,就会想着消灭它们。但流浪的源头,却是人的利益驱使、喜怒无常和随意弃养。

"毒狗"不会从根本上解决问题，只能激化矛盾。无论是人与人之间，还是人与狗之间。

评述2.

这篇公众号文章带有半遮半掩的暗示，是一篇无良文章。

在它别有用心的传播下，不少路人都了解了异烟肼这种看上去和狗八竿子打不着的东西，但它却可以致狗于死地。这对不少人的心理是一个潜在的暗示，它诱发了毒杀狗的行为。

在整个事件中，人作孽，狗受罪，伤害就来得异常容易。在"有心人"的指导下，小小一片异烟肼，就能轻易带走它们的生命，所有人都能"低成本，高效率"地去杀死这些狗。你可以不喜欢这些狗，但不能对毒狗和虐狗行为推波助澜。总有一些极端的人，在这些暗示之下容易成为杀手。今天看不顺眼小区不牵绳的狗，他们可以在草丛里投毒，明天就可能因为一些口角争执，将毒物投放到别人家门口。

这并不是危言耸听。人一旦对生命开始漠视，就会愈加麻木，最终一发不可收。

两个评述都是紧扣材料展开的，通过对比可以看出，评述2比评述1更紧地抓住了材料的核心，挖掘也更深刻些。如果两个评述者的语音面貌等其他条件相近，显然就内容上来说，评述2可以获得更高的观点分，因为从纵向分析的角度来看，评述2在材料的基础上，又进行了更深入的思考和更高的提升。

三、思路分

有了观点，还要有一个可以得高分的评述思路。有序展开评述语脉是获得思路分的关键。

即兴评述的语脉是局部意义单位的线性排列，它体现着评述过程中的相互依存、前后一贯的逻辑关系。

⮞例题30

这两天，一个穿着泳裤执法的民警因为着装成了网络话题。

一段网传视频显示，一辆摩托车被全身仅穿泳裤的男子拦停，"泳裤"男子认为摩托车司机没戴安全头盔，驾驶不安全。而被拦停的男子则认为，这个自称警察的同志没有穿警服。随后，这名"泳裤"男子出示警官证，并要求骑摩托车男子出示驾驶证。

7月18日，贵州习水警方就此事给出官方通告：当时这位民警并未休假，之所以未穿警服，是因为在执行一项便装任务。

即兴评述

习水县公安局专人对该事件进行调查后发现，泳裤执法男子实为二里镇派出所的税所长。近日，二里镇派出所多次接群众举报，辖区马鹿河有人使用电击、网捕等方式非法捕鱼。

7月17日19时许，税所长等4位民警在马鹿河二里河段，化装成游泳群众查找非法捕鱼的违法犯罪嫌疑人。其间，发现黄某有未戴安全头盔驾驶二轮摩托车的违法行为，为保护驾驶人生命安全，税所长出示警察证后，对黄某违法行为给予批评纠正。19时20分许，在收到亲属送来的安全头盔后，税所长同意黄某驾车离开，没有罚款。

在放走摩托车后，4位民警继续开展工作至深夜2时许，并成功查获涉嫌非法捕捞水产品的犯罪嫌疑人黄某某、汪某、汪某某共3人。

即兴评述的"即兴"要求，使得思路狭窄的评述者在短时间内容易翻来覆去地说几句嘴边的话，一些受过专业速成训练的人还容易变成"空话大王""废话篓子"和"话痨"，满嘴"车轱辘话"。其实，掌握了局部意义单位的线性排列规律，多做几遍练习，就会在评论时轻车熟路。确立论证的角度后，可以按照下面这几个步骤来展开评论：

第一步：给评论对象下定义。

第二步：分析评论对象出现的根源。

第三步：分析评论对象的影响。

第四步：分析有关评论对象的对策。

对例题30"泳裤执法"的评述可以这样安排思路：

第一步：给评论对象下定义。

近年来，随着网络的发展，各类新闻随时随地可以成为发酵的引子。这不，穿着泳裤执法的民警，因为着装成了网络话题。

第二步：分析评论对象出现的根源。

"泳裤执法"走红网络的原因有两个。原因之一是"泳裤"跟警察的形象的确有很大反差，显然是不符合着装要求的；原因之二是现在网民的监督意识很强，一有疑问就会放上网。

第三步：分析评论对象的影响。

令人欣慰的是，"泳裤执法"的真相其实是出乎大家意料的，这是民警们在执行一项便装任务，他们化装成游泳群众在暗查非法捕鱼。

在民警便装暗访期间，也并未忘记其他的职责，在发现有人未戴安全头盔骑摩托车时，出示警察证给予批评纠正。材料中也说了，当日民警工作到深夜两点，还查获了涉嫌非法捕捞水产品的犯罪嫌疑人。

第四步：分析有关评论对象的对策。

这个事件表明，现在网民的监督意识很强，一有疑问就会放上网。由于缺少信息过滤，一些表达难免过火。但是当查明真相后，有关部门应该出来解释，还民警一个清白，也在警民中间架起一座互相理解的桥梁。

按照上面的步骤来做即兴评述就会条理清晰，层层深入。即兴评述既要照顾到个人的主观看法和评述材料的有机结合，有时还要考虑理论与事实的统一，即虚实结合。评述中的"虚"指的是观点，"实"指的是事例。即兴评述有"务虚"和"务实"之说："务虚"指的是侧重于谈理论、观点立场等；"务实"是侧重于谈具体例子，讲述典型事件，联系社会生活等。可以根据自己的评述特长，结合评述素材的特点，在即兴评述中由实入虚，以虚带实，寓虚于实。当有虚有实，虚实结合又有序时，评述就会得到"思路分"。

四、形象分

即兴评述中可以适当地使用比喻、排比、类比等修辞手法，如果没有新鲜的观点，换一种表达方式也会出现截然不同的表达效果。根据不同的思维特征和表达习惯，出现在即兴评述中的语言形式通常可以划分为单一评述语言和复式评述语言两种。

逻辑思维能力强的人，语言往往长于阐述理论，短于形象比喻。发散思维能力强的人，语言感性化程度较高，通常长于形象比喻和幽默表达，但往往短于逻辑严谨的理论阐述。以单一形式出现的评述语言，称为单一评述语言；以多种表现形式出现的语言，称为复式评述语言。在即兴评述中，理性语言和感性语言均衡出现时，往往会有不错的表达效果，也就是说，复式表达好于单一表达。

表2-2-4

评述素材	单一评述语言	复式评述语言
河南某景区将300余名失踪儿童信息印在10万张门票上进行销售。近日，一名被拐10年的女孩看到这一信息后，找到了自己失散的亲人。就此谈谈看法。	这个做法我是赞同的，它扩大了信息的传递，景区的游客在拿到门票后，就可以回到自己的家乡之后，多加留意，那么失踪孩童就多了一些找回来的希望。	想出这个方法的人，特别有心。这10万张门票，发到了300个人的手中，其实就是织起了一张大网，串起了300个家庭的希望。

通过表格中的单一评述语言和复式评述语言两种不同表达方式的对比可以看出，不同的表达样式可以给听者带来不同的语言体验，复式评述语言在表达时更加形象。

获得多重表达的能力，最快捷的方式是掌握换元表达。

（一）换元表达的作用

换元表达，是在评述时将抽象的东西从人们可接受的角度出发，转化为形象的表达。"元"通常指的是思想、概念、策略等，其特征是大、空和抽象。"换元"指的是在语言表达中用具体、实在的东西来替换大而空的要素，从而达到形象表达的目的。这种用来替换的具体、实在的东西就是"替换元"。在表达中出现言语缺失、表达不清或遇到原意难以传达、表达无趣时，都可以进行换元。

2015年4月21日，在中国绿公司年会上，马云和王健林这两位互联网领域和传统企业的领军人物，有一段关于O2O的精彩换元。O2O即online to offline（在线离线/线上到线下），是指将线下的商务机会与互联网结合，让互联网成为线下交易的平台。为了讲明白这个概念，两人这样换元：

王健林：我说我们应该勇敢地拥抱互联网。实际像我们这个行业，究竟怎么做互联网，这就是一个新课题了，所以后来我们提了一个O2O的概念，现在做了只有一年的时间，算不上成熟，就是简单的摸索。我给大家讲这个O2O大概做哪两件事：第一个，就是增加线下消费者的体验感和黏性。什么叫增加体验感呢？很简单，像我们过去的，比如我们在沈阳现在有4个万达广场，可能将来会增加更多。<u>有的去了以后，比如说广场那边车满了，你到了才发现满了，你可能要排队排很长的时间。O2O可能在家里一搜，就知道这个地方有车位没车位，或者你可以预定车位。还有比方说我们有一些油气项目，排队的时间非常长，你可以提前预约排号，提前多长时间，等等</u>。这一类的研发，已经有产品成熟了，体验感增加。但是带来一个问题，这一类的增加体验感的项目，都是烧钱的项目。那这个公司的赢利方向在哪里呢？经过这一年多的摸索，现在我们又找到一个新的方向，就是往互联网金融的方向走。

王健林通过换元讲解O2O，而马云通过换元，表达出的意思是：真正的互联网+经济是实体经济加上虚拟经济，才能被称为真正的互联网经济；只有这两个结合起来，才是真正的赢：

马云：所谓O2O是一个伪命题，因为它原来思考是从线下往线上走。<u>有人讲如虎添翼，我从来没见过一个老虎有翅膀的，那是想象力。坦克装上翅膀未必是飞机，只有飞机和坦克的完美结合，才能有未来。所谓O2O，是传统经济自己想象说有一天，我可以飞到天上去。</u>……所以我觉得未来的机会，是我们共同的合作，共同地打造未来，互联网经济不是虚拟经济……

王健林：你说只有天上的东西飞到地上来，没有地上的东西飞上天？我告诉你，飞机就是从地面飞上天的。

去年我跟百度、腾讯成立一个公司，有人给我们取名字，说我们叫"腾百万"，更可恨的是，有人管我们叫"玩淘宝"。第一，你认为我们会是玩淘宝吗？第二，假设我们三个是梁山的宋江、晁盖和吴用，现在想拉你这个"玉麒麟"卢俊义入伙，你上不上梁山呢？

马云：任何一个组织，首先要问：使命是什么，愿景是什么，共同的价值观是什么，要得到的结果是什么？只有这样，才能建立一个了不起的组织。梁山一百零八将，合在一起的核心是替天行道；他们共同的价值观是江湖义气，兄弟为大；他们的愿景，遗憾，没有建立一个真正的愿景。所以我觉得这个组织的问题在这儿。你们三家我觉得有点像凑拢班子，健林需要进行完全彻底的改革，进行转型，我深刻理解。另外两个兄弟觉得，反正也不是我出钱。我出一点点钱，有人去搞阿里，我也很高兴。

大家真的这么想，因为这个市场之大，联合在一起，是可以做到非常大的市场的，因为真正未来机会所在，就是如果阿里有机会能够跟万达这样的企业、传统的经济结合好，大家共同明白的是开拓未来、创造未来，而不是战役上的防御、战役上的抵制。不然，任何结合都是乌合之众。

很多事物和道理在行家看来是简单的，但在一般听众那里却是深奥的或者无趣的，这时采用换元就可以用简单明了的话语把事物的性质、形态、功用和各种道理讲清楚，使听的人迅速明白他们所想知、所须知的事理。

下面用表2-2-5来呈现对话中的两个"元"：O2O和合作。围绕着这两个"元"，有3个"替换元"出现，分别是"没见过一个老虎有翅膀""飞机就是从地面飞上天的"和"梁山好汉"。

表2-2-5

元	替换元	换元过程	换元结果
O2O	老虎	没见过一个老虎有翅膀的，那是想象力	O2O，是传统经济自己想象说有一天，我可以飞到天上去
	飞机	坦克装上翅膀未必是飞机	
合作	梁山好汉	梁山的宋江、晁盖和吴用，现在想拉你这个"玉麒麟"卢俊义入伙	任何一个组织，首先要问：使命是什么，愿景是什么，共同的价值观是什么，要得到的结果是什么？只有这样，才能建立一个了不起的组织

一些表达虽然准确，但抽象而枯燥，不利于口语传播，换元可以用人们喜闻乐见的形式把道理讲清楚，使听的人乐于接受、易于接受。所以在即兴评述中，换元是一个获得语言形象分的好方法。

（二）如何进行换元

既然换元表达在评述中有这么大的作用，那么在即兴评述中如何换元呢？可以遵循以下三个替换原则：

第一，将难的"元"替换成容易的"替换元"。

换元时，"元"是抽象的、听者难以理解的，如"O2O"；"替换元"是具象的、容易的，如"老虎"和"飞机"。"替换元"一定要易于"元"。用"老虎""飞机"来替换"O2O"，是以"易"换"难"的典型例子。

将抽象的理论问题转化为一个形象的生活场景，很容易使听者产生共鸣。例如马云在"2015中国绿公司年会"上的提问：

企业转型就像拔牙一样是要付出各种代价的。请问万达转型，你准备付出多大的代价和哪方面的代价？

2017年1月，在浙商总会年度会议上，马云在讲话中又一次提出：

转型升级是要付出代价的，就像拔牙，拔牙的时候是要疼的，是要流血的，你这些代价不愿意付出，还在说转型升级，那肯定是一句空话。

马云擅长用简单的例子做说明，普通人也容易理解。评论主要是靠逻辑力量征服人，但生动形象的语言换元表达既可以抄近路抵达，又能够锦上添花。

第二，将抽象的"元"替换成形象的"替换元"。

"元"的特征是大、空、抽象，在换元的时候要将抽象的"元"替换成形象的"替换元"。还是让王健林来换元：

什么叫增加体验感呢？很简单，像我们过去的，比如我们在沈阳现在有4个万达广场，可能将来会增加更多。有的去了以后，比如说广场那边车满了，你到了才发现满了，你可能要排队排很长的时间。O2O可能在家里一搜，就知道这个地方有车位没车位，或者你可以预定车位。还有比方说我们有一些油气项目，排队的时间非常长，你可以提前预约排号，提前多长时间，等等。

王健林阐述增加体验感时，采用了形象化的换元，用表2-2-6来呈现一下他的换元过程：

表 2-2-6

元	替换元	换元过程	换元结果
增加体验感	停车	在家里一搜，就知道这个地方有车位没车位，或者你可以预定车位	用具体行为阐述体验感
	油气项目	提前预约排号，提前多长时间，等等	

王健林在说到抽象的"增加体验感"时，举出了停车和加油的例子，用现实生活中的具体行为，比较贴切、形象地描述了如何增加体验感。

第三，"元"和"替换元"的性质要相同或类似。

O2O 线下的商务机会与互联网结合，让互联网成为线下交易的平台，这就是需要被替换的"元"，它跟马云说的"老虎插上翅膀""坦克装上翅膀"比较类似，因而用的换元是"所谓 O2O 是一个伪命题，因为它原来思考是从线下往线上走。有人讲如虎添翼，我从来没见过一个老虎有翅膀的，那是想象力。坦克装上翅膀未必是飞机"，这个换元是比较准确、形象的。

"O2O……是从线下往线上走"和"老虎插上翅膀""坦克装上翅膀"性质相似，因而可以做替换，以形象地论证"O2O……是从线下往线上走"。有些换元，看上去很有说服力，但若性质并不相同，就违反了换元的准确性原则。

⊃ 例题 31

你怎么看老年人群中出现的"天价养生费"现象？

根据例题 31，有人做了这样一段评述：

养生，就像你开车时需要停车，找个停车场要 5 元的停车费，怎么都觉得很贵，于是有人就怀着侥幸的心理把车停在路边。当突然有一张罚单贴在车玻璃上，让交 100 元违章停车罚款时，就悔不当初了：早知道给 20 元停车费我也愿意！

当身体出现疾病，医生让你交 20 万、30 万的时候，才会发现，那几千块钱的养生费好便宜！

养生不是改变你的生活，而是防止你美好的生活被疾病改变。你交的这些钱，是为了防止以后你交 20 万、30 万。自己算算吧，哪个更划算！

这个换元，听上去似乎条理清晰，是用"停车缴费"来为"花钱买保健品"做换元，这也是一些保健品销售人员常用的策略，但仔细琢磨就会发现这两个元之间性质并不相同。不交 5 元停车费而将车停在路边，是违法停车，代价自然是被贴条罚款，而没买保健品和违法停车的性质完全不同。这就不符合换元的要求，属于机械类比。

即兴评述

➲ 例题 32

有人因家里有孕妇，在网上求助找人收养家里的猫和狗，因此遭到网友批评。你怎么看？

对于这则材料，有人是这样在即兴评述中进行换元的：

我不赞成送走爱宠这种做法。你快有孩子了，可宠物也跟自己的孩子一样，是家里的一个成员。你因为要生孩子就把宠物送走，那么，你要生老二的时候是不是也要把老大送走呢？

这个即兴评述观点鲜明，即"反对怀孕后就把家里养的宠物送走"，但所用的换元明显不妥当。怀孕后送走猫狗是为了胎儿的健康考虑，怕宠物身上带有对胎儿不利的病菌，这是动物和人的一种关系，与"要生老二就送走老大"二者性质明显不同。这属于不正确的换元。

从"元"到"替换元"这个过程，有助于将要表达的东西更清晰、形象地呈现出来。自己先搞清楚"元"，才有能力和余力来寻找"替换元"。

要想在即兴评述时提高换元能力，就需扩大现有知识领域，通常是"元"和"替换元"的反差越大，效果越明显，也就越有利于观点的广泛传播。

19 世纪，法国数学家柯西在前人的基础上，比较完整地阐述了"极限概念"及其理论。他在《分析教程》中指出："当一个变量逐次所取的值无限趋于一个定值，最终使变量的值和该定值之差要多小就多小，这个定值就叫作所有其他值的极限值。特别地，当一个变量的数值（绝对值）无限地减小使之收敛到极限 0，就说这个变量成为无穷小。"

听上去肯定一头雾水，那么就来看这么一个换元：

男孩喜欢上了学姐，向她表白，但学姐拒绝了，她说："我整整比你大了一岁。"

男孩说："我 1 个月时，你 13 个月，你是我的 13 倍。我 2 个月时，你 14 个月，你是我的 7 倍。我 1 岁时，你 2 岁，你是我的两倍。只要你愿意和我永远在一起，我们总在慢慢接近。"

这就是"极限"。

对"极限"这样一个很难懂的微积分概念，换元者用了"年龄"这个具体元素表达清楚了，而且这个元素用得比较夸张，由于巨大的反差，反而表达得更加形象和鲜明。因此，数学老师用它来讲"极限"。可见，换元是一种很有现场效果的表达艺术。想获得即兴评述中的形象分，不妨学一学换元。

五、信息分

如果评述能够在原材料所涉及信息的基础上再增加一些内容,就有可能给自己争取到"信息分"。加分的原则就是:评述者不仅熟知这个新闻,而且比原材料所提供的信息还多知道一些信息,这表明评述者关心时事,知识面广,善于联想。

◯例题 33

一段河南兰考小伙在危急时刻,飞身勇救两岁幼童的视频在微信朋友圈传播开来。兰考县南彰镇某电动车专卖店老板袁绪豪正在门口收拾工具时,惊险的一幕发生了:一辆电动三轮车从右前方飞速冲来,而一个小孩儿手握车把,坐在驾驶座上号啕大哭,后面的家长急得大喊大叫。

袁绪豪来不及多想,飞身撞向三轮车一手将惊慌失措的幼童救了下来,而他自己则被撞晕,倒在地上。

据事发现场监控了解到,从袁绪豪冲向车到将孩子成功救下,仅仅用了 5 秒钟。据了解,三轮车是家长下车买东西时,将两岁女孩儿独自留在车的前座上,而小孩子抓住车把开动了车,使得电动三轮车直接冲向墙壁。如果没有挡住这辆车,小孩子很有可能被挤伤,甚至更严重的危险,差点引发一场悲剧。

孩子获救了,而袁绪豪面部严重擦伤,两颗门牙松动,一颗牙被摔掉一块,身上多处擦伤,目前仍在治疗中。"这都不算啥,当时想都没想,救小孩儿要紧",面对乡里乡亲的赞许,袁绪豪只是嘿嘿一笑如是说。

关于例题33,有这样一些评述的角度:

评述1.

这是英雄!挽救了一个孩子,更挽救了一个家庭,勇气可嘉。这样勇敢的举动不是一般人能做出来的,只是发生在一瞬间,5秒钟完全靠的是下意识行为。他就跟其他的下水救人、勇拦惊马一样,是源于崇高的道德修养和高尚的品质。希望英雄今生都有好报。这情形都敢于直面撞击,非一般勇气,是平日的正直善良与勇敢的积累在瞬间爆发,应该给予袁绪豪见义勇为嘉奖。

评述2.

赞美英雄的同时也为这些粗心家长悲哀。摩托车、电动车下车不拔钥匙、不熄火、留小孩在车上,简直缺乏基本的安全意识。生活中已经见到过多次这种家长停车不关开关，孩子不小心开着跑的。家长的愚蠢行为要别人来帮你买单，这家长也太不负责了，国家就该出台个法律严惩这种家长的行为。

评述3.

这位小伙子是河南人，也是做电动车生意的，有这样的优良品质，可见肯定也是个诚信待人的好老板。祝好心老板日后生意兴隆。

评述4.

敢这么做的绝对是英雄，必须支持一下。其实，这样的方法救人成功率是五五开，对小孩来说还是一样危险。还好，这个救人者成功了，但我真替他捏了把汗，要不就麻烦缠身了。要是我，我就不敢这么做，怕自己受伤，更怕小孩子受伤自己反而被家长讹。

评述5.

材料中的救人者来自河南兰考。河南兰考是"党的好书记"焦裕禄担任县委书记工作过的地方，焦裕禄是领导干部的好榜样，现在，这里又出了这样的平民英雄一点也不奇怪，因为英雄的精神都是代代相传的。

围绕材料的这五个即兴评述，都有超出材料之外的新信息。特别是评述5，将这个拦车救人英雄的家乡和焦裕禄书记工作过的地方联系起来，可以说既自然又提升了高度，表现出评述者具有较强的洞察力和联想力，以及较为丰富的知识背景。

⊃例题34

有一句话叫"我的青春被校服毁了"，不仅吐槽校服的不美观，更表达了对校服生产和销售过程中暗箱操作的不满。你怎么看？

这是个话题类的评述题目。围绕它展开的即兴评述，可以有这样一些信息点的加分，加分点用下划线标出来了：

评述1.

校服我们大家都穿过。作为学校标志、涵养校园文化、播撒平等精神的校服，本该是青春、活力的象征，但遗憾的是，却总有人将黑手伸向校服，让其"变了色"。前几天我就看到一则报道，<u>一家公司在销售校服过程中，大肆送回扣，涉及多所中小学校</u>。类似的事件再次为社会敲响警钟：呵护好学生的"第二层皮肤"，刻不容缓。（加分点："销售校服送回扣"的新闻信息）

评述2.

校服采购，因暗箱操作、采购不透明、容易滋生腐败等原因而饱受社会诟病。有媒体报道，<u>某县就有一位教育局副局长，利用职权之便，让自己的家人多年垄断该县的校服供应，牟取暴利。</u>类似案件屡见报端。信息的不对称，学校与厂商的"抽成拔毛"，让校服问题频频成为引发家长与学校冲突的"导火索"。（加分点："校服供应垄断"的新闻信息）

这两段评述中的加分点，分别来自溢出素材之外的两段下划线标注信息部分。获取信息分很难有捷径，除了拓宽思路外，还在于平时关注社会热点和博览群书带来的视野开阔在即兴评述中的恰当运用。因而多看新闻，特别是看新闻的同时多看评论，多做思维的拓展练习是非常重要的。

★ 评述训练

1. 2019年全国热门景区到底有多挤？人均占地面积能有多少？景区之外，各种排队要多久？路上又可能会有多堵？高德地图高速实时拥堵榜单显示，2019年"十一"拥堵公路中，G18荣乌高速（从山东省荣成市至内蒙古自治区乌海市）西向东方向拥堵长度为12公里，行驶速度仅为1公里/小时，这比乌龟爬行速度吉尼斯纪录的1.008公里/小时，还要慢。对此做评述。

2. 9月2日晚将近8点，苏州常熟王庄派出所接到群众报警称，王庄菜场有一名迷路的小男孩。民警到现场后发现这位9岁孩子防备心极强：在久久联系不上亲属时，拒绝路人帮助，不吃店铺老板端来的面条，还怀疑到场的民警是假警察，拒不跟去派出所，直到几个小时后终于联系上家人。你对此怎么看？

3. 一位妈妈在得知了儿子的期末成绩后说："这个世界上最宽广的是海洋，比海洋更宽广的是天空，比天空更宽广的是考试范围，比考试范围更宽广的是看成绩单时的胸怀。"你对此怎么看？

4. 近日，浙江金华一小学学生们上课时戴上了一种神奇的"头环"，据说该设备可以检测脑电波，并把这些脑电波信号转化成注意力指数，实时跟踪学习者的注意力情况，评判学生上课、写作业时是否集中注意力，并给学生的集中注意力情况打分。分数还会实时传输到老师的电脑上，也会像考试成绩排名一样被发到家长群里。你对此怎么看？

5. 陕西西安一座写字楼里出现了一家共享自习室，顾客主要是考研学生和社会人士，每天收费不足10元。你对此怎么看？

6. 美国杜兰大学一项研究表明，"打孩子是效果最差的管教方法"。他们调查了近2 500名儿童，研究显示，在3岁时被打屁股较多的人，在5岁时似乎更有可能会具攻击性。而且，"打屁股"可能还会影响孩子的智商。你怎么看？

7. 一项调查显示,"网红"人数目前已超过100万,八成以上是女性,清一色的锥子脸、高鼻梁、尖下巴,你怎么看这种海量出现的同质化"网红"?

8. 如何看待"好朋友吃饭AA制"?

9. 你怎么看大学生在读期间"穷游"?

10. "苟利国家生死以,岂因祸福避趋之",对此发表你的评论。

11. 熬夜伤身体,但使你快乐,你熬吗?

12. 一些孩子从小养成了劳动分贵贱的错误价值观:不好好学习,以后就去扫大街、进工厂、种田……在他们幼小的心灵里,劳动已然分了贵贱。你对此怎么看?

13. 网络大电影与网剧的高产、热播逐渐改变了观众的观影方式,网络综艺与短视频的高速发展正影响着年青一代的生活方式和态度,有人说电影院和电视终会消失。你怎么看?

14. 高考前夕某高中对学生进行感恩教育,安排2 000多名高三学生集体向父母磕头。你认为这种感恩教育可取吗?

15. 每年高考,相对于"万人送考",有人说"不打扰就是最好的祝福",你怎么看?

16. 2020年高考结束后,在武汉二中门口,家长接到孩子后陆续离开,现场没有留下一片垃圾,10多名环卫工来到现场扑了空。请就此做评述。

17. 一名女司机疑似在酒驾后发朋友圈"炫耀",被好友截图举报。广州市交警接到举报后,迅速介入调查并在3天后将该名女司机抓获归案。你怎么看?

18. 全球职业社交网发布报告显示,"95后"第一份工作的平均在职时间为7个月,远低于"80后""90后"群体分别43个月和19个月的在职时间。如何评价这种逐渐增多的"闪辞"现象?

19. 前不久,某小学女教师责骂一年级学生音频被曝光,不少家长开始怀疑教师是否也曾恶语批评过自己的孩子,就给孩子带录音笔来监听课堂上教师的言语。对此你怎么看?

20. 某地一对空巢老夫妇被发现双双在家离世,老先生为意外死亡,而患老年痴呆的老太太则因无人照顾死于脱水和饥饿。他们的独子在上海工作,有3个星期没有打通家里的电话,回来时发现了这一无法挽回的悲剧。你怎么看?

第三章　即兴评述思维拓展

即兴评述做得好不好，其实不用问别人，可以在面对一个题目的时候，试着问问自己以下这些问题：

如何用一句话概括这个材料说的是什么？

这则材料评论的"抓手"在哪里？

对这个"抓手"，你有没有设定条件？

可以设定多少条件？

你设定的条件穷尽了吗？

有没有其他的观点？

有没有相反的立场？

你如何得出的这个结论？是从个人、群体、国家，还是从整个人类发展的角度？

如果将思路无限打开，你能有多少个观点？

你的观点有多少理论支持？

有多少事实例子可以作为佐证？

口头语言的运行脉络即语言的条理线索，是一种线性展开的脉络。一个人的即兴口语能力很大程度上取决于快速将思维转化为口头语言的能力。即兴评述的口语表达特点，要求评述者具有快捷的思维反应，表现为思考问题时的快速灵活，善于迅速而准确地做出判定、提炼中心、捕捉要点、顺畅表达等。

即兴口语思维的根本特点就是它的迅捷性和暂时性。迅捷性指即兴表达中的思维往往是即时、即景突然发生的，不是预期的。即兴思维要从总体上迅速把握语境，并支配评述者完整地表述思想。暂时性指即兴思维是暂时的、转瞬即逝的。因此，即兴思维要在很短的时间内叙述过程、表达思想，所以表达要简洁明快，尽可能地舍弃细枝末节。

不少人在进行即兴评述时，由于担心思维不畅而采取套用现成评述模式的方式，这虽然有效，但会出现思维狭窄、表达不生动的情况。要想从根本上提高即兴评述的水平，提高思维的速度非常重要。

第一节　两种思维与材料处理

思维是人脑对客观事物的本质和事物之间内在联系的规律所作出的概括与间接的反映。与即兴评述密切相关的两种思维样式是聚敛思维和发散思想。

做即兴评述要有对材料的把握能力，把材料大意用自己的话说出来，说得顺畅、自然、通俗、口语化，这看上去简单，但也要经过一个对评述材料去粗取精的过程。

从材料中概括出观点，是即兴评述的关键步骤，也是基本出发点，这时的思维特点是将材料中的各种信息加以抽象，使之朝一个方向聚敛，从而找出共同点，寻求一个集中、凝练的答案或规律。这个环节运用的典型思维是聚敛思维。

一、聚敛思维层级练习

聚敛思维在即兴评述中主要用于材料概括和观点凝练。它是一种以集中为特征的逻辑思维，把已知的信息、材料及可利用的各种因素向一处收束、聚焦，就像运用聚光镜把分散的光线聚集于一点一样。在思维过程中，评述者对许多信息进行选择、归纳和重新组合，使原先零碎的、杂乱的信息组成系统、条理分明、相互联系和脉络清楚的材料，并从中摄取有意义、有价值的观点。

在开始即兴评述之前，对材料进行聚拢性质的概括练习非常重要。做聚敛思维练习，通常需要教师提供篇幅较长、内容较繁杂的材料；按照三个层级练习，可以较快提升聚敛思维能力。"层级"是在纵向上按照大小来划分出明显的层次，从大到小，逐渐归拢为一个金字塔，梳理出逐渐递减的聚敛形式。聚敛思维层级练习可以通过60/20/10的层级练习来完成。（如图3-1-1）

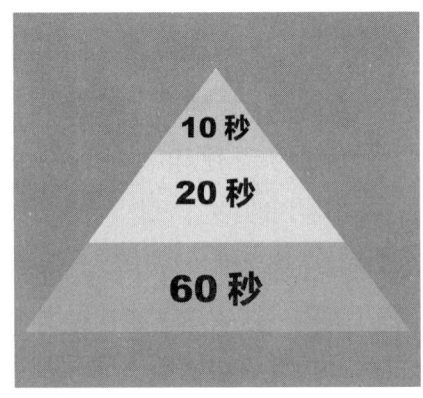

图 3-1-1　60/20/10 层级练习

图 3-1-1 中从下到上显示了聚敛思维的层级练习流程。针对同一则材料，分别做出 60 秒→20 秒→10 秒的练习，越往上走，思维的聚敛性就越强。

下面是一个具体的层级练习。例题 35 总共有 7 个材料，3 500 字。评述者通过 10 分钟的阅读思考，分别用 300 字、100 字、30 字概括出例题 35 的主要观点。

●例题 35

材料 1.

早在 1920 年美军就开始截收、分析和破译日本人的密码了。在二战期间，美国人的情报工作组织得更加严密、有效。日本人直到二战结束，也没想到自己的密码会被美国人破译。

情报人员在二战中为美国立下的功勋是难以估量的，在整个太平洋战争期间，美国情报人员共破解了日本 75 种不同类型的密码。历史学家认为，密码分析至少在以下 4 个大事件中起到了促成作用：中途岛海战、山本之死、切断日本海上交通线和打败德国潜艇。根据专家的意见，密码分析使第二次世界大战缩短了一年，因此，它不只是一个偶然起作用的因素，而是一个重大的因素。

材料 2.

下面谈一谈这位美国的天才密码破译员。约瑟夫·罗彻福特是个幽默而风趣的人，1905 年 2 月 12 日出生于美国纽约州的一个普通中学教师家庭。他的父亲是个数学教师，培养起了他对数学的热爱。

1928 年，罗彻福特毕业于美国加利福尼亚大学数学系。在他的毕业志愿上，他要求做一个与数字打交道的密码译电员。他的愿望如愿以偿，他被分到国务院密码室担任译电员。罗彻福特对密码破译的偏爱，使他在短短的时间里就成为密码破译的能手。他甚至能打开他不知道暗码的保险柜。他的同事们都认为他有特异功能，称他是"魔术师"。1936 年，在密码破译上小有名气的罗彻福特被派往日本大使馆当翻译，同时也便于他更好地研究日本密码的破译。

1941 年 5 月，日美关系日趋紧张，罗彻福特从日本回国后，被推荐到珍珠港太平洋舰队工作。他组织了一支专门进行密码破译的特别情报小队，做出了巨大的贡献。

材料 3.

1942 年 4 月，罗彻福特的情报小组收到日本联合舰队发出的神秘而异常的情报："AF"是日军即将发起重大军事行动的地点。但"AF"到底是什么地方的代号呢？罗彻福特为"AF"伤透了脑筋，彻夜未眠。突然，有一个人想起日本突袭珍珠港时曾使

用过"AF"。罗彻福特情报小组的成员们立即翻查以前堆积如山的电文。经过各方面的推测和分析,罗彻福特断定:"AF"是太平洋中中途岛的代号。

"AF"的军事行动是一场决定美国命运的大战,在美军太平洋舰队司令部中极受关注。很多人不相信罗彻福特的推测。在这紧要关头,罗彻福特找到太平洋舰队司令尼米兹,要求中途岛守军司令部用明码发份密报:请求供应淡水。

尼米兹同意了罗彻福特的请求。很快,罗彻福特和他的小组成员们收到并破译了日本海军联合舰队司令长官山本大将从海上发往日本大本营海军部的一份密电:"据报'AF'缺乏淡水,请速增派淡水供应船!"罗彻福特略施小计,终于证实了自己的判断:"AF"就是中途岛。

5月中旬时,罗彻福特掌握了日本联合舰队"AF"行动的全部计划和部署,包括日本舰队出发的准确时间、航线和准备发起进攻的海域……日本联合舰队山本司令还在梦想着再度取得太平洋珍珠港那样的辉煌胜利,却做梦也没有料到他的所有计划都在美军的严密监视之下。

1942年6月4日,日本做好充分准备的中途岛攻击失败。日本的航空母舰陷入一片混乱,美国舰载机从高空投下雷雨般的高爆炸弹,鱼雷穿梭袭来……

中途岛海战中美国人以劣胜优,击沉日本4艘主力航空母舰,取得了辉煌的胜利,这一胜利扭转了太平洋战争的局势。"中途岛的胜利是情报的胜利。"美国太平洋舰队司令尼米兹骄傲地说。"中途岛海战的胜利是英明地利用情报的胜利。"这是美国海战史专家莫里森分析后的总结。中途岛胜利取决于罗彻福特情报小组对情报的截收、分析和判断。

材料4.

1943年4月13日,日本人发出一份绝密电报。经过紧张的工作,罗彻福特小组成功地破译出这一情报的内容:日本联合舰队司令长官山本海军大将在下一个星期从腊包尔到布干维尔视察,以及返回的详细日程安排。山本是日本军方认为有胆有识、精明能干的指挥官。1941年12月,他成功地偷袭了珍珠港,使美国太平洋舰队几乎全军覆灭。

罗彻福特凭着他敏锐的判断力,断定这是一个绝妙的机会:为珍珠港事件报仇雪恨。这份情报迅速地递送给司令部的情报官,再转往美军太平洋舰队总司令尼米兹。

1943年4月14日上午11时,尼米兹将这份情报亲手递交给美国总统罗斯福。当天下午14时,罗斯福的命令传到了尼米兹将军的手中:"复仇"。1943年4月18日6时,山本的座机准时起飞。7时35分,美国"仙人掌"航空部队第339大队的18架P-38"闪电"式战斗机也同时起飞。9时35分,双方相遇,展开激烈的空中作战。9时38分,山本大将被击毙。

美国海空奇袭山本,是太平洋战争中最富有戏剧性的事件之一。山本的死,是日本在战争爆发后受到的最沉重的打击,被日本称为"甲级事件"。

尼米兹在战后不无骄傲地说:"当时我们可以破译日本方面的所有密码,我们完全掌握了山本被击落那天的行动计划。"袭击山本的成功,罗彻福特的功绩不可低估。

材料5.

以下是中途岛海战中罗彻福特破解日军密码的全过程:美国海军作战部长金上将要求情报部门密切关注日军的战略动向,太平洋舰队情报部门电讯监听站在约瑟夫·罗彻福特中校的领导下,开展了极其艰巨的密码破译工作。罗彻福特曾留学日本,是美军中的日本通,同时又是通信和情报分析的专家,凭借着丰富经验和娴熟业务,领导对日军通信密码的破译工作。罗彻福特向尼米兹保证,太平洋舰队永远不会缺少情报!他和他的部下,数十名电台监听员、密码破译员、翻译和情报分析员,在警卫森严的珍珠港第14海军军区司令部大楼的地下室里夜以继日地工作,他们的工作环境几乎与世隔绝,更谈不上享受珍珠港迷人的阳光了。每周工作时间高达八九十个小时,日本海军90%的电讯往来都被他们截获。作为破译小组与尼米兹的联络人,霍姆斯海军少校这样评价他们:"你绝对无法相信,有人能在如此繁重的脑力劳动、如此巨大的工作压力下,坚持工作如此持久的时间!"

日本海军此时使用的是1941年12月启用的代号为JN-25B密码,该密码系统主密码由4.5万个5位数数码组组成,为增加安全保障,还配有5万组5位数乱编数码组,通信时发信方加入任意几组乱码数。其中一组告之收信方使用密码本的页数、段数,乱编数码组经常变更,但是主密码基本不变,这就大大便利了美军的破译工作。

1942年1月,日军伊-124号潜艇在澳大利亚达尔文港附近被美军击沉,美军随即派出蛙人潜入海底,打捞起了JN-25B密码本,使罗彻福特的破译工作获得了飞跃性的进展,至4月底,美军已经能够了解日本海军大部分通信秘密。美军更为幸运的是,日军原定于4月1日启用新的JN-25C密码,由于日军在太平洋上的迅猛发展,占领区面积十分广阔,要将新密码分送到分散在各地的部队手中,需要不少时间,因此日军将新密码的启用时间推迟到6月1日,这就使得日军在中途岛作战准备期间的大量电信往来,都不得不使用旧密码。

罗彻福特于5月20日截获并基本破译出联合舰队司令下发给各部队的长篇电文,掌握了日军的作战计划,只是由于日军始终用"AF"作为战役目标的代号,还无法确定哪里是日军的进攻目标。罗彻福特和尼米兹都认为"AF"是中途岛,根据长期以来破译的日军通信中显示,日军通常用 A 起头的两个字母作为中太平洋一些地区的代号,如"AH"是珍珠港,"AG"是马绍尔。记忆力过人的罗彻福特还从浩如烟海的电文中找到 1942 年年初的一份日军电报,电报要求水上飞机从马绍尔群岛起飞,中途在弗里格特珊瑚礁从潜艇上接受燃料补给,再飞往珍珠港;电文还提到要注意避开来自"AF"的空中侦察,从地图上分析"AF"只能是中途岛! 于是罗彻福特心生一计,要求太平洋舰队司令尼米兹通过海底电话命令中途岛基地用明码报告淡水设备故障,用水困难。珍珠港的第 14 海军军区还煞有介事地回电:已向中途岛派出供水船!

5 月 22 日截获日军电文:"AF 缺水,攻击部队带足淡水。"一切真相大白。5 月 21 日罗彻福特破译出日军有关作战计划的电文,彻底掌握了日军参战部队、兵力部署、航行路线等核心机密。

材料 6.

1944 年 1 月,澳大利亚军队在新几内亚捕获了一整套的日军密码本,美国陆军信号情报处也破获了一套指令系统,使日本密码的破译过程实现了完全自动化。截获的日本无线电情报被发送到阿林顿厅,这里是陆军信号情报处的战时新总部。很多次,日本人发出的情报还没到接收人手里,就被美国陆军截获并率先获悉了。由于日本接收信息的一方要用手工来解密,因此阿林顿厅总是比他们更先读到情报。在新几内亚获取密码本之后的一个月内,陆军信号情报处就破译了 36 000 份日本陆军电报,每天 1 000 多份。到战争结束时,每天自动破译的日本陆军电报多达 2 500 份。

材料 7.

罗彻福特在密码破译上的天才,为美军的胜利做出了"默默无闻"的奉献。直至 1986 年 10 月,美国国防部才做出早在 44 年前就该做出的决定:为表彰罗彻福特在中途岛海战中所做出的卓越贡献,补授给他一枚国会功勋勋章。走上领奖台的是罗彻福特的儿子约翰·罗彻福特。1983 年,罗彻福特带着遗憾离开了人世。

聚敛思维具有求同性和概括性,思维的特点是从无数个分散的点向核心集中。例题 35 文字材料很长,包含的内容也多,7 个材料存在着前后重复、部分交叉和情节复杂的情况,但优秀的聚敛思维运用者,能够透过纷繁复杂的事件,经过提炼、浓缩、优化组合出有价值的共同的属性、共同的本质,得出带有普遍性的结论。想要即兴评述具有深度,聚敛思维训练是第一步。三个层级的练习,是分别从"大型"(60 秒)到"中等"(20 秒)再到"浓缩"(10 秒)的概括;与此同时,评述者还应能够根据具体的要求,做出相应的不同时长和字数的概括。下面就是根据不同的说话时长要求做出的概括。

概括 1.（300 字 /60 秒）

情报人员在二战中为美国立下的功勋是难以估量的。在整个太平洋战争期间，美国情报人员共破解了日本 75 种不同类型的密码。密码分析至少在 4 个大事件中起到了促成作用：中途岛海战、山本之死、切断日本海上交通线和打败德国潜艇。其中，中途岛海战中美国人以劣胜优，击沉日本 4 艘主力航空母舰，这一胜利扭转了太平洋战争的局势。"中途岛的胜利是情报的胜利。"密码分析使第二次世界大战缩短了一年，美国的天才密码破译员约瑟夫·罗彻福特立下了汗马功劳。他和他的部下，数十名电台监听员、密码破译员、翻译和情报分析员，克服重重困难，为美军的胜利做出了"默默无闻"的奉献。1986 年，美国国防部为表彰罗彻福特做出的卓越贡献，补授给他一枚国会功勋勋章。

概括 2.（100 字 /20 秒）

美国一直非常重视截收、分析和破译日本人的密码。在二战期间，美国人的情报工作组织更加严密、有效。日本人直到二战结束，也没想到自己的密码会被美国人破译。因为有了密码破译员罗彻福特这样的人，美军才能在对日作战中占尽先机。

概括 3.（30 字 /10 秒）

二战中，日本输掉太平洋战争的重要原因是密码被美国破译了。

概括 1、概括 2 和概括 3 分别用 300 字、100 字、30 字概括出了这篇材料的核心思想。这也分别对应着中速评述语态下的 60 秒钟、20 秒钟、10 秒钟的语言表达时间。进行这三个层级的聚敛思维练习，可以迅速提升评述者的材料概括能力和语言表述能力，为下一步的展开评述打下基础。

二、思维发散与层递拓展

做好了材料的概括工作之后，就要围绕观点展开评述了，这时就要用到发散思维了。如果说，聚敛思维的特点是一个"收"字，那么发散思维的特点就是一个"放"字。

（一）思维发散

发散思维是思路从某一中心向不同层次、不同方向辐射，从而引出许多新的信息的思维方式。

思维发散，顾名思义就是从一个"核心点"向周边尽可能多的想象空间去发散，

去创造更多、更新的内容。在即兴评述中，发散思维可以加强思维的开阔度，多角度分析中的"横向观点"，通常就来自发散思维。

◯ 例题 36

近日，一则村民祭拜"神高粱"的视频在网络上热传。视频中，在菏泽市定陶区仿山镇孙庄村，几名村民对着一株5米多高的高粱上香祭拜，现场鞭炮声不时传出。12月4日，这株高粱被当地警方铲除后，竟依然有人前来祭拜。

这株异样的高粱，不仅株高达5.7米，而且到了12月份还没有枯萎。该村村民说，这株高粱是一村民在今年农历二月种下的，一直长得比较粗壮。小麦播种的时候，高粱还没有成熟。由于长在路边不妨碍播种，就没有移除，谁知一直长到了现在。大概半个月前，开始有人来此烧香祈福，后来被人发到网上引得周边村民纷纷前来，场面一度十分"壮观"。大部分来烧香祈福的都是老年人，年轻人比较少，大家无非是来祈福祈平安的，也有不少人是凑凑热闹。

村民祭拜"神高粱"的事情惊动了当地警方。该村各个路口都有民警在执勤，对周边前来参观的村民进行劝导。涉事高粱已被当地民警拔除，现场仍有祭拜留下的香灰等痕迹。在高粱被拔除后留下的土坑附近，竟仍有"慕名"而来的人在祈福，偶尔还会有鞭炮声传出。

菏泽市种子管理站研究人员说，高粱在生长环境良好的条件下有些品种发生变异，株高是可以生长到5米多的。此外，今年冬季气温偏高，并且该高粱还处于结实期，所以没有枯萎。当气温低于其生长温度时，高粱就会枯萎的。

例题36是一则新闻评述材料，在即兴评述练习中，将思维横向推开，进行无限发散，会发现围绕这则材料，至少可分出7个"派别"的评述方向。

第一，"可惜派"的主要评述观点：

不拜就不拜吧，为啥要铲除呢？留着申请吉尼斯纪录呗。

第二，"反迷信派"的主要评述观点：

都什么年代了，还去拜一株高粱。感觉这些祭拜者，身体是当代的，脑袋是侏罗纪的。应该拔了，不然拜来拜去早晚会进化成远古人。

第三，"科学探索派"的主要评述观点：

这种变异的种子，说不定是育种的良好基因。匆匆拔出，这是多大的损失啊，说不定价值上亿的种子就这么没了。应该请研究高粱的科学家们研究一下，再出来解释一下，普及一下科学知识。

第四,"随它去派"的主要评述观点:

没信仰是不行的。人要有信仰,哪怕是个高粱秆也可以信。烧几炷香又不会造成什么太大的影响。

我觉得啊,让人拜一拜也没啥,反正不管拜什么都是一样的,都是去拜的人的心理安慰。再者,高粱不高还叫高粱吗?正常的高粱高度为2.1米,这株高粱长到5米实属罕见,大家喜欢拜那就拜呗,都是个人行为,也没影响到别人。

第五,"正本清源派"的主要评述观点:

这种苗有一个专有的名字,叫嘉禾,泛指生长苗壮的禾苗。在古代,就把这种生长异常的禾苗称为"嘉禾"。人们认为它们是政治清明、天下太平的征兆。如《宋书·符瑞志》:"嘉禾,五谷之长,王者德盛,则二苗共秀。于周德,三苗共穗;于商德,同本异穟;于夏德,异本同秀。"既然如此,拜拜也可。

第六,"趁机发财派"的主要评述观点:

其实可以趁这机会搞个丰收节,搞个旅游活动或者干脆就把这株高粱放在这里保护起来,正面宣传下,当作当地的一个标志性物件。

要是我,我就在旁边放一个鼎,鼎里装满水,水里扔点钱。

第七,"异想天开派"的主要评述观点:

5米多的高粱被拔了,几个人拔出来的?拔的时候也需要挖掘机强大的力量才能摧毁吧?

围绕例题36辐射出的这7个评述方向,来自7个评述者。假如是同一个评述者,能辐射出多少个方向?可以试着练习一下,寻找一种开放、多向、立体的思维空间,不拘泥于点、线、面的推延,充分利用所拥有的资料、知识和信息,从一个点向任何空间放射出去。面对评述材料,思维是否可以呈现出多维发散状态,决定了即兴评述时是否能够海阔天空、旁征博引。

(二)层递拓展

即兴评述中的层递拓展,最初是发散思维的一种层递练习形式。进行层递拓展练习的时候,可以找到一个中心词,然后通过增加定语的方式给它做纵向的限定,也可以通过不同视角的挪移来给它做横向的拓展。图3-1-2是结合两个例子对"层递拓展"的说明。

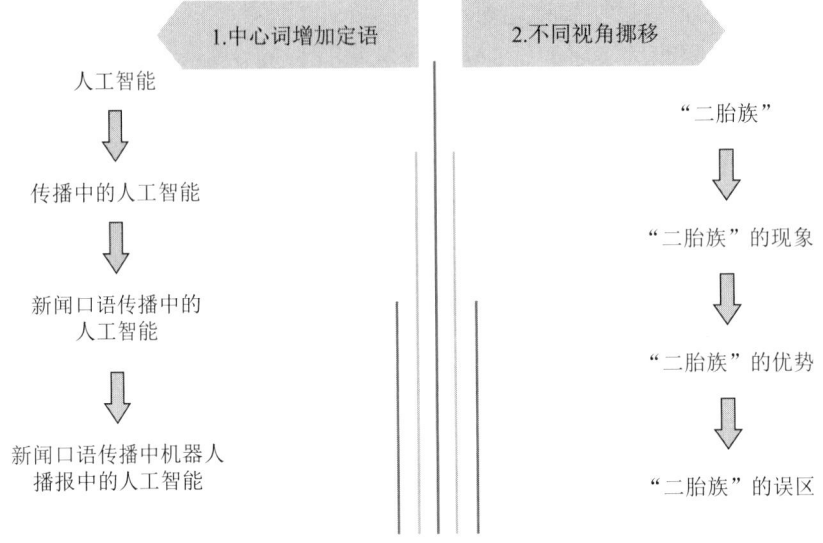

图 3-1-2 "层递拓展"说明

由图 3-1-2 可以看出,层递拓展可以有两种方式:中心词增加定语和不同视角挪移,以"人工智能"为例,在"人工智能"这个中心词的基础上,层层叠加定语——"传播""新闻口语传播""新闻口语传播中机器人播报"等,不断对中心词"人工智能"进行纵向限定,推动进一步思考。以"二胎族"为例,通过转换不同的视角,从"二胎族"的"现象",到"二胎族"的"优势",再到"二胎族"的"误区",经过视角的挪移,完成了横向思维的层递拓展。

人的意识是一个层级反映系统,由一个点出发,可以触发不同的想法。对于已经在这个连续体中获得全息反映经验的事物,一旦感觉到了,就可以激活各个层级的整体反映经验,这就是发散思维的原理。

三、核心意义与延伸意义

发散思维具有很大的主动性和创造性。围绕一个"核心意义"进行延伸,可以训练思维发散能力,使评述者思维流畅、长于联想发挥、善于应急变通,从而达到妙语连珠的效果。

图 3-1-3 是由"水"这一中心词延伸出来的其他意义。

第三章 即兴评述思维拓展

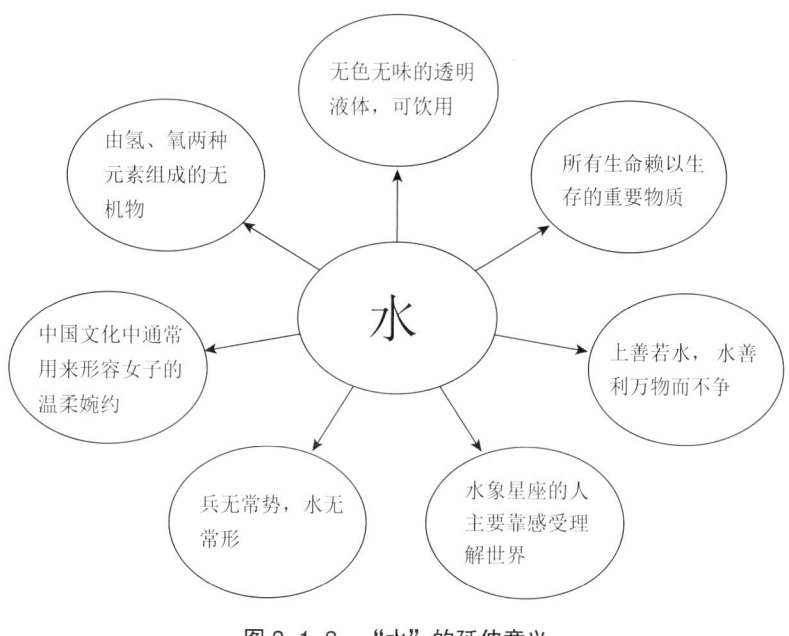

图 3-1-3 "水"的延伸意义

这个发散图可以形象地表达由核心意义到延伸意义的发散思维的状态和流程。在即兴评述中,它表现为视野广阔,可以使话语源源不断地展开,从而达成形象化的丰富性表述。

在材料的基础上进行发散,并非都在同一层面上展开。同一则材料所发散出来的各种意义可以有"核心意义"和"延伸意义"。从一则材料中概括出的基础的核心意思就是其本义,其余在社会和文化影响下所推演出来的合情合理的解释是其延伸意义。下面通过例题37体会一下"核心意义"和"延伸意义"在发散思维中的运用。

⊃例题 37

一直以来,在公交、地铁上给老人让座,是一种约定俗成的行为,但大连76岁老人刘增盛,却要与这个"习俗"做对抗。他认为自己身体好,能站着就站着,不需要被区别对待。退休后,刘增盛和朋友在旅顺开了个工作室,收藏老式放映机和胶片电影。每天两趟地铁、一趟公交车,一来一回很难避开上班高峰。为了不被让座,他会找个角落,脸朝外,背对乘客,但还是常有年轻人给他让座,一来二去互相谦让,拖延许久。为了避免尴尬,他在朋友的建议下,在胸前挂了一块写着"勿需让座"的LED显示牌。每天上车,刘增盛还特意挺直腰板,带点理直气壮、雄赳赳的感觉。他想告诉所有人,自己没有老,只是一个满头白发的"壮小伙儿"。他说,不是老人就需要让座,身板硬朗的,80岁也可以不让座。但如果有需要,即便是年轻人,也该给他们让座。

即兴评述

一夜之间，刘增盛"勿需让座"的照片走红网络，不少网友赞赏他的作风，称他为"硬核老人"。刘增盛说，他做这件事，并不是希望所有老人效仿，凡事要讲究量力而行。他更想传递的，是一种老人和年轻人互相平等、互相理解的理念。

根据例题37，我们的思维可以如图3-1-4一样，从中心向两侧拓展。

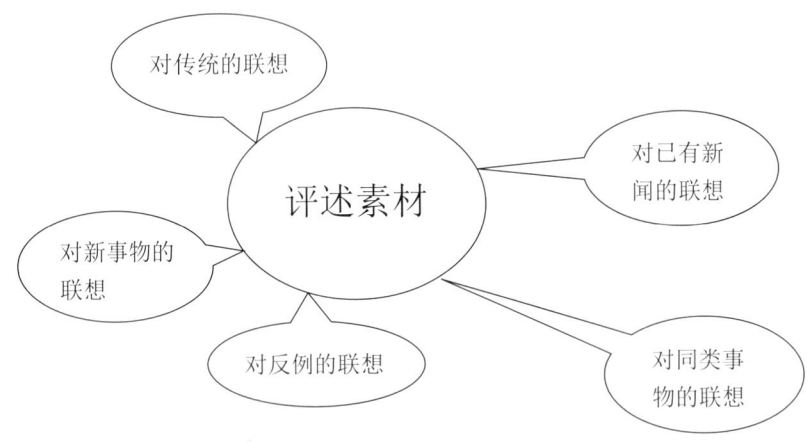

图3-1-4 评述素材的延伸

从一则评述素材向外拓展，核心意义是材料中这位老人的高尚品德，而延伸意义有很多，评述者的思维可以在发散的基础上进一步延伸到以下方面：

发散思维延伸1.

一直以来，老年人名声不佳，许多跟老年人相关的新闻，都因为"老年人"这个标签进一步败坏了老年人的名声。跟某些倚老卖老、上车抢座的老年人相比，这位"硬核老人"的行为更值得提倡。当然，前提条件是老年人要身体健康才行。

发散思维延伸2.

一直以来，尊老都是我国的传统美德。年轻人对待老年人，要孝敬，要给他们让座。儿女们对待上年纪的父母，要让他们"享福"，不让他们做饭、洗碗、做家务。初心是好的，但行为上，往往容易矫枉过正，形成一种老人就是"老而无用"，没有自理能力，需要年轻人包办一切的偏见。以为只要给老人吃好喝好，满足生活物质和安全的需求，让他们安度余生，就是最大的孝敬。却不曾想，这种理念反而不利于老人的健康，这种"废物式"养老，反而会加速他们的衰老。

发散思维延伸3.

老年人最大的痛，是要他们服老。随着物质生活的提高和医疗条件的进步，绝大部分老年人生活是能够自理的。他们欠缺的，是和年龄对抗的自由。有的老年人希望保持年轻的状态，但是往往容易被扣上"为老不尊"的帽子。以后，随着人们寿命的普遍延长，养老理念也要转变，对"不服老"的老人，尊重他们的意愿，也是对他们最大的孝敬。

发散思维延伸 4.

许多老年人不仅喜欢上车抢座，而且热衷于买保健品、旅游拍照、破坏树木、惹是生非，这往往源于他们并不太衰老的身体和未能跟上时代的思想。随着老龄化社会的到来，我们应当对他们进行及时的引导。这位老人就是 76 岁了还开工作室，收藏老式放映机和胶片电影，退休了能做自己喜欢的事情，这就起到了很好的示范作用。

发散思维可以帮助评述者迅速调取语料，扩展思路，围绕某一信息点，调动记忆"仓库"中尽可能多的知识储备，并通过想象和联想，快速搜索形象而又贴切的语料用以表达。在发散思维的基础上，可以进一步拓展思维的深度，也就是使得即兴评述的思维从"横"往"纵"延伸，从"核心意义"往"延伸意义"上拓展。

表 3-1-1 中就以两个不同类别的评述素材为例，对比一下基于"核心意义"和"延伸意义"所做出的浅评论和深评论。

表 3-1-1

	评述素材	浅评论	深评论
新闻即兴评述	某地一对年轻夫妇在闹离婚，从家里闹到地铁上，下地铁时还吵个不停，互相拉拽，两次阻挡正要关闭的地铁屏蔽门，导致地铁延误 2 分 23 秒。对此谈谈你的看法。	离婚在家可以闹，但别闹到地铁上。在家里吵架可以理解，但在地铁上影响市容。	看上去是吵架人的素质低下，其实是表现出一种规则意识的缺失。
话题即兴评述	友善，是一个人更好地融入社会的前提。它表明一个人胸怀的宽广，体现一个人精神境界的纯净高尚。谈谈你对友善的理解。	我有好多朋友，他们都很友善……	友善，包括"友"和"善"，它们中都有一个"爱"的意思。友善，就是核心价值观之一。

即兴评述时思维从"横"往"纵"延伸，从"核心意义"向"延伸意义"拓展，评述时就会由"浅评论"上升到"深评论"。

★评述训练

1. 阅读下面的材料，分别用 60 秒钟、20 秒钟、10 秒钟的语言表达时间来进行三个层级的概括练习：

两个月前，汉堡王跟人造肉公司 Impossible Foods 合作，在美国圣路易斯市的门店开卖无肉汉堡。当时看起来只是对"人造肉潮流"的噱头尝鲜，但确实带来了商业价值。

市场调研机构 inMarket inSights 最近发现，试售无肉汉堡的 59 家汉堡王分店，4

即兴评述

月客流量比当月全美分店平均高出18.5%，也比上月平均高出16.75%。而没有迎来无肉汉堡的其他门店，4月客流量比上月平均下降1.75%。汉堡王的发言人Dori Robau Alvarez（多利·罗鲍·阿尔瓦雷斯）对此表示，无肉汉堡在测试中市场表现良好，预计会继续带来新的客流。

这款无肉汉堡称为"Impossible Whoper"，里边的肉饼由以大豆为主的植物蛋白制成，因为添加了从大豆根部提取的血红素，不仅口感嚼劲跟真肉相近，还能像真肉一样"流血"。在愚人节推出当天，就有不少路人盲测表示，吃起来跟之前的真肉皇堡没什么差别。虽然无肉汉堡要比标准的皇堡贵1美元，但逼真的口感和背后的环保含义，似乎能让消费者心甘情愿买单。

有数据指出，动物肉类制品占了温室气体排放的17%-34%，而食用人造肉替代品能帮助减少畜牧业、肉类工业对环境的影响，同时不伤害动物，也对人体更为健康。积极的市场反应给了汉堡王信心。5月14日，这家连锁快餐宣布将无肉汉堡向另外3座城市迈阿密、佐治亚州的哥伦布和亚拉巴马州的蒙哥马利推广，并表示今年内全美范围的7 200家门店都能吃上。

2. 以下有4则材料（《检察日报》，2018-06-02，有删改），进行分两步走的三个层级的概括练习。

第一步，先阅读每个材料，分别用60秒钟、20秒钟、10秒钟的语言表达时间来进行概括。

第二步，将全部材料分别用60秒钟、20秒钟、10秒钟的语言表达时间来进行概括。

材料1.

书店中，一位小朋友拿着一本名为《恐怖童谣》的书。"十个小兵人，外出去吃饭；一个被呛死，还剩九个人。九个小兵人，熬夜熬得深；一个睡过头，还剩八个人。八个小兵人，动身去德文；一个要留下，还剩七个人……"这是著名推理小说家阿加莎·克里斯蒂作品《无人生还》中的一段恐怖童谣，伴随作品闻名世界。

"杀人的最高境界，就是把人吓死""尸体不见了，你听过这首歌谣吗？"近日，武汉的童先生在今年刚上小学的孩子的读物中发现了这些内容。他发现，书里面有很多杀人、抛尸的细节，自己看了都瘆得慌，然而孩子对此却表现得很是茫然，这让童先生很担忧。

公众对这则新闻迅速地做出了反应。有网友留言说："这样的书可以出版吗？""出版社和作者为了挣钱已经疯了。"此外，有媒体也迅速发布了评论文章《别让"恐怖童谣"摇落了童年的芬芳》。与此同时，另一部分网友则认为："书籍本来就是分类的，书店也不是童书店，家长要管好自己的孩子。""家长有些小题大做，草木皆兵了。"这让童先生感到非常惊讶。"我问孩子怎么看待里面杀人的问题，孩子却说觉得没什么。"

童先生说，孩子班上的同学会互相传阅类似内容的书籍，这些书大都是从学校附近的书店买的。学校门口的书店主要以教辅材料为主，但每家都有一到两个书架上放着《十宗罪》《烧脑》等惊悚悬疑类的图书，这样的情况也让童先生感到忧心。

材料 2.

早前，网络"邪典动画"闹得沸沸扬扬，家长们面对随时可能进入孩子视野的暴力、恐怖、色情等内容均保持高度警惕。与此同时，整个社会对青少年阅读市场的关注也保持着紧绷状态。据公开数据显示，截至 2018 年 2 月，在全国"扫黄打非"工作小组办公室部署的"护苗"行动中，全国共收缴非法出版物 210 余万件，其中非法、有害少儿出版物 17 万余件。

"恐怖童谣"事件中，针对童先生的反映，武汉市文化局工作人员表示，将派人前往涉事书店进行调查核实，查明书店是否出售违法出版物，然后做出相应处理。

据了解，校园周边出现恐怖、惊悚类书籍的情况并不鲜见。记者随机走访了一所小学周边的文具店和书店，发现童先生所说的《恐怖童谣》在小学旁边图书城的书架上就有，此外还有《末日乐园》《狩魂者》《悬念故事》等恐怖、惊悚类书籍。

"纯粹以恐怖情节来哗众取宠的恐怖、惊悚类图书的确应该严格管制，但是，对于有较高审美价值及教育意义的恐怖类作品，还是应当允许其出版，以保护文学艺术创作和未成年人阅读此类作品的权利。"华东理工大学法学院副教授秦涛对此发表了自己的看法。

为进一步了解情况，记者在电商平台购入一本《恐怖童谣》，发现该书其实是一本正规出版社出版的合法书籍，虽然书名中有"童谣"二字，但是书籍上并没有标记是少儿读物，其内容的确如童先生所说，有大量抛尸、杀人等情节。记者注意到，在每一则故事的开头，都有一段童谣，也许正是这本书被命名为《恐怖童谣》的原因。

事实上，类似《恐怖童谣》这样的读物引发争议，呼吁加强儿童读物监管的事件并不是个例。早在 10 年前，英国漫画书《找死的兔子》引进国内时，就引起过家长们的恐慌，家长们甚至呼吁有关部门对其进行封杀。

《找死的兔子》被引进短短的几个月，各大书店就卖脱销了。一只每天在寻死，想出各种自杀方法的兔子迅速成为孩子们心中的宠儿。然而，在家长们眼中，这就是一本"自杀手册"，腰封上的"小白兔自杀手册"更是让家长们触目惊心。

尽管当年家长们的呼声很高，但是《找死的兔子》并没有彻底被封杀，今天的读者依旧可以买到。然而，在它出现的前一年，日本心理悬疑漫画《死亡笔记》却难逃被彻底封杀的命运。据媒体报道，《死亡笔记》因包含了死亡、报复等诸多黑色感情因素被有关部门封杀，截至2007年6月，全国共查缴《死亡笔记》图书5 912册、音像制品1 364盘、印刷品572件。

材料3.

"心智尚未发育成熟的孩子，阅读此类书籍会对他们的成长带来负面影响，建议做好相关监督工作。"童先生的新闻出来后，即有心理老师印证了家长们的担忧。

其实，市面上每一本合法图书的出版都要经历严格的审核，即便有一些书籍的内容在家长们看来"有毒"，但是它们并不是没有身份的"黑户"。北京某大型出版社的编辑蔡某告诉记者，出版图书会有一套严格的审批程序，"一本书有了国家公开发行的书号，那它的出版就是合法的"。

记者注意到，尽管《出版管理条例》有规定，以未成年人为对象的出版物不得含有诱发未成年人模仿违反社会公德行为和违法犯罪行为的内容，不得含有恐怖、残酷等妨害未成年人身心健康的内容，但是，市面上的恐怖、惊悚小说，虽非"少儿读物"，也会吸引未成年粉丝。

如何避免恐怖、惊悚的故事走进未成年人的世界？江苏某律师事务所律师史纯表示，《预防未成年人犯罪法》第三十一条规定："任何单位和个人不得向未成年人出售、出租含有诱发未成年人违法犯罪及渲染暴力、色情、赌博、恐怖活动等危害未成年人身心健康的读物、音像制品或电子出版物。"基于此，不适宜未成年人阅读的合法出版物被出售给他们，相关书店的经营者有更大的法律责任。"尽管书店作为具有销售图书合法资质的经营主体，在一般情况下，其与消费者之间的正常图书买卖行为不受干预，但是，鉴于未成年人在心理和生理发育上的不成熟，我国在未成年人消费文化产品时对其实施特殊保护。"当中小学周边的书店向中小学生出售恐怖、惊悚图书时，实际上已经触犯了法律的禁止性规定。

然而，广东省社会科学院法学研究所陈一天研究员对此有不同的观点，在他看来，让书店销售人员分析判断哪一本书适合、哪一本书不适合，显然不现实。"尽管书店要承担责任，但是因为缺少'合适'与'不合适'的标准，很难准确判断所出售的每一本书是否都适合未成年人阅读。"

"其实《出版管理条例》中已有以未成年人为对象的出版物进行区别对待的含义，不过因为缺少统一的、明示的责任要求，而没有得到实际落实。"实际上只需要明确要求对含有不适宜未成年人内容的出版物进行明确标注，明确禁止销售有该标注的出版物给未成年人即可。

材料4.

近年来，一旦图书、电影在内容上出现争议，分级制度就会被频繁提及。

2008年，《找死的兔子》引起家长们的恐慌时，业界就有专家指出，这本书的出版对象并不是儿童，而是成人，中国应该建立阅读的分级制度。第二年，在"首届中国儿童分级阅读研讨会"上，业界专家强调"分级阅读不是要把成人世界的复杂对孩子遮蔽，在孩子的阅读世界中划出'儿童不宜'的红线，而是要根据不同年龄段儿童心智，向他们推荐、奉献不同的好书"。

事实上，在过去的10多年中，图书分级制度不仅仅停留在呼吁阶段。

据媒体报道，2014年5月，南方分级阅读研究中心推出中国首个"儿童青少年图书分级研发标准"，多家出版机构合作的"分级书库"也正式上线。

"孩子们对于情绪的把握还不够成熟，与同学们发生矛盾之后，如果用书上的方式处理，这太吓人了。"

记者查询发现，像"烧脑X"系列图书，其建议上架的类型为：脑洞、悬疑、小说，部分网络销售商将其适合阅读人群定为：二次元发烧友、网瘾患者、不文艺青年等，但图书没有对阅读人群的年龄等做出明确建议。

对此，武汉市二桥中学心理老师余老师认为，中小学生等心智尚未发育成熟的孩子，阅读此类书籍会对他们的成长带来负面的影响。余老师建议，一方面家长要做好孩子的监管工作；另一方面，也应该有相关制度去规范学校周边的读物市场。

2017年3月《全民阅读促进条例（征求意见稿）》正式公开征求意见，其中，第二十二条明确提出，国务院新闻出版广电主管部门、教育主管部门应当根据不同年龄段未成年人身心发展状况，推广阶梯阅读。出版单位应当根据阶梯阅读的要求，在出版物显著位置标识适宜的年龄段。同年7月，第七届江苏书展上，江浙沪京全民阅读办共同发布《中国分级阅读苏州宣言》，再次将图书分级制度推向舆论高点。

此外，从世界范围来看，电影和图书分级制度也在一些国家有所实施，并形成了一套成熟的制度。比如在澳大利亚设立了专门的电影与文学作品分级办公室。秦教授说，"我国虽然尚未建立电影、图书分级制度，但一直注重对电影及图书内容的审核，形成了较为完备的监管体系，因此，对书籍进行分级理论上是完全可以的"。

然而，也有一部分人对图书分级持相对悲观的态度。教育学者熊丙奇接受媒体采访时曾表示，有些分级体系的目的是为了保护成年人和未成年人双方的利益，比如一些成年人想看含有暴力内容的作品，这些作品就不能给孩子看。基于此，很多人会担心，一旦实行图书分级制度，可能会导致一些原本不能出版的暴力之类的内容获得出版的机会。

那么，真正实施图书分级制度的难点在哪儿？秦教授指出，不同于每年只有几百部的影视作品的审查，我国每年出版的图书数量是几十万册，难以单独依靠政府进行审核、监管。"实践中主管部门主要依靠事后监管，出版社对于作品是否出版有较大的裁量权。因此，必须制定严格、科学、清晰的出版物分类、分级标准及鉴定方式，从而对出版社的自由裁量权进行限制，为文化创作和读者提供明确指引，给执法部门提供执法依据。"

陈一天则认为，建立图书分级制度，简单地将图书分为一、二、三级，未成年人与成年人推荐级、限制级，都可能会更大程度地刺激未成年人的好奇心，特别是青春期青少年的叛逆心理。不宜采用惹眼的分类方法，比如近年来常有电影打出"未成年人禁止观看"，书籍打出"未成年人禁止阅读"等字眼，实则是在通过刺激公众好奇心的方式进行营销。

此外，史纯还表示，文字相对于电影、电视剧来说，想象空间更大，在审查监管上有一定难度。"但是，现在不是评价一本书的好坏，而是审查是否有血腥、恐怖、色情等不适宜未成年人的情节，绝大多数书籍是可以通过机器识别和人工识别准确分级的。"尽管困难重重，书籍分级制度依旧是可行的。

3. 阅读下面4则材料，分别用60秒钟、20秒钟、10秒钟的语言表达时间来进行概括。

材料1.

留学市场中介盛行的一个重要原因，是有很多想要进入常春藤高校学习的学生，也就是"爬藤"学生，可能真的"只有"SAT成绩。美国康奈尔大学招生办主任Shawn Felton（肖恩·弗顿）看不懂中国到处都有留学中介的现象，他曾多次在公开场合表示，面试的目的只是想尽可能多地了解一个人，"我们会将每个申请人作为独立的人来看待，去了解他们的人格，以及他们在课堂之外的所作所为。这些都是让他们与众不同的地方，也决定了他们应该去哪里读书"。如今在上海，已经出现了一群在幼儿园阶段就开始励志"爬藤"的妈妈。她们会让孩子在全英文的环境中学习，会请一个大学生家教"根据孩子喜好，随便教孩子些什么"，会在孩子喜欢研究人体骨骼构造的情况下网购一个"骷髅模型"回家，会让孩子尝试针对某个问题不断地深入研究下去。

但是，当出国留学变成了95后、00后的普遍选择，逐渐走进"寻常百姓家"的时候，选择就变得微妙起来。

材料2.

在同学的口中，李同学从小就是"别人家的孩子"，成绩好，有主见，还坚持公益和打论辩赛。除了韩语之外，她还自学了日语和德语，英语也非常流利。但成绩好、标化高的李同学根本就没申请什么藤校、牛剑，而是去了位于美国西部加州的排名近40的 UC Davis（加州大学戴维斯分校）。不少认识的家长都觉得奇怪，甚至有点可惜，不知道是孩子申请材料没做好，还是发生了什么事。

李同学说这是她全面调研，还花钱买了 U.S.News 世界大学排名的付费榜单、综合考量之后的结果。

原来，由于家庭的影响，李同学从小就对农学特别感兴趣，喜欢布置自己家的小花园，还会把每一株植物都细细画下来。因此，她在给自己选校的时候，并不只看大学的综合排名，而是会去关注学校的专业排名、科研资源和往届学长的口碑。

材料3.

刘同学，成绩很好，还是学校游泳队的专业级选手。在申请英美大学的同时，把加拿大作为第二选择。

刘同学说，虽然没有想好未来要做什么，但是想着本科就学点基础的专业，初步定下来是数学专业，未来可能往计算机科学、统计学方向发展。虽然美国是他父母的首要选择，也会申请，但他最喜欢的还是加拿大，比如滑铁卢大学、麦吉尔大学、英属哥伦比亚大学都可以考虑。

首先，虽然数学、计算机专业美国很好，但同在北美的加拿大也有在这方面非常强的学校，比如滑铁卢的数学与计算机系一直都非常强，而且非常强调专业的应用性，不少国内顶尖大学数学专业本科毕业生也会去该校读研、读博。

其次，加拿大的学费相对于美国还是便宜许多。比如根据滑铁卢大学官网显示，该校数学专业的学费在2万加币左右（折合人民币10万元左右），而美国大学的学费是它的3倍不止。

最后，加拿大的生活环境相对简单，就业政策也比较好。刘同学不少去加拿大的学长也都在当地找到了工作，倒不是说要一直留在加拿大吧，毕竟也是积累在国外工作经验的机会。

材料4.

张同学在高中时定下了赴美留学的计划，在托福、SAT 成绩不错的情况下还额外考了6门 AP 课程。他希望能在大学中有足够的时间来探索自己的专业和兴趣，但张同学所在的二线城市，好的留学顾问不多，大部分是收费低，服务质量更低的留学中介，

即兴评述

于是他申请那年最好也只拿到了 U.S.News 世界大学排名 40 左右的 UCSB（加州大学圣塔芭芭拉分校）的录取书，那时候加州系大学还没有现在这么热门。

但张同学没有把原因怪到他人身上，他总说是自己没有准备到完美，可能文书还需要再加把力，于是在入读 UCSB 的第一天就开始准备转学。他努力提高自己的成绩，做学术项目和本科生研究，提升自己的学术竞争度，同时做了详细的转校调研。如今，张同学在康奈尔大学同时修运筹学和计算机科学两个专业。

虽然几位同学的选择不同，经历也不同，但明显可以看出，00后在出国留学的选择上变得更加独立、勇敢，有主见。他们是理智的，不会一味追逐藤校、名校，而是去追求留学真正的价值。

4. 某居民小区的绿化带里出现了一个宠物坟墓，里面埋的是一只宠物鸟的尸体。接到投诉后，当日下午，物业人员将这个宠物坟墓移除。你怎么看？

5. 春节临近，又到"集五福"的时候，除了到处扫"福"字外，还出现了花花卡、全家卡、沾福气卡等新玩法。在开心过年的同时，也要保护好自己的钱袋子，已经有不法分子趁机谋取利益。谈谈你的看法。

6. 某中学规定，学生上课期间去厕所需要填写请假条，还要找两位老师签字，而且每天限量100张。对此，该校相关老师回应，这个请假条主要针对自制能力较差的学生，防止他们在上课期间请假外出去厕所抽烟或进行一些和学习无关的违纪行为。你怎么看？

7. 当下，越来越多的中老年人玩起了朋友圈；同时，一些谣言也得以轻易传播。中老年群体容易转发一些谣言，晚辈又该如何应对？

8. 人生就像天平，家庭和事业往往是我们无法避免的致命题，如何实现工作和生活平衡呢？谈谈你的看法。

9. 一天，莫泊桑找福楼拜请教，发现他的一页十行的稿纸，每页只写了一行，其余九行用来修改。由此你想到了什么？

10. "杠精"指"抬杠成精"的人。这类人以抬杠为己任，往往并不关注客观事实，经常为反对而反对，不管别人所说内容的对错而进行持续的反驳。就此现象，谈谈你对网络热词"杠精"的思考。

11. 有培训机构打着"七天成诗人，蒙眼能辨色"的广告，推出6.8万元的高额培训费，一些孩子学习后发现课程并没有什么效果，学习成绩不仅没有提升反而下降了。夸张的广告对于大多数人而言，都会持怀疑的态度，不过，一些处于焦虑状态的父母就有可能深信不疑。对此你有何看法？

12. 手机尾号为"8""6"这样的数字向来受到很多小伙伴的欢迎，前一段一个"88888"的手机号拍卖到21万元的"天价"。对此你怎么看？

13. 近日，有"熊孩子"在超市给薯片"放气"。面对指责，"熊孩子"的妈妈豪气地将一柜薯片全部买下。你对此怎么看？

14. 你如何看待部分家长卖房卖车、砸锅卖铁送孩子出国留学这一行为？

15. 大卫是陕西西安某高校的外教，他每天骑车去学校，上课前会把自行车前轮卸下来带到教室。他说之前车被偷过几次，卸车轮是学生教他的，这样就不会被偷了。你对此怎么看？

16. 最近，王女士遇到了一件让她特别郁闷的事，本想在事业、爱情上走好运，于是，花了38 880元文了"开运眉"，不料刚做完一周，她就遭遇了车祸，身体也出了问题。文了眉之后，运气不但没有好转，反而感觉自己跌入了人生的低谷，于是，她要求文眉的机构退全款。对此，美容院负责人表示，大家都是成年人，做事都有自己的判断能力。你对此怎么看？

17. 有人认为，在中国家庭里，上有老下有小的年轻夫妻是压力最大的，他们要照顾父母，还要带孩子。实际上，却是很多家庭养育孩子的压力会转移到老一辈人的身上。很多时候，让孩子陪老人或者让老人带孩子，其实是一种变相的"啃老"。很多中国家庭都存在这种现象。你怎么看？

18. 周一全天英语课；周二、周四线上数学课；周三舞蹈课；周五线上英语课；周六上午绘画课，下午视唱练耳……这是4岁的北京女孩在一周内的课程安排，但这还并非全部。家长缘何不买教育减负的账？

19. 喜茶、答案茶……已成为年轻人潮流必备品，兼具解渴、摆拍多功能。网红产品以众人追捧、竞相购买的热销形象引人关注。你对此怎么看？

20. 近年来儿童代言层出不穷，就连和孩子拉不上关系的产品也找儿童代言。因此，国家明文规定，不得利用10周岁以下未成年人作为广告代言人。你怎么看？

第二节　即兴评述思维的运行规律

评述思维可以有多种运行方式，但有一些基本的运行规则，是在面对评述材料的时候，思维转化为语言之前要把握和遵循的。这一节就来看看即兴评述思维的两大运行规律："站位"和"顺向"。

即兴评述

一、即兴评述思维的"站位"

对于即兴评述来说,"站位"是一个重要概念。在日常工作中,对于同一个问题或同一项工作,站位高低、格局大小、视野宽窄、措施虚实,效果截然不同。在即兴评述中要获得"观点分",起决定作用的也是站位。

什么叫站位?

先来讲一个故事。战争时期,敌我双方处于多处交火的状态。一方的总指挥在排兵布阵时,对围攻敌方一座主要城市的部队首长指示:不可强攻,保持对峙状态,如若发生交火,也要佯装撤退,稳住城内敌兵。而此时,攻城的首长派人侦察时,发现守城兵力不多,认为对峙了这么长时间,终于迎来了一举攻破的时机,于是立即进攻,顺利占领了这座城市。

然而,这个局部的胜利,却破坏了整个战役的部署。原来总部设计了一个口袋战术,在另一处战场,故意让敌军感觉是我方主力,引诱其把大部分兵力向此处集结,原定待敌军集结到一起,进入"口袋"后,我方再从四面包围,一举聚歼敌方主力。但是,由于敌军重要城市被攻,敌方紧急调整了战略,抽出兵力向被攻城市挺进,要夺回城市的控制权。原计划中的一场大胜仗就这样泡汤了。

站在攻城的角度,这确实是难得的一次取胜机会。但是,从整个战役的角度而言,这次"胜利"却是失败的,这就是站位的问题——攻城的首长站位不够高——是站在什么样的高度、什么样的角度?是从局部利益出发,还是站在更高一个层次,从战役的全局出发?

站位不同,结果也就不同。

高站位也就是有大局观,为了大局的利益,有时候可以牺牲局部的利益。因此,生活中有大局观、高站位的人都是能为了整体利益,舍弃暂时局部利益的。推演到即兴评述上,评述中思考问题不是以自我为中心,不是站在自己的角度,而是站在他人的、群体的立场,从大局出发,站位高一些,从更高的境界看问题,这就有了比较高的站位。

◯ 例题 38

在火车上遇到"熊孩子"吵闹、跑动很让人头疼,连续不断的噪声让人崩溃,影响了一车厢人,于是有网友提议,火车应该单设"儿童车厢"。是不是需要把吵闹的孩子集中在一个车厢,所有的公共交通工具都会面临类似的情况。也许还会有人建议,把喜欢使用外放看电影、听音乐的也集中在一个车厢。你怎么看?

围绕着例题38这个话题，你的观点有多少？如果你只能想到一个，不妨跟着脑洞比较大的评论者，把思维打开，在思维发散后得出的结论中再进行划分，从评述的站位来分，可以大致地将之分为个体、群体和高端三个站位。下面就把评论按照内容先分为赞成派、反对派和建议派，再分别标出个体、群体和高端三种站位评论。

☆赞成派

评述1.

这个提议很好。分开就座，然后带着他们的爸爸妈妈爷爷奶奶，一起吃着零食唱着歌，还给大家一个安静的乘车环境。（个体站位）

评述2.

从上海到杭州，虽然只有那么几十分钟，但是有小孩从头哭到尾，真的受不了！一想到所有"熊孩子"都在一个车厢，简直酸爽啊！就是有点心疼这节车厢的乘务员。（个体站位）

评述3.

坐了很多次火车了，遇到小孩子哭闹的概率还是挺高的，而且不分时间，感觉设置一个专门的车厢让他们一起玩儿也挺好的呀。没准儿孩子有了小伙伴一起玩儿，就不会大声哭闹了。（个体站位）

评述4.

我朋友是有两个孩子的妈妈，她很努力地让孩子在公共场合保持安静，但是，让3岁小男孩儿像大人一样安静地坐着根本是不可能的，她每次到公共场所都会为此焦虑。有了儿童车厢，孩子吵也不怕了，家长也可以松口气了。（个体站位）

评述5.

可以给小孩子专门设置一个玩具区，这个车厢派专门的、性情温和的、有经验的乘务员照看。不过这节车厢的价格会相应往上调整，毕竟也是占用了一定的公共资源呢。（群体站位）

☆反对派

评述1.

单独一个小孩不一定会闹，要是都放在一个车厢里岂不是会翻天？把"熊孩子"集中到一个车厢内，车厢极有可能成为"游乐场"，所有儿童闹成一团，安全风险不容小觑。万一打伤一个孩子，是谁的责任呢？如果小孩子在专用车厢里玩嗨了，该下车了不下车，还大哭大闹，岂不更增麻烦？所以，对孩子来说，根本不是儿童车厢的事儿。（个体站位）

即兴评述

评述 2.

大概同意单设"儿童车厢"的都是没孩子的,带孩子的不会同意。(个体站位)

评述 3.

火车就那么多列车厢,好多人票还买不上呢,弄儿童车厢不占地方吗?"熊孩子"还得靠家长教育。(个体站位)

评述 4.

就算设立儿童车厢,也不意味着其他乘客便可高枕无忧。一方面,儿童车厢在客流高峰期间难免涌入成年人;另一方面,就算将"熊孩子"放到一个车厢,也难以保证他们不在车内来回打闹,喧哗的噪声不会吵到相邻车厢乘客。(个体站位)

评述 5.

儿童车厢的提议,并非出于关爱,而是为了避开带有歧视属性的"熊孩子"。设立儿童车厢,将会加重家长出行的心理负担。是所有的儿童都放入儿童车厢,还是只有"熊孩子"?那如何界定"熊孩子"?就拿孩子的天性来说,何时会打闹谁也无法预料,如果因为偶尔的一次打闹,就将孩子及其父母送进伴随歧视性眼光诞生的儿童车厢,将会给孩子造成心理伤害。家长可能会对将自家"熊孩子"送入挤满"熊孩子"的儿童车厢产生抗拒心理。(群体站位)

评述 6.

"熊孩子"吵闹令人心烦意乱,把"熊孩子"们集中在一起,其他车厢旅客可以免受叨扰。但"熊孩子"毕竟是少数,因为一两个"熊孩子",就将其他孩子一同编入单列车厢,是否涉嫌歧视?同一车厢里那些安静的孩子及其家长,难道就没有不被打扰的权利?再说,在儿童车厢,"熊孩子"就可以无所顾忌地大喊大叫了吗?(群体站位)

评述 7.

不是车厢的事。活泼好动是孩子的天性,每个人都是这么过来的,当过父母的人更容易理解这一点。所以,对待"熊孩子",首先要理解和宽容。孩子再熊,也不能跟孩子一般见识。即便孩子在公共场合过分调皮,影响到其他乘客的权益,那也不能全算孩子的错,而与父母的教育息息相关。不是孩子不懂事,而是孩子的父母未尽到管教之责。所以,遇到"熊孩子"捣乱,乘客要先向父母友好提醒;遇到父母不置可否,再向乘务人员反映,一起善意引导。(群体站位)

评述 8.

在公共场合不要大声喧哗,是一个社会的基本礼仪,也是孩子成长的必修课。与其单设儿童车厢,不如让"熊孩子"在车厢里接受公共礼仪的训练。(高端站位)

评述 9.

单设儿童车厢，在高度智能化的今天，技术上似乎不成问题。但一节单列车厢就能解决"熊孩子"问题吗？对"熊孩子"缺乏包容，最终受伤的是整个社会。成长本身就是一个不断跌倒然后再爬起来的过程。对于儿童在公共场合打闹，作为父母应该及时教育引导，但旁人也应给予足够的包容。（高端站位）

☆建议派

评述 1.

可以给儿童车厢放动画片，前提是必须得有人看着。提议将"儿童车厢"升级为"亲子车厢"，防止拐卖儿童之类的事情发生。再找一个老师，看着整车厢小朋友写作业。（个体站位）

评述 2.

这个思路非常好，按这个思路，还可以考虑设"商务洽谈热线车厢"和"手机爱情连连看车厢"，满足巨大的社会需求。搞一个外放车厢、一个脱鞋车厢、一个带娃车厢，不加收费用，把旅客合并同类项就好。各得其所，其乐融融。（个体站位）

评述 3.

可以打造"车轮上的游乐场"，就是在列车上设一个"儿童乐园"区域，让孩子们在旅途中有一个能尽情玩儿的地方。设置专门车厢，里面摆放玩具、童书，放动画片，让孩子们有东西可以玩儿，有游戏可以分散注意力，让他们有地方发泄过剩的精力。这样的车厢不能只是挂个牌子，而应该针对儿童特性做一些专门的设计。（群体站位）

评述 4.

在芬兰、瑞士和德国等国家，都设有这样的儿童及家庭专属车厢，保证带小孩的旅客在不会打扰到其他人的同时，也能获得更多的专属便利。（群体站位）

所谓站位高，就是表现出了评述的"大智慧"。初级评述者往往是先从个人站位开始的；随着自身能力的提升，就要上升到群体站位，争取达到高端站位。评述时上升一个高度，提高站位，评述的效果就会大不相同。加强理论学习，拓宽视野和心胸，以国家大局为重，抛弃个人的主观主义、狭隘思想，顺应社会发展的大势，就会使自己站在一个较高的位置上。

二、即兴评述思维的"顺向"

即兴评述如何准确地"抓取"信息点，从而给出合适的观点和立场？有一个简单的方法是顺应原材料中的导向，而不是否定原题的基本导向，逆势而为。

即兴评述

即兴评述思维的"顺向",就是在即兴评述中遵循"不否定原题"的原则。即兴评述的材料是评述的依据,评述材料中有时已经给出了评述的主题,在这样的情况下,就要沿着材料所给出的评述主题的方向进行评述。这就是"顺向"。

◯ 例题 39

人与人往来,难免会出现一些"小摩擦",只要没有恶意,就要设身处地替他人着想。你怎样理解"宽容是一种美德"?

这道题本身有一个导向:"只要没有恶意,就要设身处地替他人着想",也就是对"宽容"已经设定了一个导向,那就是"宽容是一种美德",既然这样,评述时只需顺着这个主路往前走就行。假如评述者就该题目,沿着"我不认可这个观点,宽容是不对的,这样是纵容了作恶,应该培养有恶必纠的作风"思路展开评述,这就不再是"顺向",而是逆题目而行了。如表3-2-1:

表 3-2-1

例题	顺向	逆行
人与人往来,难免会出现一些"小摩擦",只要没有恶意,就要设身处地替他人着想。你怎样理解"宽容是一种美德"?	人们生活在同一个社会中,共享着同一片蓝天、同一种社会资源,有时,难免会出现各种矛盾或者小摩擦,其实在这种情况下,"宽容"这两个字就显得十分重要。我认可宽容是一种美德。它包含了三个方面的内容……	我不认可"宽容是一种美德",面对社会上方方面面的不正之风或者不良风气,一味宽容是不对的。"勿以恶小而为之",有小恶的时候,本着为对方好的原则也应该指出来。有句话说得好"雪崩的时候,没有一片雪花是无辜的",这就是纵容了作恶的结果,我们应该培养有恶必纠的作风。

不否定原题,不是说不可以有自己的观点,而是在原材料已经提供了鲜明的观点之后,不应再否定原材料中的观点来重打锣鼓、另起炉灶。即兴评述的"顺向",并非完全不能有其他看法,而是要把握一个"顺向"的基本原则,若有其他观点,可以在最后作为补充观点或者设定条件说出来,而不应作为主线评述。

◯ 例题 40

社会上有一种说法,叫作"人生如戏,全靠演技"。说出它的谬误所在。

这道题目也是如此,原题中已经明确要求说出其"谬误"所在,也就是已经将"人生如戏,全靠演技"这一说法做了"谬误"的定位,评述的时候只要沿着"谬误"来说就可以了,不需要再重新确定立场。

◐ 例题 41

有人说，讨论校外培训机构的整治问题，从更大意义上看还涉及教育本质的问题，教育要培养什么人？教育怎样培养人？当成绩和分数之间画了等号，当教育与知识之间画了等号，当工具论成为价值坐标，我们是否已经遗忘教育本身的功能？因此，2000多年前古希腊哲学家柏拉图在《理想国》中提出："教育的基本原理在于使人们在孩提时代就建立起良好的思维体系。教育无须强迫，也不能强迫，更无法强迫。任何填鸭式的教育方式只会让人们头脑空空，一无所有。"时至今日，这话依然具有一定的现实意义。请以此做评述。

这个题目中虽然是"有人说"，但材料已经给出了一个观点，那就是柏拉图的"教育的基本原理在于使人们在孩提时代就建立起良好的思维体系。教育无须强迫，也不能强迫，更无法强迫。任何填鸭式的教育方式只会让人们头脑空空，一无所有"，且在题目中强调了"时至今日，这话依然具有一定的现实意义"。如果在即兴评述中否定了这一点，就是"逆行"，有跑题之嫌。

即兴评述中的"逆行"，可以从两个不同的方面来理解，一是前面说的逆题目而行，二是思维中的逆向思维。第一种"逆题目而行"，是在原题中已给出评述主题的情况下，推翻原题逆行，这种做法不可取，容易导致评述偏题。第二种"逆向思维"，仅指一种思维方法，是对司空见惯的事物能够"反过来思考"。逆向思维是即兴评述中应该具备的一种思维方式。有这样一个段子，一个大爷去市场买黄瓜，挑了三个放到秤上，卖家秤了下："一斤半三块七。"大爷："做汤用不了那么多。"去掉了最大的黄瓜。卖家说："一斤二两，三块。"正当有人想提醒大爷注意秤的时候，大爷掏出七毛钱，拿起之前去掉的那个最大的黄瓜，掉头就走。这个故事中大爷的机智，就是源自他那种"逆行"的思维方式。很多时候，同样一个问题，我们换一个角度，会觉得豁然开朗，就是因为运用了逆向思维。判断"逆行"是否合理的关键点就在于原题中是否已经给出了观点导向。若原题中没有给出观点导向，评述者运用逆向思维说出的创新语言就可能带来加分。

◐ 例题 42

如何看"反向春运"？

按照正向思维，对于大部分人来说，春节有时候难以让我们充分享受到真正的假期，实现真正的"团圆"。买票难，调休难，协调去谁家过年难。但是也可以搞一个"反向春运"，那就是"我回不去，可以让父母来"。这就是逆向思维、反向思考。

即兴评述

逆行,要把握好尺度,这是在"顺向"基础上的逆行,不是倒行逆施。即在大方向上遵循主流,不否定原题,而在小处进行创新,争取拿到创新分。

★评述训练

1. 春节期间,难免参加很多亲朋好友聚会。家长彼此寒暄时容易陷入一些中国式客套,让大人看起来是有"面子"的谦虚,很可能会不小心伤害了孩子的内心。中国式父母习惯自谦,喜欢当着外人的面"贬损""数落"自家孩子。你怎么看?

2. 2020年5月1日起,新版《北京市生活垃圾管理条例》正式实施,个人混投行为最高将面临200元处罚。此外,餐饮经营者、餐饮配送服务提供者和旅馆经营单位不得主动向消费者提供一次性筷子等,否则也将面临罚款。你对此怎么看?

3. 所谓屏幕时间,就是人在手机、平板、电视、电脑等设备上花费的时间。从20世纪50年代开始,就有专家提醒家长注意孩子花在电视前的时间,甚至曾在20世纪70年代掀起一阵"家庭无电视"运动。到了智能手机时代,手机、平板等电子产品之于儿童的罪状更多,小学生LOL(《英雄联盟》,一款游戏)上瘾、"熊孩子"偷拿父母手机打赏女主播、长期用眼疲劳导致视力下降……不光是这些停留在行为认知层面的负面影响,就在最近,卡尔加里大学的研究结果显示,屏幕时间过长会导致儿童发育迟缓。屏幕时间越长的儿童在与人沟通、精细运动以及表达自我需求方面的能力越差。因为当孩子坐在屏幕前时,他们往往什么都不做,也就不能锻炼到以上任何一种能力。

面对同样的问题,美国皮尤研究中心则用更"实锤"的方式证明了这一事实。研究中心利用核磁共振成像技术扫描了4 500名9—10岁儿童的大脑,结果发现每天屏幕时间超过7小时的儿童,大脑结构出现了明显的差异——大脑皮层提早变薄了。而研究证明,大脑右半侧的皮层越薄,人就会遭受越多的认知问题,难以正常处理社交刺激,甚至加重抑郁症的风险。你怎么看?

4. 教育部部长陈宝生提出要让小学生开"心"起来,让初中生"心"乐起来,让高中生"心"活起来,大学生"心"静下来。对此你有何看法?

5. 数学家苏步青把"会前会后""饭前饭后"的时间比喻为零布头,加以利用,他在参加五届三次人大会议期间,抓紧空隙时间完成了《微分几何》的后半部分。他说,别看时间零碎,分分秒秒的时间好比零布头,只要充分利用能做不少事情。时间,本来是一定的,但对善于利用安排的人来说,是走向成功的不可少的助跑器。你怎么看?

6. 近年来，随着网上支付、手机支付的快速普及，非现金支付渐渐流行，现金支付反而不太受商家待见，一些商家甚至变向拒收现金。你怎么看？

7. 高考期间不少考生家长为了方便，就在考点附近预订宾馆。然而，记者走访发现，某地近半数的考点附近宾馆价格飙升，涨幅高的达到平时价格的3倍左右。你怎么看？

8. 人工智能不仅是一个技术问题，也是一道治理考题。以无人驾驶技术为例，在全球范围已出现多起事故，甚至造成人员伤亡，然而，并没有法律对此做出明确规定。对此你有何看法？

9. 近期校园中攀比之风渐长，"学生不比学习却比鞋子"，甚至有学生要求家长购买最昂贵的进口鞋。某中学面向学生家长的微信群通知称，为了防止攀比行为蔓延，弘扬勤俭节约美德，要求学生不得穿进口鞋进入校园。你怎么看？

10. 贵州某中学老师在开学时提水桶给女生卸妆的视频热传。视频中，老师用毛巾蘸水给学生逐一擦脸卸妆，引发网友热议。校方表示，学校学生绝大部分为留守儿童，缺少家庭引导。此前学校已多次禁止初中生化浓妆，但效果不好。这次方法可能有点过，但是为了对孩子负责。你对此怎么看？

11. 安徽阜阳一名年过八旬的农村老人，在义务捡拾垃圾时，不经意间成为人人称颂的"网红"。这位老人因此先后被评为当地的道德模范和好人。近日，老人在领到5 000元奖金后，考虑到自己衣食无忧，决定为社会做点有意义的事。于是，他拿出自己领到的奖金，自费印刷上千本《弟子规》，免费赠送给镇上所有的学龄儿童。他说，自己因为年幼时家庭贫困，受到的教育少，但他始终认为，祖宗传下来的好传统不能丢，国学经典要从娃娃抓起。你怎么看？

12. 北京天安门广场，一男子为了让父亲看升旗仪式，让老父亲坐在了自己的肩膀上。升旗期间，老父亲激动地不断鼓掌。对此，你怎么看？

13. 根据美国消费者产品安全委员会最新的数据，平均一年接到的练习瑜伽造成伤害的病例有5 500例左右。看似不多，不过，"美国运动数据"指出，平均每一万例瑜伽损伤中只有两例得到报告并纳入统计。也就是说，这5 500人只占瑜伽受伤总人数的1/5000，总人数应该是2 750万人。而在中国，每年因练习瑜伽而受伤的人数是这个数字的1.7倍。关于瑜伽有伤身体的报道一直层出不穷。你怎么看？

14. 近年来，电视剧注水现象日益增多，一些电视剧为了拉长剧集，生硬地加戏，一个用20集就能讲完的故事，非要用50集甚至更多集来完成，制片方和播出方赚得盆满钵满，受煎熬的却是观众。对此你有何看法？

即兴评述

15. 进入 21 世纪以来，已有 18 名日本人获得诺贝尔奖，距离日本 2001 年提出的"50 年 30 个诺贝尔奖"的计划，已经实现了一大半。对此你有何看法？

16. 为了弘扬传统文化，由中医药管理局牵头，在浙江省五年级小学生中开设中医课。你怎么看？

17. 《西游记》中孙悟空"七十二变"化身小虫，钻到妖怪肚子里，表现了古人对微观世界的大胆创想。近日，我国某科研团队研发了全球首个液态全柔性智能机器人，能"七十二变"的"血管医生"让神话成为现实。你怎么看？

18. 2020 年"五四"青年节前夕，bilibili 网站献给新一代的青年宣言片《后浪》在央视一套播出，并登陆《新闻联播》前黄金时段。

该视频中，国家一级演员何冰登台演讲，认可、赞美与寄语年轻一代。"你们有幸遇见这样的时代，但时代更有幸遇见这样的你们。"随后，这段演讲在朋友圈刷屏，有网友赞其为"《少年中国说》现代版"。而那句"心中有火，眼里有光"更是成了年轻人的代名词。请对此进行评述。

19. 《向往的生活》《青春旅社》《亲爱的客栈》是近期"慢综艺"的典型，海报、宣传语都是相同的"岁月静好"风格，都在向往远离大都市的淳朴舒适生活。请你谈谈对慢综艺、慢生活的看法。

20. 春节庙会是我国古老的传统民俗文化活动，随着时代的发展和经济水平的提高，近年来国内各地每逢春节都会组织一系列的庙会活动。谈谈你对传统民俗文化活动的看法。

第四章　即兴评述语言组接

只可意会不可言传，往往是一个最真实的即兴评述时的状态。

语言是思维的外化形式。思维是异常复杂的，包含着多维立体的结构。语言是即兴评述的载体，无论评述者的思维多复杂，最终都要通过口头语言传播出来，与外界进行交流。

既然语言和思维注定不能同步，表达出来的言语总是不如自己想要表达的含义丰富，那就有必要探讨一下文本思维到语言的瞬间呈现，在这期间都发生了什么，评述者又可以掌控什么。

第一节　多维思维到一维口语

人的思维是多维的，而语言是一维的。了解了这一前提，有助于理解即兴评述的准备流程和语言的现场呈现。

怎样理解"多维"？

现在闭上眼睛静默1分钟，体会一下你的思维。

你脑子里是个什么样的活动状态呢？各种念头是不是乱七八糟地冒出来？你现在脑子里的东西是不是一下子无法用语言全部呈现出来？

一定要把它们表达出来，那就需要借助一些丰富而又复杂的超立体形式。这就是思维高维度的特征。而作为思维外化表现的语言，是以相对低维的方式来呈现的。口头语言是呈一维性流动的，因而相对于平面铺陈的手法，口语表达就有很大难度，这就可以理解为什么头脑中有很多想法，但是却难以把它形成流畅的、让人一听就明白的口头语言了。因为语言是以线性的方式呈现的，在从"多维"向"一维"转化时，如果没有有序的组织安排，这个路径就会变得很拥堵，就会出现"心里有话说不出""茶壶里煮饺子"的情况。

即兴评述

拿到评述题目后有话想说，却无从下口，或者表达出来的却和自己所想的不一样。许多人反映开口之前想得挺周全，评述之后却发现连一半都没说出来。这就需要评述者充分了解从思维到语言的这种聚合规律，再从中找到一些有效的解决办法。

一、从面对面到点对点

面对一个现象或者一个观点，绝大部分人采用的是感受认知的方法，也就是"面对面"的思维模式。你，和你所面对的现象、观点之间，就像两张面对面立着的纸，这两张纸的平面就叫作感受；每张纸上面都有一些点，这些点就叫作问题。你想到一个问题，把这个问题反馈给大脑，于是大脑就整理出所有和这个问题可能相关的各种平面的感受，作为两张纸面对面地站着（如图4-1-1）。

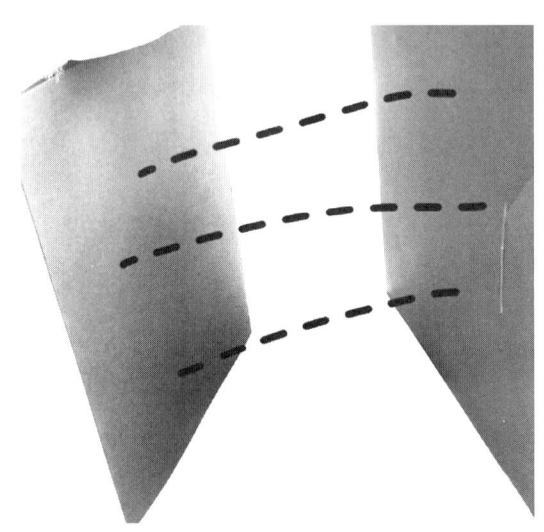

图 4-1-1 感受认知：面对面的思维方式

一张纸上的点和另一张纸上的点可能全部都是有关联的，但是你很难说清楚。为什么呢？

因为逻辑是点对点的，而感受是面对面的。要表达清楚一个问题，首先使用的是点对点的线性语言；然后再凭借逻辑串联，从一个问题走到另一个问题。

"点"是以事件的内部逻辑为主，感受只是依附于这些"点"之上的平面，说话是一条直线，这就使得面对面的感受思维面临着从面对面到点对点线性口语表达的问题。从感受到话语表达，通道变得拥挤了，这个过程一旦中间缺乏必要的逻辑，就容易让人一头雾水。因此，表达感受关联是非常困难的，感受在逻辑感强的人眼里也常常不被认可。

⟶ 例题 43

"孩子语文考了 90 分，本来挺高兴，一问老师才知道，这成绩在班里算倒数。"这两天，武汉市小学期末考试成绩正在陆续完成统计。不少家长发现，自家孩子的分数看着挺高，一打听才知道，几乎全班都是这样的高分。对这种现象你怎么看？

即兴评述是一个快速地将内部语言转化为外部语言的过程，不仅要逻辑清晰、思维敏捷，还要表达顺畅。在评述材料的基础上，评述者需走三步：

第一步，先体会一下看到材料后呈现在自己脑子里的"点"都是什么。

第二步，再体会和这些"点"相关的"面"都是什么。

第三步，考虑如何用"线"，把脑子里那些与"点"相关的"面"表达出来。

展开的评述，都是在原材料叙述的基础上进行的拓展，如何做到呢？最简单的就是先找到每个"点"，即关键问题；然后梳理清楚每条跟"点"对应的路径，也就是"线"；再给每个问题加上合适的超链接，也就是"面"。

评述 1.

小学语文考 90 分竟是全班倒数，这一结果确实让家长感到很意外，如何理性看待孩子的成绩，考验的是家长对孩子进行家庭教育的智慧。（点）

家长要理性看待考试性质。俗话说"考考考，老师的法宝。分分分，学生的命根"，考试是检验学习效果的一种手段，是对学生书本知识掌握程度的一种检查。分数高低并不能充分反映孩子是否真正掌握了知识，不能证明一个孩子的品格与才能如何。考试分数也不是衡量孩子聪明与否的唯一标准。家长过于看重分数，会让孩子害怕考试，如果家长在考前给孩子定下过高的目标，会给孩子造成很大的心理压力，反而会影响孩子的正常发挥。（线 + 面）

评述 2.

家长要理性分析考试分数。保持淡定，不要把"倒数"当成如临大敌。（点）

一般而言，学生语文、数学等学科的班级平均分会随着年级的增长呈递减趋势。小学一二年级的考题比较简单，学生之间的差距拉得很小。孩子上了初中和高中以后，随着课程门类的增加和学习难度的加深，考试拿高分的学生就会大大减少，班级平均分也会有所下降。小学低年级语文考 90 分的学生，尽管在全班倒数，但他与考 100 分学生在知识积累方面的差距其实并不大。（线 + 面）

评述 3.

家长要理性剖析分数背后的问题。（点）

家长要有"不以成绩好而高兴,不以成绩差而生气"的心态,成绩考得好,说明孩子对这段时间学习的知识掌握得好;成绩差,说明这段时间学习的知识对孩子来说有一定的难度,所以考得不理想。语文90分在全班倒数不可怕,家长可以和孩子一起坐下来分析问题出在什么地方,及时查漏补缺,鼓励孩子重新出发。(线+面)

评述4.

家长要着眼长远,注重培养孩子全面的能力。(点)

孩子的成长是一场不必抢跑的马拉松,大可不必计较当下一城一地的得失。考试分数高的学生,并不意味着一定会成才,而考试成绩暂时不好的学生将来未必一事无成。正所谓"不畏浮云遮望眼""风物长宜放眼量",家长不能因为孩子一时的分数低就灰心丧气。别忘了,对孩子而言,除了分数,还有诗和远方。(线+面)

即兴口语的实质是运用线性的语言符号序列来表现立体化的思维内容。既然是线性符号序列,就有时间上的顺序性与持续性问题。思维逻辑混乱,就难以在瞬间理出线性的话语,不能顺利地完成从思维到口语的快速转换。按照"加上链接"的方式,有助于理出顺畅的语言线索,从一个目标或者思维的起点出发,推翻原有的知识圈和生活圈,重组记忆系统中的信息,从而使得口语组接更加快捷有序。

二、对视像进行口语转述

你肯定有这样的体会:表达出来的言语总是不如自己想要表达的含义丰富。这其实是有声语言的属性,也和表达者的语言能力有关。"从语言的观点来看,思维的定义可以是:言语的最高级的潜在的(或者可能的)内容,要达到这内容,串联的言语中的各个成分必须具有最完满的概念价值。由此可知语言和思维不是严格的同义的。语言最多也只有在符号表现得最高、最概括的水平上才能作为思维的外表。……语言并不像一般的但是肤浅的想法那样,是贴在完成了的思维上的标签。"[1]

即兴评述语言表达的直线性给思维带来的一个难题是,它似乎难以真实地反映动态的立体化的事件和视觉情景。只能按照不同词语符号出现的先后顺序,一步一步地进行。即使在一个最简单的直言判断(即陈述句)中,语言的这种影响也会清晰地显露出来。

---

[1] 萨丕尔.语言论[M].陆卓元,译.北京:商务印书馆,1985:13.

有些东西，要想用线性的语言表述清楚比较麻烦，逻辑思维对于空间视觉景象的顺畅反映，是通过使用准确的语言，把三维空间的坐标转换到一维时间轴上来实现的。[1]在即兴评述中，不仅有思维，而且还会有"视像"。

什么是视像？就是当你给别人讲述一段话时，是不是脑子里会浮现出相应的画面？这些画面尽管不是连续的，也不一定清晰，但是它的映像会出现。在即兴评述中要把它们清楚地转述出来。

试着先看明白下面的材料，然后再用自己的话复述出来：

在近期举办的广西壮族自治区第14届少数民族运动会中有个运动项目，引起了广大网友的热议，这个网红运动项目的名字叫"蚂拐（青蛙）抓害虫"。比赛中，参赛选手模仿蚂拐跳跃的动作，在赛道起点往前跳跃抓取"害虫"，然后再返回起点，率先抵达终点者获胜。据裁判介绍，这个比赛项目源自蚂拐节，体现了壮族的一种文化。比赛组织者经过挖掘整理，把这种民族文化因素融入体育赛事中，制定相关规则，形成了一个新的比赛项目，使民族文化在体育活动中得到传承发展。蚂拐是壮族人民心中的吉祥物，每年的蚂拐节就是延续壮族先民崇拜青蛙的遗俗。

你会发现，材料虽然能看得明白，但是当自己复述出来时还是有一定难度的。

口头语言是否能够较完美地表达主题，把自己所想的内容在听者头脑中建立一份附件？

很难。因为存在于成熟的语言符号系统之外的人们的精神世界非常广阔。听者所感知到的语言内容与评述者用来表达主题的语言并不对称。因此，评述者关注的重点应是语言表达之后在听者头脑中形成的印象是什么，对传播效果有什么影响，而这些效果又取决于评述者能够从"听"中得到多少暗示，评述者的"说"是提前意义上的"听"。即兴评述活动应当将评述者和听者共享的文化之道、语言审美、言语表达观念等有机地组合在一个"听说阈"中，在各种因素的影响下，形成口语传播中的一种特殊互动思维。

既然如此，我们就要在理解评述素材和提炼观点的基础上，先将思维以二维的方式呈现（如图4-1-2）：

---

[1] 姜燕.即兴口语[M].北京：中国传媒大学出版社，2018：123.

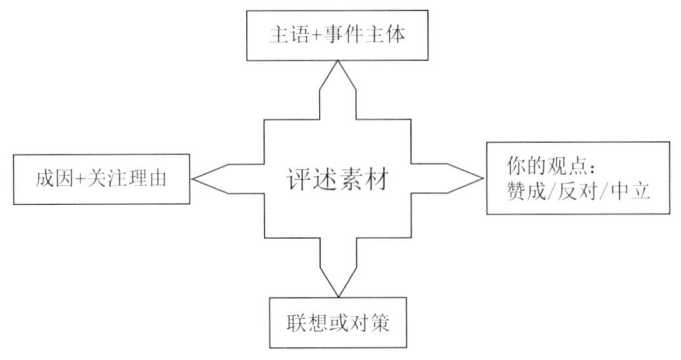

图 4-1-2　多维思维的二维呈现

这就是一个从多维思维到二维呈现的平面图，在这个图的基础上再按照顺序，用一维的语言逐个表达出来。

在瞬息万变的战场上，军事家排兵布阵凭的是什么？是从大处着眼，对战争进行全局把握。这必定就要运用到空间结构思维，这里的"全局在胸"就是把握战争全局的空间结构特性，只不过它的对外表达要靠线性的语言方式来实现而已。

按照这个流程来安排一下语言试试，把多维的思维先压扁成一个清晰的平面图，在这个基础上再捋成一条口语的线就容易多了。

三、语言与世界的矛盾

语言若未能准确地描述人的思想或者周围的现实，就是错误地使用了语言，这通常就叫作误用。为什么会出现语言的"误用"？主要是源自矛盾。人的语言使用的相对固定性和周围大千世界变化的不确定性，导致了语言在表达的时候常常出现指东打西的情况。

即兴语言的误用，主要源自三个矛盾：

（一）语言的静态和生活的动态

我们所处的世界是动态的，它无时无刻不在发生变化，我们周围的环境也是动态的，在进行即兴评述时，评述者所处的言语场景也是不断地在发生变化的，但是我们用来表述的语言却是相对静态的。静态难以准确地表达动态的变化，因此，需要在使用口语的时候做相应的标注，使得静态的语言具备线性的特征，从而能够跟上动态场景的变化。

（二）语言的有限和生活的无限

我们使用的口语词汇是有一定数量限制的，是有限的，而与此对应的是我们所面对的世界，我们所要表达的环境、事物、经验和思想都是无限的。因此，说话人常常遇到"难以用语言表达"这样的困境。

即兴评述这一任务类型，受的限制可能更多。它既要受世界的限制，又要受评述题目的限制，还会受语言一维性的限制，以及受即兴评述时长、语境等的限制。思维是无限的，生活是无限的，世界是无限的，而语言是有限的，这种局限是天然存在的，既然如此，即兴评述的语言是很难做到完美的。

（三）语言的抽象和生活的具体

语言具有抽象性，这使得人们能用简单的词语来描述事物。但是，假如语言的运用者只在语言"抽象层次"的某一级上使用语言，忽视各种事物的复杂性，将表达该事物的语言固定于某一不变的抽象层次上，那么语言越抽象，同实际事物之间的距离也就越远，表达的事物就越模糊，在传播中也就越容易造成偏差。丰富多彩的口语形式是即兴评述成功的外表，虽然有句话是"美丽的皮囊千篇一律，有趣的灵魂万里挑一"，但假如语言的外表过于平淡甚至丑陋，那就要费很大的力气才能让别人透过平凡的外表接触你"有趣的灵魂"。

有些即兴评述，乍听上去索然无味，但当仔细琢磨时却发现很有想法。几分钟的即兴评述很难表现出"大智慧"，偶尔有思维的火花闪现，也很容易被错过，这往往就是语言表现力不够造成的。在即兴评述中，能不能让听者充分感受到掩藏在语言表层之下的内容的精彩，语言的表现力功不可没。

★评述训练

1. 互联网普遍利用算法推荐技术预测用户感兴趣的信息和话题，再将其推送给用户，这种"投你所好式"算法推荐一方面方便了用户获取信息，另一方面也限制了用户拓展视野，使人原地踏步在自己的兴趣里不思提升。对此你有何看法？
2. 独生子女与自私有必然关系吗？
3. 鲁迅当年弃医从文，认为医人不如医心。换了你，你如何选择？
4. 如何看待网络新闻标题党？
5. 外卖小哥送单上泰山，是送到红门祈福的订单。客户是电商工作人员，因工作

即兴评述

忙就让小哥送到碧霞祠,点的是一个果篮,供奉泰山老奶奶,保佑自己天猫"双11"大卖。你怎么看?

6. 前几年流行的"租男友""租女友"回家过年,如今已经演变出了新花样。因为春节期间要参加很多聚会,刘女士需要一只包撑场面,于是她租了一只价值2万元的包。你怎么看?

7. 临近期末,某中学校长自掏腰包,分批请28名学生在食堂吃了一顿大餐,花了1 440元。这些学生来自4个班级的7个学习小组,因在一学期内表现优异,积分达到了300以上,赢得了与校长"共进午餐"的机会。你怎么看?

8. 当前,一些年轻人的消费观念已然发生变化,"超前消费"成为他们的日常行为。最近一项针对城市青年的调查显示,有近七成受访者接受贷款。他们购置的商品更是五花八门,从日用品到奢侈品,衣食住行无所不包,早已不再是原来传统意义上的贷款买房买车。你怎么看?

9. 2020年央视春晚播出的同时,"佟丽娅耳环""张小斐毛衣"等就成为网络热搜。有从事代购的卖家称,每年春晚结束,晚会上明星所穿、所戴的服饰都会成为"宠儿"。你怎么看?

10. 某地残联冬季给残疾人送温暖,不送棉衣、被褥,却给每人发了两套女士裙裤。领到裙裤的残疾人有不少是四五十岁的男士,感到心里特别不舒服。残联回应称,这些衣物是一家知名女装厂无偿捐赠的,而该厂家只生产女装。你怎么看?

11. 你如何看待短视频软件上男性主播化妆现象?

12. 每个人都是一本书:有些人是长篇小说,引人入胜,可是你需要一些勇气才能翻开;有些人是《新华字典》,里面有你需要的每一个字,可你绝不会有耐心一页一页地读;有些人是教科书,你曾经很需要,可是当新学年开始,只要没有留级,你就会将其扔掉。你怎么看这段话?

13. 不少留学生说"出国前我曾迷信西方,出国后我却敬佩中国"。你怎么看?

14. 近年来许多报纸纷纷宣布停办。请谈谈网络新媒体时代纸媒能否继续生存?

15. "人要是行,一行行行行行。"这句话你怎么理解?

16. 成功的秘诀在于永不改变既定目标。你怎么看?

17. 人的理想志向往往和他的能力成正比。你怎么看?

18. 社会上流传着"寒门再难出贵子"的说法,你认同吗?

19. 当前社会分工越来越细,在中国的一些大城市,甚至出了"叠衣师"这一工种,即帮助客户整理衣橱,你觉得这是社会的进步还是倒退?

20. 家住重庆的 9 岁男孩，已经捡了两个星期的废品了，每天多捡一点垃圾就能早点还清身上的债务，这"债务"是他偷拿奶奶 2 000 元玩手游而产生的。你对此怎么看？

第二节　即兴评述语言问题分析

即兴评述中的很多表达问题都是对语言的误用造成的。一不小心，语言同所表达的事物之间就会出现传播误差。即兴评述的言语生成过程中有三个不同层面的编码过程：准备阶段、生成阶段和表达阶段。在任何一个阶段编码有困难都会导致语言输出不流畅。

一、口语表达不畅的五种表现

要想纠正错误，提高语言表达水平，先得搞清楚即兴评述中容易出现哪些语言问题。

说话不流畅，说明语言产生的过程出现了困难。不知道要说什么或如何说可能导致词汇、句法层面的不流畅；某些词语发音上的羁绊可能导致声音层面的不流畅。

评述的表达不畅，在形式上主要有如下五种表现：

（一）改述

即兴评述中的改述，是在表达中能充分说出词组或句子，但是会有重复，重复时对句法、词性或顺序进行改动。

我在准备给她送文件的时候，来了电话，是她的同事，同事问她在哪儿，说在她，同事说在等她，在机场等她。

这里发生了两次改述现象，第一次将"说在她"改述为"同事说在等她"，第二次改述将"在等她"改述为"在机场等她"。

（二）无意义替代

"替代"是在即兴口语表达中用一个词取代另一个刚刚说出的词。大部分"替代"源于对表述错误的纠正性替换，但是"无意义替代"却是一种不必要的替代。原来的话没有什么大的问题，这个替代行为本来不应当出现，它的出现是多余的，只会提醒听的人"我说错了，我要重新说一遍"，这就影响了表达的流利度。例如：

今年暑假，我妈妈的单位组织一部分人去旅行，去旅游，我们就报名参加了。

一个词说错了，使用另一个词或者另一句话来替代是很正常的，但很多人在即兴评述中有一种下意识的行为，就是在原词语基本正确的情况下还要做出替代，这就是无意义替代。例如用"旅游"替代"旅行"，这两个词在口语中意义没有太大区别，不影响听者的理解，但评述者由于出现思维上的犹豫，需要更多的思考时间，又怕话语中出现停顿，于是下意识地使用了无意义替代，人为地创造了一个语流中的停滞，好获得一瞬间的思考时间。还有一种情况是，评述者出于追求完美的心理，试图做出更好的修正，这就造成了口语的不流畅。

（三）无意义重复

将词、词组或句子重说一遍，不改变句法、句型或词序，这就是"重复"。众所周知，由于汉语自身的特点，很多重复具有特定的意义和效果，而"无意义重复"，并非强调意义的重复和为修辞效果而做出的重复。无意义重复的出现，并不具有任何修辞效果，也没有强调作用，它只是评述者在语言表达上出现了停滞，又惧怕话语中的空白，于是便使用了无意义重复。这就导致了即兴口语表达的不流畅。

例题 44

某大学出台规定，学生到酒店请客吃饭需向学校领导递交申请，在领导批准后方可吃"大餐"。学校出台此项措施的初衷本是限制学生过度消费，帮助学生树立健康正确的消费观，但也有一些学生对此持不同看法，引发争议。你怎么看？

在针对这则材料做出的即兴评述实录中，就存在无意义替代，还有大量的无意义重复现象：

我认为这项规定是值得商榷的，嗯……学校出台这项规定的初衷是为了限制学生的过度消费，出发点是好的。学生的主要目的是学习，其经济来源来自家庭，所以对消费观没有一个正确的认识，加上好面子与攀比心理，会对家庭带来一定的负担。对于学校来说，嗯……这项目的主要是想帮助学生筛选……筛选掉那些不正当的请客吃饭的理由，如果正当的话他是一定会同意的，而且，思想……思想教育并不能感化学生，如果进行只……学生在成长的过程中一些三观已经树立起来，嗯……对消费观也有了自己的思维模式，所以……嗯……所以……只有教育是不够的，嗯……嗯……更严重者会引发校园贷现象，对学生的个人、家庭以及社会都会带来不好的影响，但是只是一味的硬性制度也是不能……也是不可以的，让学生成长也是<u>需要一定的自由才能</u>……需要一定的自由才能让他们的成长，如果只是一味地硬性制度会让他们产生<u>叛逆心</u>……叛逆心理，会引发……另一种严重的后果，对此呢，学生要理解学校，嗯……家长与学校要以身作则，引导学生量入为出、适度消费，避免盲从，要理性消费，勤俭节约、绿色消费。（下划线处为无意义重复，着重号处为无意义替代。）

无意义重复在即兴评述中很常见，下面这些用下划线标出的语言也是无意义重复：

·酒作为中国的传统文化，是<u>传统文化必不可少的一部分，传统文化必不可少的一部分</u>，但是，逗小孩喝酒就是非常不可取的。

·我相信这个消息，令<u>许多球迷表示十分扼腕</u>，这一消息不仅十分让<u>许多球迷扼腕</u>，也让很多国人表示十分遗憾。

·在未来呢，我希望<u>每一个人都可以拥有诚信，每个人都可以拥有诚信</u>这样的基因，这样这个社会才能更加稳定向前地发展，这个社会才会更加有爱。

无意义重复多源自说话时的思维停滞或话语延迟。无意义重复也是下意识的，它的出现多是为停滞的思维获取一些延续下去的时间。好像跳远比赛中的助跑行为，有人起跑时抬错了脚，于是又退回去重新开始助跑，这时的退回行为，就有些像即兴评述中的无意义重复。

（四）犹豫表达

这里的犹豫表达，并非是即兴口语表达中的言语缺失，它是有话的，但是这话说得不顺畅，通常是在一次性说出一个完整的词语之前，一次或者多次发出该词语的首个或几个音素、音节。

如果飞机票是网上订的票，到了机场就可以找自助机器，就可以确认……xian……订票信息，选座位和打印登机牌。

这里出现的表达中的犹豫，就是说话人自己在语料库中调取词语时的犹豫导致的不顺畅。说话人想说"先确认下"，但是"确认"已经先说出来了，"先"不能加上，于是想改变为"确认下"，但这时又有"先"在里面干扰，于是就出现了表达上的犹豫。

（五）未完转换

在说出来的话语中已经出现了预示未来内容的标记语，但是没有说完，未顺着已

经说出的内容继续,有的是说了半截意思,还有的说出了序数标记语"首先……""第一……",但并未完成相关的内容。这些话语在后面可能出现改述,也可能没有改述。

我对减肥抱支持态度的第一个理由是,减肥是预防多种疾病的好方法,还有,还有其他各种简单有效的办法,比如说多运动。

对减肥抱支持态度的第一个理由说了"预防多种疾病的好方法",但没有继续阐述,也没有接着前面的"第一个理由"说"第二个理由",而是说"还有其他各种简单有效的办法",这就是未完转换,从一个还没说完的话题转到另外一个话题上了。许多未完转换是造成"前言不搭后语"的重要原因。

说话是边想边说、边编码边传递的过程。当评述者大脑中储存的语言经验成分数量不足、可提取性和可使用性差时,编码的速度、组织语言的速度就会慢得多,这是说话流利程度差的根源。

二、常见语病的六种类型

即兴评述中经常出现的表述类语病,是从说话人的角度总结出来的语病现象。即兴评述中常见的有违反量准则的略语、赘语,违反关系准则的散语,违反方式准则的模糊语、急语和缓语六种语病。

(一)略语

在语言学中,略语通常指较复杂名称的简化形式,而在这里,表述类语病中的略语现象表现为:说话人的口头表述过于简略,本人自以为话已说完,而听者却还未理出头绪,不知所云。

新加坡环境卫生搞得好,就是因为一些规定深入人心,比如不许随地吐痰,<u>不许大小便</u>。(不许随地大小便)

二胎并不适合所有的人。比如,各位评委老师,你们如果要了二胎,<u>就是孙子了</u>。(你们的二胎就跟你们的孙子差不多大了)

略语的出现往往源于说话人说话时思维主控能力不强,当众表达时受到干扰,导致语言不能与思维同步,只能用断断续续的浓缩语言表达思维,说出来的总比自己内心构想的内容少了一些,听的人要靠"脑补"来填补被省略的字词,方能明白说话人的意思。

(二)赘语

赘语现象就是在口语表达过程中充斥着一些啰唆无用的话。这些赘语,有的是无意义的重复，有的是过多地加入了"这个""那个""嗯""啊"之类的与内容无关的指示词、语气词，也就是通常所说的口头禅，从而对表达造成干扰。

赘语与表述内容之间没有有机的内在联系，它是说话人在表述时强加进去的，有碍于信息的交流。它不仅出现在即兴评述中，也会出现在其他任务类型的即兴表达中，但由于即兴评述单位时间内承载的信息量更大，所以赘语出现的概率也更高。前面列举的改述、无意义替代、无意义重复等，很多都可归类于语病中的赘语。

赘语中包含的信息量如果超出需要的范围，就会加重听话人理解和把握话题主旨的负担。赘语多为无效信息，主要源于评述者语言发声的机械动作快于思维运动，因而不得不用赘语来填补因思维运动偏慢而导致的信息传递的暂时中断。这种问题可以通过循序渐进的思维表述训练加以解决。

口语传播具有转瞬即逝的特点，说话人有时需要采用对关键语句重复的方式予以强调，以加深听者的印象和理解，这种有意识、有目的的重复，与属于语病的赘语现象是不一样的。

（三）散语

散语现象是说话人在表述时把握不住话题中心，东拉西扯或答非所问，这种情况源于说话人思维机制的主控功能不强。在即兴评述中，往往表现为思维运动的主方向不能紧扣话题，很容易被非主题因素左右和干扰。

再以例题44的即兴评述为例，以下为另一评述者的评述实录：

我认为，我的<u>认同</u>……嗯……<u>我认同</u>这个观点，<u>因为</u>……<u>因为</u>随着时代的发展，<u>随着</u>……一代一代的兴起，现在的风气也是随之变化。<u>攀比心</u>……<u>攀比心</u>理、争强好胜心理……随之出……出现，嗯……嗯……"吃大餐"这种行为是……在我认为是……<u>可以有但也可以不有、也可以没的</u>！因为"吃大餐"可以……呃……因为学校出此规定是帮助学生树立起健康正确的消费观……嗯……在……一个地方有这么一位学生，他……他也是……盲从……同学们需要这个他们就……他就买这个，嗯……<u>因为最近流行 iPhone X</u>……<u>因为最近流行 iPhone X</u>，他没有能力去买，只能借校园贷，而他的……他……自从……贷……一贷……就借下一贷，然后……所以说以贷还贷，<u>他的父母知道了，他的母亲知道了</u>……很无奈，然后自杀身亡，学生也是非常懊悔还有懊悔。从此事件我们应该……反思一下，我们应该避免此类现象发生，……我们可以有<u>这种好胜的</u>……好胜心，但这种……<u>没有实际情</u>……没有按照实际情况来的这种……这种行为我们应该是避免的。我们应该学会理性消费，根据自身实际情况来……消费，……我认为学校出此规定不只是……帮助学生树立起健康正确的消费观，还有……养成勤俭节约的好习惯，……我们可以随着时代的潮流发展而发展，但我们不要……我们应该做到学生的……嗯……啊……我们应该……正确消费，避免盲从，反对攀比……理性消费，呃……

这一段评述的语言，像刮风一样，飘到哪里算哪里，缺乏一条清晰的主线，语言也缺乏起码的顺畅。下划线处就分别出现了改述、无意义替代、无意义重复以及未完转换等口语不畅现象，这道题评述的基本落点应该是"学生到酒店请客吃饭需向学校领导递交申请，在领导批准后方可吃'大餐'"。评述的主线应该是"学校出台此项措施的初衷本是限制学生过度消费，帮助学生树立健康正确的消费观"，但评述者在评述中语言散乱不堪，甚至还扯到了"校园贷"。造成此种情况的原因在于思维四处乱飘，评述者缺乏对即兴评述这一任务类型的练习，所以飘离了原素材的主题。

散语主要源于思维在紧张状态下的运动无序。它往往表现为话题表述层次之间不连贯，各个子话题不完整。有时表现为第一点还没说完就说到第二点，第二点没说完就到了第三点。未完转换也是散语的表现之一。

（四）模糊语

即兴评述中出现模糊语，看上去是语言表达能力欠缺所致，其实它主要是思维到语言的转换环节出现了问题。犹豫表达就是模糊语的表现之一。

模糊语是听觉上的，而不是意义理解方面的，也不包括发声功能有障碍者，以及由于某种原因有意识地支吾的情况。模糊语主要是指发声功能正常，且有明确表述的愿望，却因吐字不清等原因造成听者理解困难。由于即兴评述的无文本特点，进行即兴评述这一语言表达的人要把大部分精力放在组织语言表达观点上，因此没有精力关注语音表达上的模糊不清，还有的时候是思维上的犹豫和飘忽不定导致表达上的迟滞，从而出现语音表达的犹豫、重叠，以致模糊。

（五）急语

急语现象很常见，通常表现为在评述时语言节奏过快，导致听者跟不上，让人听着头疼，理解吃力。图4-2-1就是评述者急语时的音频波形图：

图 4-2-1　急语音频波形图

从图 4-2-1 中可以看出，评述者句子与句子之间几乎没有停顿，这就构成无停顿的急语。急语的出现往往源于三个原因：一是评述者本身就是语速较快的人，性格比较外向、急躁的人出现急语的概率要远远大于性格内向、平缓的人。二是评述者对即兴评述技巧掌握得不够好，刚冒出一点想法就急着说出来，潜意识中觉得有了想法不及时说出来就会转瞬即忘，导致语言和思维飙速度。三是有的评述者自恃即兴评述能力较好，对题目信息掌握得充分，有话说，希望在考场上有限的时间内说出更多的想法，生怕一有停顿就被考官叫停，因此滔滔不绝、连绵不断地说下去，导致越说越快。

（六）缓语

缓语和急语相反，是语言节奏过缓。缓语有两种表现，一种是每句话拉得较长，在其信息的中断处，不是靠赘语来填塞，而是借助单字发音时值的延长，也即通常所谓的拉长腔；另一种表现为评述时语句之间停顿时间过长，它和赘语一样对即兴评述有某种阻隔作用。图 4-2-2 是第二种缓语的音频波形图呈现：

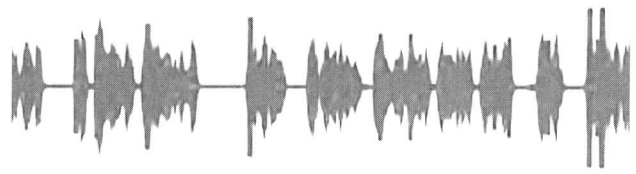

图 4-2-2　缓语音频波形图

从图 4-2-2 可以看出，这个评述者的话语不够流畅，由于缓语造成的中断较多。

三、评述语言问题的四个源头

即兴评述中的快速言语生成包括口语表达者表达动机出现、表述意图确定、内部语言编码、言语表述扩展几个环节，这几个环节是瞬间完成的。在进行即兴评述时，言语生成环节由调取、组接、转换、增补四部分组成。评述者的语言表达问题多源于以下四个方面：

（一）词语调取不畅

正常人说话的速度约每分钟 125—180 个音节，这意味着说话人在正常讲话时每秒钟需提取 2—3 个音节，并和上下文结合起来。

平时我们的语言都以块状方式储存在语料库里，一些相近的还会放在固定的语言格里（见图 4-2-3）。即兴表达中的"即兴调取"[1]，是指为表述一个现象或看法，从个人所收集储存的语料库中直接调取与话题相应的语词和语言结构，它们按照一定的排列方式组织起来就形成了话语。

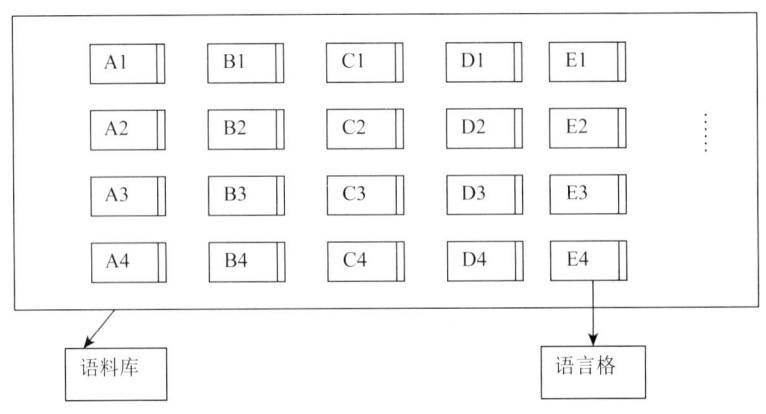

图 4-2-3　语料库和语言格

排在最前面、最好调取的词通常是说话人较常使用的最熟悉的词，也就是高频词。如一个学生，与学业相关的词是 A 系列，B 可能是他喜欢的各项文体活动用词，C 可能是美食系列等。在即兴评述的表达环节，未必所有的词都能顺利被调取出来。人们对高频词的识别快于对低频词的识别，实验表明，高频词的提取比低频词的提取平均要快 71 毫秒。口语表达者会在不同的词义之间进行选择，这就直接影响到心理词库的激活速度。口语表达的"调取"必须在瞬间完成，而且必须与言语组合同步进行。如果调取失败，或者中途发现调取有误，那么就可能出现即兴表达中的"言语休克"现象。[2] 以下面这段即兴评述为例，调取词语"受阻"之处用"∧"符号表示出来：

所以说在这件事情上呢，我的态度是赞同出租车司机的做法，并且对他进行由衷的敬佩，因为他并没有在高，∧巨额∧的，∧在巨额，∧在重金面前遗失，迷失自我，没有选择中饱私囊，而是选择交给民警，这就是一件十分诚信的事情。只有诚信

---

[1] 姜燕. 即兴口语[M]. 北京：中国传媒大学出版社，2018：28.
[2] 姜燕. 即兴口语[M]. 北京：中国传媒大学出版社，2018：29.

之后呢，每个人才会有更加向上的空间，才会有一种，才会有一种更加向前的一种动力。

这一段关于"拾金不昧"的评述，中间多次出现调取失误。这种失误表现为调取失败后改换路径，使用其他词。还有的调取失败会出现用词失误，将错就错，这就往往表现为某种形式的语误。看下面的例子：

- 他们很昏庸地过着生活。
- 来了个生命即将很严重的病人。
- 许多人面对困难会迎难而下。
- 唐代的时候，他们以肥为美。
- 课堂语言干燥乏味。
- 孩子之所以成为这样，是因为孩子溺爱母亲。
- 人在喝多了酒以后会眼花缭乱。
- 这种意识本来就是应该由我们每一个人类来遵守的……

这是即兴评述考场上出现的语误。可以体会有时说话人心里明白，但要把一个合适的词语顺利调取出来，真的不太容易。

词汇量不足或调取不畅是用词不当和句子不规范的原因之一。各种语言因素互相干扰，致使词语搭配不当，也是即兴评述中经常出现的问题。例如：

- 这个60旬的老人……（"60岁"和"六旬"互相干扰）
- 这种意识本来就是应该由我们每一个人类来遵守的。（"人类"和"我们每一个人"互相干扰）
- 我们应当鼓励这种大义勇为。（"见义勇为"和"大义凛然"互相干扰）
- 人在喝多了酒以后会眼花缭乱。（错误调取"头晕眼花"相近语言格词语）
- 最后这个老师被学院处理，并且做了公然的道歉。（"公开"调取错误）
- 对刚出生的孩子，拿什么去赡养他，才能让他健康地成长？（"培养"调取错误）
- 跟人相处时，能包庇他的错误。（"包容"调取错误）
- 大妈们应该找一个人迹罕至的地方去跳广场舞。（错误调取"人少"相近语言格词语）
- 共享单车也在生活中展头露角。（互换语误）
- 对于医生来说，救死伤人是他们的本职。（错误调取"救死扶伤"相近语言格词语）

近义词混用也是词语调取失误的典型表现。熟练调取词语有时就像弹琴一样，需要一个肌肉记忆，熟练了就不需要在拨动每根弦的时候还要想想手的按弦的位置。近义词之间细微的差异，特别是在词义范围、词义大小、语气轻重、感情色彩等方面细微的差异，都不应在取词时受到影响，否则就会因仓促而调取失误。

在即兴评述中，经常会听到"阻碍这种行为的发生""加强意识""提高观念"之类的表述，之所以听着别扭，主要是由于动词和名词搭配不当造成的，这也是一种词语调取失误。每个人脑子里都有一个储存词语的语料库，当我们从中调取与话题相应的词语时，不小心调取到了相邻的词语，就会出现这种别扭的表达，正确的搭配应该是"阻止这种行为的发生""提高意识""加强观念"等。

在英语的口语表达中，词与词之间有种约定俗成的搭配关系叫"词伙"（collocations），是表达某一特定意思的习惯搭配。"词伙"可以避免口语表达中自己临时创造一些言不及义的词组搭配。在即兴评述训练过程中可以多多积累汉语口语表达的"词伙"，这有助于让自己在评述时脱口而出，迅速且准确。

（二）词汇量不足

词汇量不足，也就是语言格不丰富，或者有很多没有被"激活"的词语，需要使用的时候无法顺利完成调取，此时会导致评述中出现重复用词、生造词语或用词不当等情况。

词语贫乏是即兴评述时普遍存在的问题，尤其是在初级学习阶段，由于不适应即兴表达的现场，抽到题目后准备时间短，语料库中储存的词语数量有限，不得已就会采用一些临时性的办法来弥补。它会导致语言使用时出现以下两种情况：

第一，生造词语。

即兴评述中的生造词语是评述者在即兴表达时，对某个词语按照汉语词语的格式，根据自己脑子里的想法，创造新的词语。这种生造词语大多不影响听者对意思的理解，但会影响表达的准确度。以下就是即兴评述中出现的生造词语：

・做一个合格的<u>播音主持员</u>。（"播音员""主持人"混杂使用）

・你在家是用一次性餐具还是<u>多次性餐具</u>呢？（"多次性餐具"为伴随"一次性餐具"的生造词语）

・捡到钱后原地<u>等待丢主</u>（"失主"这个词未能成功激活，于是就近生造了一个词）

・老年人都是<u>空穴老人</u>（"空巢老人"这个词未能成功激活，于是就近生造了一个词）

・他见到了某些骑<u>非机动车</u>的朋友。（"非机动车"错误使用）

听者能明白是什么意思，但是评述者在评述现场瞬间想不起准确的词语，只能用

"绕道"的方式来讲。生造词语多是由于语料库中的词语使用不够熟练，需要用的词语没有被及时"激活"，所以只能临时拼凑新词来应急。

第二，重复用语。

词汇量不够还会出现重复用词或者重复用语的现象。例如：

这个就是悬铃木的叶子，<u>十分的好看</u>，黄黄的，<u>十分的好看</u>。

这句话里的词语倒没有用错，但是短时间内的重复使用，显然表现出的是评述者词汇量的贫乏。重复用语用多了就成了赘语。

（三）思维和言语输出脱节

思维和言语输出脱节，其实就是缺乏语言运用的整体意识。如果评述者主要靠短暂的课堂时间来学习即兴评述，对周围语言环境利用率低，就容易造成评述环境下语言应用和日常语言表达习惯的脱节。再加上缺乏丰富的语言知识储备，就更难形成流利的口语表达。体会一下下面这些表达：

- 可以看到我身后的红磡隧道其破坏程度要比预期严重得多。
- 根据香港相关政府部门的维修人员正在夜以继日地维修。
- 大家难以想象它刚才的原始的形状样貌。

以上三个句子都不影响听者的总体理解，但是表述者的语言表达明显存在问题。比如，第一句"预期"使用错误；第二句"维修"重复、冗余；第三句"刚才的""原始的"语义重复、冗余。人在三心二意的时候，最容易嘴和脑子不在一条线上。这就是为什么在即兴评述环节最容易出现语误，并且出现语误时，往往是所有人都能听出来唯独说话人自己意识不到。以下是考场上即兴评述环节出现的语误：

- 老人们说，我们走过的路比你吃过的盐还多。
- 在考试中，诚信比作弊更重要。
- 结婚放完鞭炮之后到处都是废墟。
- 用高学历谋求高职业。
- 上帝生来平等。
- 左手是一个医疗站。

这些即兴评述中出现的表达问题，显然是评述者脑子中所想的意思和表达出来的话语脱节了，将几条表达的线混在了一起。有意思的是，这些语误并不一定影响听者对评述者整体意思的理解，而且这些句子，听者反而会感到它只是走了一个捷径。如果是准确而又完整的表达，似乎还不如有语误的时候更简洁：

- 老人们说，我们走过的桥比你走过的路还多，我们吃过的盐比你吃过的饭还多。
- 在考试中，诚信虽然可能得一个较低的分数，但是比作弊得个高分更重要。
- 结婚放完鞭炮之后到处都是鞭炮炸出的炮灰、纸屑。
- 用高学历谋求一些比较好的、社会地位比较高的职业。
- 上帝说：人是生来平等的。
- 位于我的左手边的是一个医疗站。

这样一比较，似乎便容易理解即兴评述中口误现象的"屡禁不止"了。准确而又完整的表达，反倒有些别扭，好像是绕了一大圈。口头语言的使用存在一个"经济原则"，就是能用少的语言就尽量用少的，说话人在顺着自己那条思维的线索说话时，会"脑补"出那些并没有说出来的词语，因此语言跟不上思维时，说话人会以为自己已经说过了。

句子结构方面，有时会遗漏某个句子成分，有时又会因句法成分重叠造成语义叠加的"杂糅"。如：

- 我建议穿西服比较好。
- 什么时候有时间吗？
- 我起床得很早。

再就是语序问题。汉语属于 SVO 型语言，常见的语序是"主语 S+ 动词 V+ 宾语 O"，除了修辞等特殊表达以外，句子成分（包括修饰性成分、补语等）都有相对固定的位置，如果违背了语序原则，就会造成语序的混乱。但这些年来，随着自媒体的发展，网络语言的盛行，语言表达的自由度越来越大，倒装句一度流行，导致句子语序问题频出。

语意上的连贯与逻辑思维能力有关。句子或段落的排列显得逻辑混乱、杂乱无章，有的语意跨度大、语意松散，甚至没有联系。这是即兴评述中散语现象产生的主要原因。

我们在描述事物的时候通常习惯从大到小、由远及近、从左到右、由上及下地进行，反映在篇章上，很多语句都是按照这样的时空顺序来组织的。如果思维跳跃，语言组织能力跟不上，就容易出现句子混乱、成分不清、语序不明。听者只有借助上下文语境，才可捋出大概的意思。

针对思维和言语输出脱节这个问题，用图 4-2-4 来演示一下解决的方法：

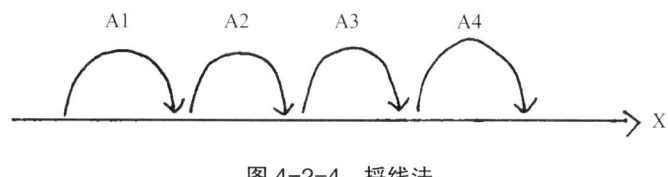

图 4-2-4　捋线法

将主要话题 X 设定为一条主线,这个主线贯穿评述者整个即兴评述的始终。顺着主线,评述者的每一句话都是一个弧线,评述者在说第一句话 A1 的时候,将注意力集中在 A1 上,直到它完全说完为止,说完 A1 再开始新的一句 A2。这个图看上去挺简单,重要的是评述者需在评述的过程中保持注意力,沿着一条主线来抛出一个个完美的弧线(每一句话,A1—A4),直到这段主线 X 评述结束。按照这种"捋线"的方式来进行即兴评述,有助于避开思维和言语输出脱节的现象发生。

日常生活中的话语是掺杂了各种省略形式的,虽然从表达的"经济原则"来看,这是有必要的,但若从表达的"精确性"来看,则充满了逻辑的漏洞。即兴评述多出现在考查性活动中,考试现场没有时间让评述者对自己的评述语言仔细打磨,因此需要培养准确的口语表达习惯。

(四)缺少口语语体意识

某些词语和句式多用于口语语体,有些则多用于书面语体。

鲜活、生动的口语语料可以帮助评述者提高感受语体差异的能力。越是对口语表达不熟练的人,越是容易在评述中使用完整句、正式句,较少使用简约的口语句式。

例如:

明天晚上的报告你去吗?

对这个问题有两种形式的回答,体会一下区别:

非口语:如果明天晚上有时间的话我就去。

口语:有时间就去。

口语有粗略性,一部分在书面语中是"语病"的,在口语中就可以正常接受。相反,一部分在口语中过于规整和规范的语言反倒听着别扭。比较一下口语表达样态和书面语表达样态的不同:

{ 我们今天玩得多么快乐啊!(书面语)
{ 好开心啊!(口语)

> 他从事过十多年的数学教学工作，每当有学生成绩不好的时候，他都会发自内心地自责，他把全部精力投入到了教育事业之中。（书面语）
>
> 他教了十多年数学，学生成绩一下降他就着急，真是把全部精力都用在教学上了。（口语）

这两组语言中，第一组说话时夹杂书面词汇，是文绉绉的书面语，这就是缺少口语语体意识的体现。在用语速、停顿、语流长度来对口语表达进行测评时，发现流利性差的评述者在用词、用句和语篇构造上都有问题。我们经常说"自然流畅"，其实，说话越自然，就越可能流畅。在自然的口语化的表达状态下，说话者更容易优化内部言语的组织，提高语言编码的速度。

★评述训练

1. 细菌学家欧立希为了医治当时流行的"昏睡病"，发现一种叫"阿托什尔"的化学药品可杀死引起昏睡病的稚虫，但美中不足的是，这种药物会让人双目失明。欧立希和他的助手经过606次的实验，失败605次，终于成功研制出一种既能挽救昏睡病人又不伤害病人视力的药品，取名"606"。请对此做评述。

2. 小卖部向附近学生兜售奖状，2元一张，并提供代写服务，引得学生争相购买。你怎么看？

3. VR正在成为传统新闻业报道的新战场，沉浸式新闻用360度全景摄像机与其他实体设备记录新闻现场，经过处理后呈现在虚拟现实的头戴式设备上，使观众能获得"身临其境"的体验。对此你有何看法？

4. 自幼生活困难的徐某与奶奶相依为命。当他大学毕业，得知奶奶先后右眼失明、偏瘫的消息后，毅然放弃工作，守在床前做孝子，用心陪奶奶度过生命的最后时光。结合这则材料谈谈对"百善孝为先"的理解。

5. 在钱学森的履历介绍上，常有任国防部五任副院长、院长的字样，可实际上钱学森是先当院长后当副院长的。当年45岁的钱院长虽精力充沛，但他既要为中国的导弹事业举办"扫盲班"，又要带大家进行技术革新，还要为研究院一大家人的柴米油盐操心，有时研究院的报告和幼儿园的报告会一同交给他批示。这些行政事务占用了他的很多时间，为此他给上级写信要求退下来改正为副，专心致力于科学研究和技术攻关。上级同意了他的要求。请对此做评述。

6. 医生张红在飞机上用嘴吸尿37分钟救治尿潴留的病人，引发网友刷屏致敬。张红讲述事发经过时，说事发突然来不及犹豫，是天职所在，"只是在特定环境下做了一件普通的事，千万不要以我为标准"。你对此怎么看？

7. 闻名世界的美国石油巨头洛克菲勒，原来只是一家石油公司的小职员，工作是"视察并确认储油罐盖有没有自动焊接好"。有一次，他突然发现石油盖子每旋转一次，焊接剂滴落39滴，焊接工作便结束了。之后他一直想焊接剂能否少一些呢？如果能将焊接剂减少一两滴，是不是能节省点成本？最后他终于研制出38滴型焊接剂，并申请了专利，还找人投资生产出这种新型的节约能源的机器。洛克菲勒节省的只是一滴焊接剂，但却给公司带来每年上亿美元的利润，这种节俭与钻研的精神使他后来终于成了美国的石油巨头。以此材料来做即兴评述。

8. 陈女士和孩子到上海迪士尼玩，在"小矮人矿山车"门口排了两个小时的队，眼看就要轮到了，一群人从出口处进来直接插在了她的前面。事后，陈女士了解到，插队的是VIP团，上海迪士尼为此收取了天价"插队费"，花3000元可任性插队。你怎么看？

9. 儿童玩具沦为儿童杀手，这个新趋势令人担忧。儿童天性好动，但出现了玩具致伤问题责任能在孩子身上吗？令人遗憾的是，现实中儿童因为玩具受到伤害的事件仍时有发生。你对此怎么看？

10. 2020年2月18日，湖北发布《关于进一步关爱和激励新冠肺炎疫情防控一线医务人员的若干措施》，明确要求方舱医院或定点医院一线医务人员连续工作不得长于一个月。针对战疫一线人员连续工作的情况，多地官方发出的强制休息令在网上刷屏："要求你立即停止工作，强制休息，特此通知，请遵照执行。"请对此做评述。

11. 2019年10月1日，黑龙江甘南一对新婚夫妻举办答谢宴，宴会的时间正好与国庆阅兵重叠。新娘的父亲当即决定，不让孩子们登台，把酒店大屏让给来宾们观看阅兵式直播。你对此怎么看？

12. "新闻的生产方式、传输方式会随着时代的演变而不断变化，人们对新闻的需要却是永恒的。"谈谈你对这句话的理解。

13. 一张家长与老师的聊天截图在网络上热传。截图中家长向老师介绍自己和多位家属的官职，并提出让老师多关照自己的孩子。你对此怎么看？

14. 2019年9月22日，北京公交集团在北京南站率先试点运营以"线上预约、合乘出行"为特色的网上定制公交新模式。乘客通过"定制公交"App或"北京定制公交"微信小程序可在线预约一辆公交车。据公交集团副总经理介绍，"合乘"公交定价为5公里内10元，每增加1公里1.5元，这个价格低于普通网约车。乘客线上预约、撮合成功后，最晚在订单时间前40分钟，会收到系统发送的站台及车辆信息，迅速找

即兴评述

到所乘坐的车辆。你对此怎么看？

15. 墓地太贵，有人居然买房子来存放骨灰。你对此怎么看？

16. 苹果体验店渐成学生"免费游戏厅"，引发家长不满。经常有背着书包的学生在苹果店玩平板电脑，有的"蹭游戏"两个多小时还不想走。记者走访多家苹果数码体验店，发现均有未成年人长时间逗留玩游戏的现象，而店家对此也没有制止。你对此怎么看？

17. 2019年8月27日晚，杭州市民的朋友圈被一条名为"一起灌溉平安树，赢万元话费"的链接刷爆了，转发的网友附言"孩子的作业，求帮忙浇水"，都在拜托朋友帮忙"浇水"。原来，这是父母在帮孩子完成一项名为"浇灌平安树"的秋假作业，收到这项作业的是西湖区的小学生。在"活动单"上就标明：家长完成"浇灌"任务后，还得把结果页面截屏提交给班主任。你对此怎么看？

18. 因为厌倦了单调的打工生活，30岁的焊工耿帅返乡做起了直播，并靠着制造"废品"走红网络。他将痰盂做成了兵器谱排名第一的血滴子；把菜刀打磨成了梳子，甚至做成手机壳；还有让人摸不着头脑的"声东击西锁"和充满贵族气息的"声控倒酒神器"……最新的自制发明还有抗震泡面神器、脑瓜崩辅助器等。总结起来就一句话：他潜心创作的东西，没有一个是"有用"的。或许网友们深爱的正是耿帅那份不同寻常的"无用"创意，一年后，他在快手拥有了120多万粉丝，成了小有名气的手工达人。你怎么看这种"无用"？

19. 山西太原一中学校长为研究试题多次参加高考，2020年是他参加高考的第10年。他奇数年参加文科高考，偶数年参加理科高考，去年考了370多分，10年来考试分数差距不大。他表示，参加高考是通过现场感受，指导教学改革。网友对此争议很大。有人认为这是浪费国家资源，也有人觉得这是以身作则，让学生受到鼓舞。你怎么看？

20. 上海宝山某中学的音乐老师，因为自己平时停车的车位被占，于是一把火将占自己车位的上百万的路虎车烧毁。你对此怎么看？

第三节　即兴评述语言提升五法

"形而上者谓之道，形而下者谓之器。"器者，形也。有形即有度，有度必满盈。道，是所有器物存在、运动、发展的总规律，是无形的。但是，道器不离，无形的规律的道，恰好就存在于有形的器物之中。

语言表达能力，对于即兴评述的重要性来说不言而喻，但语言功力的提升非一朝一夕之事，不是靠某个套路或者公式就能从根本上提高的。那么，到底有没有简便快捷的提升方法呢？

本节提供五个"器"——提升即兴评述语言的五个实用方法，分别是给话语照镜子、给话语拆支架、给话语一个核心、给话语一个任务和给话语一个场景。找到顺应语言规律的合适的方法，通过训练，从根本上提升语言表达能力，这是即兴评述最有效也是最关键的提升路径。

一、给话语照镜子

"照镜子"的方法主要用于即兴评述中的自我提醒。

许多评述者反映：自己知道在评述时语速快，但说起来就顾不上了。的确，自己在说话的时候很难察觉自己的问题。复盘时，一听录音就知道毛病了，但一说起来就又顾不上了。这种情况在语言学习中非常普遍，要是在即兴评述的同时，能给声音照一下镜子，能"看"到自己的话就好了。

在练习中，"看到自己说的话"的简单方法，就是借助录音软件，给自己的语言"照镜子"。

以"急语"的纠正为例。在诸多的语言问题中，"急语"的一个重要表现就是语句与语句之间缺乏必要的停顿，每句话之间没有间断。这种"急语"可以借助手机软件来纠正，这个软件就可以作为你表达的"镜子"。

打开手机上的录音软件，录下自己的即兴评述。注意在录的时候，手机要放在自己面前，评述者要能看到屏幕上的音频波形图。当你的声音全是波峰（如图4-3-1）时，就说明表达太急太密，这时候就要进行语速调整，并在句子和句子之间留出停顿的空隙。

当录音时，随着表达的推进，屏幕上显示图4-3-2这样的波形时（即中间有空隙），说明表达张弛有致，有适当的停顿。通过这样给表达"照镜子"的方式可以完成对自我的提醒，也就是借助"二维"的形式，来提高"一维"的表达。

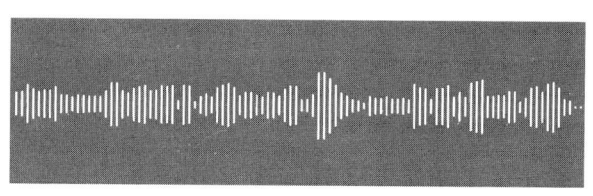

图4-3-1 缺少停顿的音频波形图

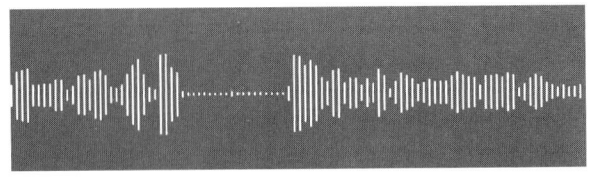

图 4-3-2　有停顿的音频波形图

在"照镜子"的过程中，即兴评述传统的以"教"为中心的语言教学，应转向关注评述对象、接受过程、学习策略等以"学"为中心的语言教学，鼓励评述者在学习过程中重新发现和理解语言。鼓励评述者积极思考，不光用嘴，还要用脑子来进行评述，把注意力合理地分配到语言理解和语言表达的各个方面，如准确性、流利性、丰富性以及话语结构的选择和使用上。即兴评述者的语言应用体系并不是从外界照搬来的，而是建立在自身经验的基础上，通过与外界的相互作用来自我建构的。

二、给话语拆支架

对任何事物的学习和掌握都有一个过程。大多数即兴评述学习者是通过在社会环境中和他人交流来学习语言使用、获得评述技能的，但在即兴评述的初级阶段，许多教学是从教给学习者一个支架开始的。带着任务的语言学习，往往要先经历"他人调控"的阶段，也就是"更好的他人"的帮助。比如，学生在艺考前大多要上辅导班，在考前的即兴评述冲刺环节，很多老师会提供"当年的热点"，还要"押题"，甚至有老师还会提供现成的"模板""套路"让学生背诵。这些东西，看上去是"偷懒"用的，其实它们是语言学习初始阶段的一种"支架"。

在艺考即兴评述环节被滥用的"国家、社会、个人"套路就是一个常见的"支架"，不少学生把这个支架背熟且会运用之后，就以为自己掌握了即兴评述的全部技能，殊不知支架仅仅是即兴评述学习的初级阶段，也就是一个"蹒跚学步"阶段所借助的工具，确切地说只是一个"拐杖"。

常见即兴评述中的支架大致有三种形式：

支架之一：背诵现成语句。

支架之二：使用常用熟语。

支架之三：使用套路。

支架在语言学习的初级阶段肯定是有用的。一些语言学习中的结构性活动主要指聚焦语言形式的操练活动，听说法教学最主要的课堂教学方式就是通过大量跟读、模仿、替换等句型操练，强化学生对语言规则的记忆和使用。在任务型教学中它被称作

"意识觉醒活动",但练习的方式不是机械地记忆、重复,而是引导学习者单独集中注意某一个特定的语言现象,通过教师对规则的明确描述或学习者的发现分析,来唤醒学习者对语言形式的注意。这往往是通过讲练结合或者小组讨论的形式来完成的。

支架教学的好处是学生能较快地把握这种即兴评述任务的形式,尽快地进入独立表达阶段。有了支架有利于类推,方便初学者以有限的句型去拓展无限的话语,在短时间内提高表达的有效性;有助于评述者关注语言形式在表达意义时的形式特征,并提高语言表达的流利性。

日常生活中的语句千千万万,但很多能在形式上归入一定的套语类别,比如归纳性套语、概括性套语等。

通过……可以看出……

通过这些,可以得出两个结论……可以有如下解决措施……

这些都是即兴评述中常用的基本句型,它们概括性强、扩展性强。在这些套语系统中,不同形式在使用时频率也不同。不过,语言表达中的支架仅仅是个工具,最终目的是甩掉拐杖,实现自由行走,因此即兴评述中话语的支架,实际也就包含了搭建支架、拆除支架两个环节,最终达到自主应用的目的。这两个环节中又以拆除支架环节最为关键。

(一)搭建支架

"支架"一说,来自心脏外科手术。正常人不需要搭支架,只有心脏出毛病,自体不能克服时才会搭支架。这就是为什么即兴评述中的"支架"只是一个辅助手段、一个"拐杖"或"轮椅",绝不能成为即兴评述者努力的最终目标原因所在。

即兴评述中的"支架"也像建筑工地上的脚手架(如图 4-3-3)。

图 4-3-3 工地上的脚手架

即兴评述

搭脚手架，即支架学习法，来自维果茨基的"最近发展区"理论。通过有时间安排、有程序操作的话语逐渐消失的方式，扶持学生将理解记忆的内容再造性地呈现出来，就是一种有效的支架式教学方式。

有支架的口语活动指借助语言自动化产出的中间过程，使陈述性的知识转换为程序性的知识的加工阶段，此时的输出是有一定提示、一定帮助和一定限制的有限输出，评述者靠着给出的情景、语言框架的帮助、上下文的限制，来传递一定的信息，表达一定的思想，而不是完全被动、机械地模仿与照搬。在保证输出的正确性基础上，同时进行一些主动的表达。

在即兴评述的初级阶段，搭个支架是可以的，它可以很快地让评述者从"不能说"到"能说"，起到"速成"的作用；有助于迅速建立起评述者的信心，降低学习初期的难度。但是，支架式学习法仅适用于初级阶段，在应试语境中，它几乎也是初级评述者的"标签"，有经验的评委通常会在听到这些"支架"之后马上将评述者划归为初级水平之列。假如评述者本身即兴表达能力并不差，但由于使用"支架"而导致评委将其归为"初级"，岂不是得不偿失？

因此可以这样理解：支架是迫不得已而为的带有"初学者"和"需借助工具的残障人士"标签的辅助性工具，是只用在刚接触即兴评述的初学者以及完全做不出即兴评述的"弱者"身上的拐杖和轮椅性的工具，具有应急和过渡的作用，但不可以当作自己即兴口语的本领和既成能力，一旦有了实际提高，就要随时抛掉支架，抛掉"弱者"标签，以获得实际的进步，向更高的评述能力和语言水平迈进。

（二）拆除支架

一个有效的支架应该是一个互动的支架，在使用过程中通过教师的指导或同伴的提醒来发现语言的特征，并在交流中逐步内化语言特征，逐步拆除支架，从而实现从他人调控到自我调控的自主学习。

所以，"搭支架"最终还是为了"拆支架"，要在后面的学习中逐渐拆除支架，获得完善的自主的口语表达使用体系。拆除支架这个过程颇为关键，可以细分为三步：

第一，获得对语言的全面感知能力。

这一步，关键是"意识"，即意识到支架的特点，通过对语言的层层认识和感悟，找到使用语言的感觉，这是抛掉支架，找到自我的基本步骤，也是初学者必经的过程。学习者可以通过多听多说多想来加强对语言的感知。

以唱歌和弹吉他为例，一个娴熟的歌者和弹奏者并不需要每次开口唱歌或者弹奏之前都找一下发音的位置和手位,而是可以自如地找到艺术表现的感觉。初学者则需要经过一个寻找"位置"的过程,有的还需要多次寻找、多次纠错或"重启"才能大概找准位置。这跟寻找即兴评述的支架有相似之处。只有将演唱和演奏的感觉"融入"自身,才会获得自如使用的天地。

第二,以自体感受取代支架。

这一步,关键是"吸收"。把这些支架的特点融入对即兴评述的任务把握和基本运用步骤中去,就是吸收的过程。

每种支架都有各自的特性。在医疗领域,熟悉各种支架的特性是介入治疗得以成功的保证,支架只是帮助患者度过急性期。即兴评述中的支架也是为了帮助即兴评述者度过"起步"这个艰难的阶段,找到开口评述的感觉。一旦可以下意识地"说"了,就可以把支架忘掉,从必然王国走入自由王国。

第三,将支架"内化"为自己的一部分。

20世纪80年代初,一位阿根廷医生设想用支架撑开硬化、狭窄的心脏冠状动脉。1984年,中国进行了第一例心脏支架介入手术。外科手术通过放"支架",弥补肢体功能的不足,支架放好了也就成为自体的一部分了,并非像"拐杖"或"轮椅"一样(图4-3-4)。因此,拆除支架的第三步,是将它内化为自体的一部分,而非一直是外在的支架。

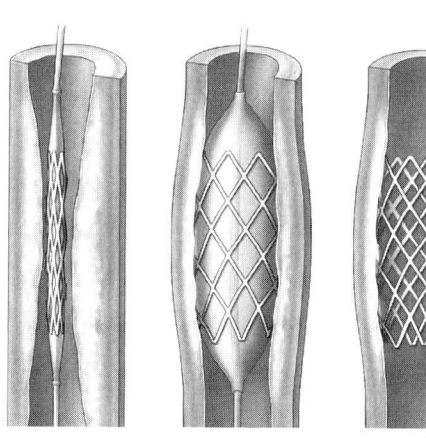

图 4-3-4 心脏支架

有趣的是,这种支架和即兴评述中使用的支架多有契合之处。人体中使用支架就是走过了三个阶段:

最早的是第一代金属支架,做得既韧又硬。韧,才可以通过方向不定、分支角度较大的冠状动脉;硬,则可以撑住已被扩开的狭窄动脉内腔,使其不会回缩。

第二代是药物涂层支架。支架并非接上就能自如运用，它跟即兴评述中的套路一样，都是主体之外的"异物"。机体会把支架当成异物，把支架和动脉膜接触的部位当成创伤区，人体就要对其进行修复，支架处就会出现炎症反应。科研工作者为将药物和支架结合在一起，在金属支架表面"镀上"一层药膜。这种支架植入人体后，药物便会缓慢释放出来，抑制疤痕组织在支架周围生长，保持冠状动脉通畅。这种经药物处理过的支架便是第二代动脉支架。

在这个基础上研发的是第三代生物可吸收支架。这种新型支架可以在体内自行溶解，并被机体吸收。支架在动脉狭窄时可以起到扩张血管的作用。当急性期过去、支架作用完成、血管重新塑形后，它则溶解、消失，从而避免了局部炎症反应的不良后果。

第三代的最大特征和优势就是它可以"融入"自身，成为自体的一部分。语言也一样。

不少教即兴口语的老师，把支架当成了即兴口语的终极目标，他们给学生设置了支架，但是后期却并未教学生如何拆除支架，这就使得学生一直处于一个"半支架"的状态。

语言体系并不是从外界照搬来的，而是建立在自身经验的基础上，通过与外界的相互作用来自我建构，是学习者主动建构内在的心理表征的过程。培养在实时和没有帮助的条件下运用这些特点的能力，即自主性应用，到这一步，就意味着对即兴评述支架的拆除。

三、给话语一个核心

给话语一个核心，就是在评述前先确定核心概念。

在准备即兴评述的过程中，不是全部想好要说的每一句话，而是先有一个核心的想法，用简单的字、词、句来表示。在随时出现新的想法时，又会有其他的简单的字、词、句加入进来。由此生发开来，直至形成整个语篇。这些作为核心意义出现在说话人脑海中的字、词、句就是"核心概念"或"关键词"。

这些话语核心或核心概念在形态上表现为简洁凝练，连贯性不强。由于思维的多维性特征，在人的大脑展开思考的过程中，各种想法纷繁冒涌，这时，捕捉几个凝练的核心概念，有助于整理、归拢思路。有价值的想法可能稍纵即逝，难以逐字逐句记录，核心概念因其简洁，便于评述者迅速捕捉有价值的想法。由于形态上的凝缩和简约，它们看上去似乎相互之间关系不明显，具有跳跃性，不那么连贯，同时还具有模糊性和隐秘性。但正是形态上的不连贯使得表达具有很高的灵活性，可以增删，可以调整顺序，可以根据实际需要和语境在核心概念间建立各种可能的连贯关系，从而生发出不同的大段话语。

⊃ 例题 45

山东枣庄一位 67 岁老人，自然怀孕后产下一个健康宝宝。这是她的第三个孩子，而她的外孙女已经 18 岁。为此，自己的儿子和女儿要跟老两口断绝关系。对此，两位老人回复是自己可以带孩子，不麻烦儿女。你怎么看？

对这一则评述素材，通常在准备评述时，可以从中先概括出材料中的核心概念：

67 岁、自然怀孕、外孙女、断绝关系、不麻烦儿女

顺着这几个核心概念，再延伸出准备评述的核心概念：

高龄产子、高龄父母育儿问题、二胎引发的新的家庭矛盾

这些核心概念，尽管形式上连贯性不强，但在意义、功能上却存在有机联系。在这些概念的基础上就可以延伸出顺畅的、连贯的口语。

思维——核心概念——口语形态——书面语形态

多维——　0 维　——　一维　——二维

图 4-3-5　核心概念的概括与延展

核心概念具有"0 维"特征，简单明了。看上去只是一个"点"，但这个点却像是学科构建中的"范畴"一样，具有网状结构中的网结的特点，能够有效提取并引发其他链接。口语具有一维性特征，书面语则属二维性的，随着维度的升高，语言越拓展越多，组织速度也逐层逐渐减慢。

从多维到 0 维，培养用准确、概括、提示性强的字、词、句来记录核心概念。这些核心概念具有隐蔽性，要能简略概括基本内容及其相互关系。通常是说话者自己使用，只在本人脑子里储存着，据此说出相对完整的话语，一般情况下并不外化。从核心概念到一个相对完整的语篇，包含着发展的趋向。语言拓展的过程以核心概念为基础向四周扩展。

举个古典文学作品中的例子。以《红楼梦》第十三回为例，秦可卿死后，王熙凤协理宁国府，主办丧礼事务。上任之前，王熙凤对自己要做的事理出个头绪：

这里凤姐儿来至三间一所抱厦内坐了，因想：头一件是人口混杂，遗失东西；第二件，事无专执，临期推委；第三件，需用过费，滥支冒领；第四件，任无大小，苦

即兴评述

乐不均;第五件,家人豪纵,有脸者不服钤束,无脸者不能上进。此五件实是宁国府中风俗。[①]

王熙凤要做的五件事,用了五个核心概念。表4-3-1将这五个核心概念以及延展成语的过程呈现出来:

表4-3-1

讲话前思量的五件事	当时存在和急需解决的五个问题	在这五个核心概念基础上展开讲话,提出解决方案
头一件(核心概念1)	人口混杂,遗失东西	这二十个分作两班,一班十个,每日在里头单管人客来往倒茶,别的事不用他们管。这二十个也分作两班,每日单管本家亲戚茶饭,别的事也不用他们管。这四十个人也分作两班,单在灵前上香、添油、挂幔、守灵、供饭、供茶、随起举哀,别的事也不与他们相干。这四个人单在内茶房收管杯碟茶器,若少一件,便叫他四个描赔⋯⋯这下剩的按着房屋分开,某人守某处,某处所有桌椅古董起,至于痰盒掸帚,一草一苗,或丢或坏,就和守此处的人算账描赔。来升家的每日揽总查看,或有偷懒的,赌钱吃酒的,打架拌嘴的,立刻来回我。你有徇情,经我查出,三四辈子的老脸就顾不成了。如今都有定规,以后那一行乱了,只和那一行说话⋯⋯
第二件(核心概念2)	事无专执,临期推委	各房中也不能趁乱失迷东西。便是人来客往,也都安静了,不比先前一个正摆茶,又去端饭,正陪举哀,又顾接客。如这些无头绪,慌乱推托偷闲窃取等弊,次日都一概蠲了。
第三件(核心概念3)	需用过费,滥支冒领	又吩咐按数发与茶叶、油烛、鸡毛掸子、笤帚等物。一面又搬取家伙:桌围、椅搭、坐褥、毡席、痰盒、脚踏之类。一面交发,一面提笔登记,某人管某处,某人领某物,开得十分清楚。
第四件(核心概念4)	任无大小,苦乐不均	众人领了去,也都有了投奔,不似先时只拣便宜的做,剩下的苦差没人招揽。
第五件(核心概念5)	家人豪纵,有脸者不服钤束,无脸者不能上进	既托了我,我就说不得讨你们嫌了。我可比不得你奶奶好性儿,由着你们去。再不要说你们这府原是这样的话,如今可要依着我行。错我半点儿,管不得谁是有脸的,谁是没脸的,一例清白处治。

王熙凤的长篇讲话是从脑子里的想法归结出的五个核心概念拓展而来的。据此生发,提出解决方案,效果是:"如这些无头绪,慌乱推托偷闲窃取等弊,次日都一概蠲了。"这就是核心概念在古典名著中的表现。给话语一个核心,就是先明确核心概念,核心概念发展出其他层次的概念,语言网络由核心概念和围绕核心概念展开的其他层次的概念共同构筑而成。这些概念虽然简约,但是一经触发就可以形成相对完整的话语篇章。

在核心概念的基础上展开即兴评述,不能在无核心的情况下就贸然开口,那样做不出清晰准确的评述。

核心概念本身是脑子里生成的,并不外化出来,本身常带有模糊性。核心概念所

---

① 曹雪芹,高鹗.红楼梦[M].北京:人民文学出版社,2000:139.

具有的隐秘性和跳跃性，还会出现这样的情况：在得到核心概念的一瞬间用笔记下来了，但过后看的时候自己都不知道指的是什么。要想将核心概念准确地表达出来，还要经过一番考量和润色。

四、给话语一个任务

无任务的即兴评述，往往就沦为"流利的废话"。

什么是"任务"？任务分为两种，一种是真实世界的任务或目标性任务，另一种是教育性任务或学习性任务。

真实世界的任务是人们在日常生活、工作、娱乐活动中所从事的各种各样有目的的活动。比如整理房间、订外卖、做报表、到超市买牛奶、预订机票、从图书馆借书、考驾照、打印文稿、叫车、在地图上查找路线等。这类任务是非技术性的、非语言的。

教育性任务是发生在教学中的任务，是依赖教学来完成的语言积累和实用操练活动。在即兴评述里，任务就是那些需要使用语言来完成的事，如"对这件事的复述""对这个问题的态度"等，专指评述者理解、处理、输出语言的各种活动。在这些活动中，评述者的注意力主要集中在通过操练语言形式来完成表达意义。

任务转换为教育性任务，这种任务的一个重要作用是激活。激活即将储存在大脑中的程序性知识和技能调动出来。评述者依据情景的不同和不同任务的要求，把他们熟悉的词语、句子结构和表达方式，根据任务的特点创造性地调取出来，从复制性地运用语言逐渐过渡到创造性地运用语言。

即兴评述能力的提升过程是一种潜意识的学习过程，任务型语言教学的核心思想是模拟人们在生活中运用语言所从事的各类活动，把即兴评述与日常生活中的语言应用结合起来。

给话语一个任务，要明确两大任务特性：任务的目的有效性和任务的信息交流性。

（一）任务的目的有效性

即兴评述让人听后要"有所得"，这就是即兴评述任务要明确的"目的有效性"。无效的评述，是面对一个题目及所给出的素材未提出任何由题目和素材本身所引发的思想和观点，只是简单地就题目本意复述或者解释了一下，还有就是说了一些毫无价值的可有可无的评论话语。

围绕即兴评述所做出的话语表达要有明确的目的。知道为什么要做这个任务，有什么现实需要；在任务完成之后，有什么结果。比如，在一些提升语音的教学中，学生在一遍遍地跟读句子时会感到枯燥，而在做语音留言、信息转告等语言活动时，因为有明确的传递目标，所以效果较好。

为了给即兴评述活动的任务找到更合适的阐述，这里把有明确任务的即兴评述叫作"有效评述"；把无任务或者任务模糊的评述，叫作"无效评述"。通过对比看一下这二者的差别：

表 4-3-2

例题	无效评述	有效评述
知足常乐	知足常乐是每个人都应具有的一种生活态度。学会知足，人才会时常感到快乐，才会感到幸福与满足。相反，如果不能做到知足常乐，人就会时时陷入烦恼和痛苦中，生活就会了无生气。	知足常乐是一种重要的生活态度。它不是让人不思进取，而是说，在有些事情上，我们随时满足、即时感恩就会更快乐一些。比如衣食住行，快乐的人往往不会有太高的要求，避开攀比。而对有些事情就不能知足，比如人类发展的一些长远规划、科技的发展、医疗水平的提高、航天事业的进步等，这些永不知足，才能不断提高我们的生活质量，获得新的突破，取得新的成就。

通过表 4-3-2 可以看出，有效的即兴评述，应该是有明确、清晰、实在的观点，听者听后能有所启发；满嘴套话的空发议论，听者不能有所获，只是听了一大堆流利的废话而已，这就是无效评述。

即兴评述是最应该"有效"的口语传播形式。如果一个口语表达者在即兴评述这种任务形式中都不能做到有效，那么在其他的口语表达形式中就更可能沦为一个说"流利的废话"的人了。

（二）任务的信息交流性

在完成即兴评述任务的过程中，必须使用语言来获取信息、处理信息和传达信息。在进行即兴表达时，说话人往往自己清楚，但若他的说话方式并不符合听话人的信息处理规律，就会出现说话人伶牙俐齿地说了一大堆话，但是听的人却一头雾水、不得要领的情况。以《红楼梦》第二十七回中丫鬟红玉（后改名为"小红"）的一段话为例。红玉为王熙凤办完了事，来给王熙凤回话的那一段，将在场的李纨都绕晕了：

这里红玉听说，不便分证，只得忍气来找凤姐儿。到了李氏房中，果见凤姐儿在这里和李氏说话儿呢。红玉上来回道："平姐姐说：奶奶刚出来了，他就把银子收了起来，才将张材家的来取，当面称了给他拿了去了。"说着，将荷包递上去。又道："平姐姐叫我回奶奶：才旺儿进来，讨奶奶的示下，好往那家去的，平姐姐就把那话按着奶奶的主意打发他去了。"凤姐笑道："他怎么按我的主意打发去了？"红玉道："平姐姐说：我们奶奶问这里奶奶好。原是我们二爷不在家，虽然迟了两天，只管请奶奶放心。

等五奶奶好些,我们奶奶还会了五奶奶来瞧奶奶呢。五奶奶前儿打发了人来说,舅奶奶带了信来了,问奶奶好,还要和这里的姑奶奶寻两丸延年神验万全丹。若有了,奶奶打发人来,只管送在我们奶奶这里。明儿有人去,就顺路给那边舅奶奶带去。"话未说完,李氏笑道:"嗳哟哟,这些话我就不懂了。什么'奶奶''爷爷'的一大堆。"①

红玉在这里,包括凤姐在内总共说了五位奶奶,包括"这里"奶奶和"这里"的姑奶奶、凤姐、五奶奶和舅奶奶。书里没有再出现介绍其他四位奶奶的剧情。此处用的是虚笔,就是为了衬托红玉的能说会道,所以接下来才会出现下面的情节:

凤姐笑道:"怨不得你不懂。这是四五门子的话呢。"说着,又向红玉笑道:"好孩子,难为你说的齐全,别像他们扭扭捏捏蚊子似的。——嫂子你不知道,如今除了我随手使的这几个丫头老婆之外,我就怕和别人说话。他们必定把一句话拉长了,作两三截儿,咬文嚼字,拿着腔儿,哼哼唧唧的,急的我冒火,他们那里知道。先时我们平儿也是这么着。我就问着他:难道必定装蚊子哼哼就是美人了?说了几遭,才好些儿了。"李宫裁笑道:"都像你破落户才好。"凤姐又道:"这一个丫头就好。方才两遭,说话虽不多,听那口声就简断。"说着,又向红玉笑道:"你明儿伏侍我去罢,我认你作女儿。我一调理你就出息了。"②

这段出现在古典名著中的对话,对我们今天学习即兴语言表达也颇有启发意义。"四五门子的话"就是指的红玉这段话的语言背景。凤姐听得懂,没有相关背景的现场听众李纨就不懂了。从信息的交流性上看,红玉在李纨这里的信息传递是不成功的,但是从语言目的角度来说,红玉这样进行语言表达,有显摆口才从而达到跳槽到凤姐处的目的,凤姐也发现了这个女孩超人的记忆力和干脆泼辣的表达风格,从而给红玉提供了职业发展的新平台。

即兴评述的关键就是说话,说有意义的话。即兴评述的任务必须以表达意义为中心,而不以操练语言形式为中心。在以"灌输"和"喂养"为主要方式的即兴口语教学中,学习者通常是开口练习少且练习形式机械,缺少启发性的演示。任务型口语教学以任务目标为出发点,语言都是根据任务的需要自然呈现的。

五、给话语一个场景

语言的丰富性体现了语言使用的"重构"能力。在即兴评述时,重构语言即是将语言材料重新按某种结构模式表达出来。即兴评述中的重构,通常是增加一维语言的

---

① 曹雪芹,高鹗.红楼梦[M].北京:人民文学出版社,2000:285.
② 曹雪芹,高鹗.红楼梦[M]北京:人民文学出版社,2000:285-286.

即兴评述

"厚度",是一个令语言的使用更加具有多样性和复杂性、体系更加完整的过程,反映出说话人驾驭语言的能力。

重构后的语言,修饰性成分得以加强,这就有效增加了话语信息的含量和传播的速度。语言的容量扩大了,层次更丰富了,运用上也就会更加自然。初级的评述者往往为了"不出错"而倾向于使用简单的语言。若要评述准确、流利而又生动,需要评述者的语言水平和语言自信都达到较好的程度,所以,在针对丰富性展开专项训练时,应当是同样的即兴评述做两遍以上。第一遍追求准确,第二遍评述者则可以创造性地使用语言。"重复一个任务"的方法可以提高语言的复杂度,当带着一定的"重构任务"再做一遍语言表述的练习时,评述者的注意力可以更多地投向语言的形式,更注重表达的丰富性。

那么,如何迅速做到话语的重构呢?一个简单的方法就是给话语一个场景。

◯ 例题 46

北京798艺术区内有个"发泄屋"。来到发泄屋的顾客,花费158元,就可以在30分钟内随意打砸屋内的酒瓶、旧电视、旧钟表和旧电话等物品。如果觉得不过瘾,还可以挑选其他物品,如各种废旧电器以及办公用品。

店主介绍,发泄屋最早源于西班牙,主要供人们发泄情绪所用。受到一位美国朋友的启发,店主就在北京开了一家类似的店,旨在为压力大的都市人群提供一个减压的窗口。前来发泄屋发泄的顾客大多为二三十岁的上班族,也不乏在校学生,甚至还有儿女带着爸爸妈妈一起来"砸东西"。发泄时间最长的一位顾客在屋内砸了一个小时。

前来发泄的顾客中,有工作压力较大的人群,将假人模特想象成老板"开砸";也有因为失恋,自己一个人前来的年轻女孩;还有宣泄对 idol 喜爱的迷妹们,一边挥舞着棒球棒,一边大喊着偶像的名字。请对此做评述。

根据这则材料,下面把评述语言做了一下分类,将抽象的无场景的表达和提供了场景的具象表达分别列出,学习者可对比体会二者的不同。在做练习时,学习者可以按此方法试着做两遍,做第二遍练习时,需将表达放在一个具体的场景中,以增加语言表达的厚度。

表 4-3-3

	抽象表达(无场景)	具象表达(有场景)
评述1	只能说现在的人太闲了。我觉得最应该砸的是脑子。	这让我想起了小时候蹲在门边砸核桃。干吗不直接去废旧物品处理厂或者垃圾厂砸呢,那里好玩多了。

续表

	抽象表达（无场景）	具象表达（有场景）
评述2	这种地方去了只会更闹心吧，想着每砸一下都要钱，瞬间就冷静了。砸的时候心情好，结完账心情又不好了……	别人抢大锤子拆屋砸物赚钱，这"发泄屋"是拎根小细棍子花钱败家，多没劲啊！建议去装修队，找谁家要拆墙的，你去发泄，还能赚点。小锤40，大锤80。
评述3	砸坏这么多东西不太环保啊。虽说成本低，砸得稀碎还能再回收利用吗？砸完了电子产品怎么处理？都是有毒物质。大量可以回收再利用的东西因此只能直接送垃圾堆填区了。	这些空酒瓶子、废显示器，应该也是废品站收来的。我上周刚卖的废品，那个酒瓶子5分钱一个。建议去帮收废品的大爷踩易拉罐吧，或者去垃圾场自嗨，估计交5块钱，看门大爷会让你随便砸。
评述4	二手物品要涨价了。	砸东西还要穿防护服的，让人想起新型冠状病毒肺炎肆虐的那段时光。穿成这样，感觉是去医院上班的啊。这哪里是发泄，是交钱受罪吧！
评述5	用力过大，把自己扭伤了，算谁的责任？	你生气了砸什么东西啊？要我，我生起气来都是砸自己，谁让自己没本事呢！要是我需要发泄，就去健身馆或者拳击场当个陪练。
评述6	看得我都想砸人了。这能通过审核吗？这不是在宣扬暴力吗？	还有多人一起砸的，我怕我会打死个人。一个人砸确实怪无聊的，有本事两个人一起进去，一人一个木棒，只有一个人能站着出来。出来的那个保险就不郁闷了。
评述7	像这种暴力发泄，应该收费再贵点，还有不能让未成年人入内。	这种发泄千万不能养成习惯，砸习惯了，回家也砸，上了马路也砸。发现没事砸个东西就能发泄的，早晚升级到砸人。暴力倾向是一点点升级的。
评述8	按理说，这个对平复心情确实有用，但估计会升高血压，而且估计前来猎奇的比发泄的多。	砸吧！结账的时候一看账单就火了，对着收银台一顿砸，然后冒出个声音：15号顾客增加收银台1只，50元，请扫墙上二维码付款。
评述9	如果砸的是垃圾还能接受。如果是正常的可以用的玻璃和碗之类的，我宁愿把这钱捐出去。	不用花钱，磨好了刀把爆鳞龙砍翻再砍翻也一样能发泄负面情绪啊。真要砸，至少得整一个玻璃门来砸吧，而且模特里能打出番茄酱才有感觉。

表4-3-3前一列表格中的语言是抽象的表达，单独来看，这些语言也是有观点、有想法的，符合即兴评述的语言要求，但是和第二列表格中的语言进行对比就容易看出，具象表达的语言都有一个场景。面对一则材料时，语言表达若无场景，属第一个层次；再加上一个场景，增加了语言表达的厚度，就上升到了第二个层次。

强化语境在教学中的作用，给语言一个场景，来培养语言的实际应用能力。具体可以分解为三步：

第一步，抽取核心概念。从语言材料中抽出关键性概念或表达形式，进行复述和评述。

第二步，设定语言场景。在第一步的基础上，做第二层练习。这个练习需要具体设定一个语言场景，在某个场景里重构语言。

第三步，进行语言重组。提供一个新语境，让学生重新组织学过的即兴口语技巧，

即兴评述

通过即兴采访、话轮转换、扮演角色和紧急救场等方式,训练自由地表达自己的思想、传递复杂的信息、满足语言运用的应变需求。

绝大多数评述者在日常生活中的语言使用和组接还比较顺畅,但一到指定内容和形式的即兴评述环节就开始出现问题,这多是由于语言的使用和场合出现了脱节。由于每个人对事物的理解不同,对世界的描述和表达也各有各的偏颇之处,因此需要通过与他人的交流,不断丰富和完善自己的理解方式、表达习惯。真实自然的教学任务应为学习者提供体验、发现和创造个性化语言的学习机会。

评述活动应当以真实世界为蓝本,语言越是真实地反映了世界就越生动,就越优秀。

★评述训练

1. 随着微信的普及,微信朋友圈已经成为不少人生活中不可或缺的一部分。在朋友圈中,一些人各种"晒"和"炫",让人看着眼花缭乱。没想到的是,竟还有人在朋友圈里"炫违法"。一名男子拿着手机一边开车一边拍视频,并且声称自己酒驾开出租车出来就是好,交警都不会查。随后这段视频被交给了武汉市涉牌涉证办案中心,民警在查看了视频内容后表示,该男子涉嫌违法,应该属于酒后驾驶,并且驾驶途中用手机拍摄视频也属违法行为。随即,民警利用大数据查找,很快就找到了在朋友圈发布该视频的男子何某。你对此怎么看?

2. 违法停车、占用应急车道、强行变道超车……再有这些行为,小心被身边的北京的哥给拍下来。最近北京的哥们发起交通违法随手拍活动,并自发建立了多个"随手拍违法"的微信群,专门曝光交通违法行为。交管部门也通过这里的举报线索,对严重违法行为进行查处。在全市200多家出租车公司中,这样的微信群已有数百个。以此做即兴评述。

3. 网上出现一位10岁女孩家长给未来亲家的信:"亲爱的未来亲家你好,我女儿有房有保险会游泳,年满十八会配车,过年随便去哪家。可以不要彩礼,结婚嫁妆配好,送车送房,包办酒席,礼金全给孩子。唯一的要求:能不能现在就接走,把作业都辅导了。"你对此怎么看?

4. 宿迁市两名十二三岁的小女孩,为了追寻演艺梦想,决定离家出走去北京当练习生。当日下午3点,民警在宿迁长途汽车站找到了这两个女孩,由于没有身份证,无法购买车票,随后民警将她们带回。事情在网上传开后,很多网友认为,现今社会上这种娱乐至死的态度,影响了孩子的价值观。你怎么看?

5. 宋太宗赵光义为了巩固自己的统治，曾召集文人学者编写了卷帙浩繁的百科全书《太平御览》。该书编成后，尽管国事繁忙，宋太宗还是坚持每天阅览三卷。有时因事耽误了，他还要在闲暇时再补上。有人认为他实在太辛苦了，他说："开卷有益，朕不以为劳也！"后来，"开卷有益"就成为鼓励人们刻苦读书的至理名言。以此做即兴评述。

6. 在甘肃武威古浪县，说起四中，无人不竖大拇指：一是升学率高，九成以上能考上高中；二是硬件好，教学楼、宿舍、操场、餐厅等全部按照高标准建设。但你肯定想不到，这所"全县最好的初中"，建在贫困户易地搬迁集中安置点——古浪县黄花滩镇马路滩生态移民小城镇。"学校办得好，移民心自安。"当年县委和县政府铁了心要斩断贫困代际传递的穷根：全县一流的品牌学校、寄宿制学校，要建在乡下、建在移民区，让农村孩子也能接受全县最好的教育。以此做即兴评述。

7. 有一种"代相亲"服务十分火爆，而且还可以网上下单。"十一"长假期间，不少年轻人被家长安排相亲，不愿意去又不好意思拒绝，于是选择在网上找"代相亲"服务。"代相亲"服务可提供人设和形象定制，一次600元，服务时间约两小时，女客户居多。商家表示，这些顾客基本上一个假期被家里安排了三四个相亲。更夸张的甚至从1号到5号每天都被安排了相亲。由于"十一"期间需求爆棚，一"代"难求，用户还需要排队预约下单。

对此，网友评价不一。有网友认为"代相亲"对另一方来说是一种不尊重的行为。也有人表示理解，年轻人平时工作忙，假期想休息，不愿意去参加家长安排的相亲，又不好意思拒绝，而"代相亲"完美地解决了这个问题。你怎么看这种"代相亲"？

8. 北京市民郭女士在某电商网络购买了某品牌的羊绒保暖衣，促销价仅为实体店的3折。结果买到手后发现，实体店内的含绒量显示70%，这款只有30%。当她与店主交涉时，客服人员明确表示这是"电商专供"款，所以才会打3折。你怎么看？

9. 据调查显示，中国人中有31.2%的人存在睡眠问题，有两亿人有睡眠打鼾的毛病，中国有5 000万人在深度睡眠时出现呼吸暂停的状况，而中国的失眠比例依旧在上升，每100个人之中有22个人过了24点依旧不睡觉，有28.2%的中国人，即使很困也不会立刻选择睡觉。睡眠不足除了引发提前衰老外，对于睡眠不足4小时的成年人，死亡率比每晚能睡七八个小时的人要高180%，可见身体没有提供充足的睡眠有多么可怕。以此做即兴评述。

10. 2019年7月，世界卫生组织召开了新一届的世界卫生大会，这次新通过了《国际疾病分类第11次修订本》，"游戏成瘾"症状正式被定为精神疾病，纳入该分类。大会这次修订的国际疾病分类里面，共分 21 个大类，并收录了 5.5 万个人体损伤、疾病及死因相关的特征代码。这次修订后的"游戏成瘾"是 5.5 万个里面的一种，列入第五类精神与行为障碍大类之中。该标准对于"游戏成瘾"的三大特征的描述为：第一是无法自控；第二是重复症状持续至少 12 个月，第三是已对本人社会心理功能造成影响。以此做即兴评述。

11. 2019 年 7 月 1 日，山西省朔州市朔城区一中的教学楼门前挂着红色横幅，迎接 12 位师生跨省骑行活动的顺利结束。这是朔城区一中的班主任兼地理老师兰老师组织的旅行。高考结束后，31 岁的他曾花费 3 000 多元包下网吧，带着全班学生通宵打游戏，履行高一入学时曾与学生的约定——只要大家不翘课去上网，高考后就包场请他们打游戏，玩个痛快。之后，他带着班里自愿集结的 11 个学生，踏上了千里骑行路。从家乡山西出发，骑行 17 天穿行 5 个省份到达上海，距离达 1 800 多公里。你对此怎么看？

12. 网游一直是游戏界最受玩家欢迎的一种，市面上的网游众多，它们在画面风格、打斗模式等很多方面有着很大的差别，那么哪款网游最受欢迎？哪款网游最好玩？2019 年 9 月，某网站出台了十大网游排行榜。*DOTA2*、《梦幻西游》、《英雄联盟》、《天涯明月刀》、《魔兽世界》、《我的世界》、《剑侠情缘网络版叁》、《流放之路》、《穿越火线》和《守望先锋》十大游戏上榜。其中 *DOTA2* 融合了 RPG 和 PTS 的双重要素，是同类型游戏中最公平也是最有战术深度的游戏，竞技性很强，操作门槛很高，但同时游戏的平衡性很好，完全免费，没有限制性玩法，是很多男生在十大网游排行榜中的最爱。以此做即兴评述。

13. 2019 年世界杯期间，日本和比利时淘汰赛结束后，日本的更衣室极其干净整洁，还留下了俄语的"谢谢"字条，让国际足联官员都为之赞叹。同时，日本的球迷也在球队输球后流着眼泪收拾完了看台上的垃圾。对此你有何看法？

14. 读万卷书，行万里路。各种游学产品如雨后春笋般蓬勃涌出，但目前市场上一些游学产品过多侧重在旅游，学习的内容不多，学生和家长选择时，不免陷入乱花渐欲迷人眼的困惑。人们习惯上说的"游学"，专业的说法应该是"研学旅行"，不能只是到此一游，走马观花。游学更重视研究和学习，根据教育需求选择项目是课堂内容的向外延伸与实践，研学旅行的学习目标性更强，以体验式学习，让学生走向真实的自然和社会，触摸真实的历史与文化，体会其中蕴含的科学奥秘和智慧，培养科学的研究方法。以此做即兴评述。

15. 孟买佛学院是印度最著名的学院之一，其正门一侧只开了一个小门，高 1.5 米，成年人进去必须弯腰侧身。所有新来的人,老师都会引导他们进出小门一次。学校认为,弯腰侧身进出有失礼仪和风度,却达到了教育的目的,很多时候要出入的地方并非都有壮观的大门,这时候只有学会放低姿态,才可以走得更远。以此做即兴评述。

16. 网上有一句流行语,形象地反映了亲子交流的样子:"不做作业母慈子孝,一做作业鸡飞狗跳。"在日常生活中与孩子斗智斗勇,成为大多数家长的家常便饭。以此做即兴评述。

17. 以前听说过这样一句话,"有华人的地方就有金庸",古龙、梁羽生和金庸三种截然不同的风格,撑起了"武侠文化"的鼎盛时代。说说"那些年,我们追过的武侠"。

18. 一名男子在武汉街头行走时,突发脑出血跌坐在地上,5名大学生拍照取证后救人。有网友为学生的行为点赞,"我觉得这样挺好的,既保护了自己又做了好事",但也有网友认为"做了好事还需要留证据吗?"就此谈谈看法。

19. 如果孩子在幼儿园被其他小朋友欺负了该怎么办?针对这个问题,某幼儿园对家长做了一份问卷调查,结果显示,约60%的家长表示应该培养孩子强硬的性格,被欺负时要"打回去"。你怎么看?

20. 现在有一部分人能动手扫地就不买扫地机器人,能在家锻炼就不去健身房,能吃重庆小面就不吃煮面,同样价钱质量差距不大的,能买便宜就不买贵的。说说你的看法。

第四节 即兴评述语言微观组接

即兴评述使用的是口语的组接方式,与书面语不同,但是相当多的即兴评述者却采用了书面语组接方式,这种情况下,说的人和听的人都会感觉别扭。即兴评述者需要掌握符合即兴口语特点的组接方式。本节就分别从词语、句子和语篇三个方面做一下微观的分析。

一、即兴评述的词语重组

评述者把话语组织起来可能并不难,但要做到言语的精致和生动,还需有更高的技巧对语言进行重组。上一节已经提供了"给话语一个场景"的大方法,这里再提供一些口语表达中选词使用方面的具体技巧。

词是语言的基本组成部分,也是最重要的部分。一个外语不好的人在听外语时,通常只能捕捉到一些熟悉的词语;词汇量小的人,在进行口语表达时也往往寄希望于最大限度地发挥有限词语的作用,因此口语中的用词对整个表达起着重要的作用。

口语中的用词有一些基本原则,在这里大致归为六大类。

(一)用词口语化

用词口语化,就是在评述中尽量选用口语词代替书面语词;同时适时地加入生活语言中的感叹词、虚词等。

在用词用语方面,口语化和通俗化常常是紧密相连的。口语化要求所用词语尽可能是日常生活中的口语词,比如同样的意思,用"开心"往往比用"愉快"更顺口。在进行节奏与速度比较快的表述时,声音稍纵即逝,听者的听觉器官接受信息时要保持渠道的通畅无阻,不能总是碰上障碍。如果听者在听的过程中受到某个词的阻碍,就会破坏口语信息的顺利传递。

(二)以具象词代替抽象词

具象词,意思就是具体、形象的词。不以形象的相似为联系的词,就是抽象词。

"糖 20 克、盐 50 克"——这是抽象。

"糖一小勺、盐半杯"——这是具象。

"长方形脸"——这是抽象。

"鞋拔子脸"——这是具象。

即兴评述毕竟是源于生活又高于生活的语言状态,能够艺术地表达观点是提高即兴评述能力的重要一步。以具象词代替抽象词,意味着使用语言时要注意语言表述的形象化。

(三)低频词与高频词交替使用

用词的生动性可以使即兴评述具有丰富的表现力。这就需要评述者充分利用有声语言的特点,努力创造,使得语言准确而通俗、生动又形象、有声又有色,以更好地传递思想感情、信息内容和表达重点。

思想的表达靠的是话语,而语句是由词构成的,表达水平与掌握的词汇量有关。词汇越丰富,就越能快速地选择并调取合适的词语,进而准确充分地表达出来。我们语料库中的词,按照不同的性质、用途、分类,分别放置在不同的语言格,但每个人调取词语的习惯和使用的方式不同,造成每个人的口语中都有不同的高频词和低频词。在实际应用中,出现次数多、使用较频繁的词称为"高频词"。虽在语料库中,却几乎没有被激活使用,或者极少使用的词就是"低频词"。

擅长表达的人都是词语的"收藏家",口头表达能力强的人在讲话时能比普通人多调动数倍的词语,而不是就那么几个词翻来覆去地说。要在瞬间完成表达的多样性选择和组织,丰富词汇量是必不可少的一步。

(四)以生词取代熟词

即兴评述是诉诸口语的,对比和新异是在有声语言形式上吸引听众审美注意的法宝。与文字传播相比,有声语言传播的立体感、直观性和情感性要强烈很多。充分利用好这一点,可以让语言的生命力更多地爆发出来。

口语表达中的生词通常指事先没有人用过的或者很少用的词。熟词是一些经常性、聚集性使用的词。用一个形象的例子来表达生词和熟词使用上的区别。有一只花纹奇特的猫,前半身是深颜色,后半身是浅颜色(如图4-4-1),这样描述大家都很容易理解。但一些陌生化的描述可以给人留下更深刻的印象:

图 4-4-1　花纹奇特的猫

- 这只猫掉色了。
- 化形没化好。
- 本来想买长款貂儿,选错款了,就混搭吧。
- 这是一只嫁接的猫。
- 穿个豹纹马甲而已。
- 起猛了,穿反裤子了。
- 隔壁老王,你给我过来!
- 可能是它妈妈生它生到一半时没墨了。
- 黑的那一半是晒的。

- 变身中……
- 飞升渡劫失败……
- 拼色猫。
- 还没修炼成形。
- 天热,画的妆都掉了。
- 人家的爹妈,一个是豹子一个是猫。一半随爹一半随妈。
- 上衣和裤子不搭呀。
- 不染发、不文身怎么做个社会人?
- 高腰衣。
- 还以为是猫头鹰呢。
- 蜕皮中……还没蜕完呢,拍啥拍?

对动物花纹的描述,有很多简单的方法,但在网络时代,语言往往不受传统表达的限制,因而会出现一些有趣的新鲜的表达方式。这种发散创新的表达方式网络上有很多,用生词取代熟词,把某个表达方式转化为轻松的方式。多看看这些陌生化的表达方式,可以启发和拓展使用语言的思路。

(五)避免使用重复词语和同音字

用词的多样化是口语表达能力强的重要标志之一。即兴口语要通俗易懂,准确简明,不仅要避免方言词,少用书面语词,而且还要避免口头禅和使用重复的词语。例如:

他这样说,肯定是希望得到肯定的答复。

一句话里,前后有两个词是重复的,这就使得口语表达比较单一和别扭。换一个类似意思的词,就会起到更好的表达效果。

他这样说,肯定是希望得到积极的答复。

有些在书面表达中毫无疑问的词语可能会在口语中引发不解,造成误会,如"期终考试"用在口语中就要换成"期末考试"。因为口语是通过语音来判断词义的,所以就要考虑到同音的多义性。

体会一下这句话在用词上的不同:

由于有多年的经验——因为有多年的经验

"由于"和"有"有发音重复的地方,因此在口语表达状态下,换成和"有"发音不同的词"因为"传播效果会好很多。

（六）同义词中首选开口度大的

汉语音节由元音和辅音组成。在 6 个单韵母 a、o、e、i、u、ü 中，开口度最大的是 a。在口语中，选择使用字词时，选择 a、o、e、i 收尾的，比 u、ü 收尾的乐音更强。

在同样情况下，选择开口度大的字词，说出来的时候声音亮度更大，更容易表现出声音的美。

我<u>与</u>他是多年的朋友——我<u>和</u>他是多年的朋友

相对于"和"来说，"与"是开口度比较小的音。在口语中，同样的意思换用开口度比较大的字发起音来更容易，而且会产生更美的语言感受。

张三、李四<u>以及</u>王五——张三、李四<u>还有</u>王五

"以及"也是开口度比较小的音，换用开口度比较大的"还有"发音更容易，表达上也更容易呈现出声音的美感。

二、即兴评述的句子串联

句子是人们进行语言表达的基本单位，同一个意思可以用多种句式表达。语言能力越好，句子使用就越自由灵活。一些经常背诵语文课文的高中生在参加艺考面试或高校自主招生面试时，在即兴评述环节往往会受书面句式的影响，加上应试时氛围比较严肃，就更容易丢掉顺畅的口语化表达而陷入追求书面句式的误区中。下面从五个方面来分析一下口语表达中句子使用应遵循的规律。

（一）使用短句有助于表达流畅

句子的长短是以用词的多少和结构的繁简程度来确定的。长句是用词多，结构复杂的句子；短句是用词少，结构简单的句子。长句子原本是适合用在书面语中的，如果没有弄清口语和书面语的不同传播方式和接受习惯，养成了不好的口语表达习惯，就会把书面语的表达方式带到口语中来，主要表现为书面词语的使用和长句子的使用。

⊃**例题 47**

如何看待一个人被拉进了 100 多个微信群？

根据例题 47，有人是这样评述的：

大部分的网友认为还是需要加的，<u>可能是因为工作需要的原因或者是在一些群里</u>

可以领到那些有很多那种为领优惠券而建的群，他们可以从中得到实惠而且加入微信群对他们并没有很大的妨碍。但是也有部分网友认为呢，加这么多微信群是没有用的并且微信群占用了他们的手机储存空间。

这两种相背离的观点它所冲突的这个点就是：我们该怎样处理网络空间和现实生活的关系。其实我们现在的生活有越来越多的时间是被网络尤其是像微信这样的社交工具所占用的，有人拉你进微信群你是有选择的权利的，你可以选择加或者不加，所以对于你该不该加这么多微信群这样的困惑，我觉得要从个人出发，就是首先要擦亮你的眼睛要有辨识度，因为现在很大一部分微信群是有那种营销目的的，所以你要有选择性地入群。

这个评述者的话语中多次出现很长的句子，在记录下来的带下划线的句子中，有的一句话中居然不间断地说了40个字。这种非常长的句子，肯定会导致语言前后不连贯或者表达不畅，如这段评述中第一个带下划线的句子，句子太长，评述者就会前后难以兼顾。就算评述者排除万难把长句子流畅地说出来了，听者的思维也不一定能跟上。最适合口语表达的通常是短句。

从短句的交际功能来说，它比长句更适合在口语中使用。口语表达传播效果好的标志之一，就是让信息在单位时间内尽可能多地通过接收通道，引起听者的注意，让听者在尽可能短的时间内记住大量的有效信息。同时，对于口语表达者本人来说，短句比长句更容易说出来，更不容易出错和卡壳。

比较一下下面两段话长短句的使用：

长句：许多地方比如重庆的渣滓洞、南昌的滕王阁都是有着自己的独特的标签的。许多许多年后我们会回忆起中国的湖北武汉，有一年，也就是那座城市在2020年的时候经历了磨难也重塑了辉煌。

短句：许多地方都是有着自己独特的标签的。比如重庆的渣滓洞、南昌的滕王阁。许多许多年后，我们会回忆起中国的湖北武汉，有一年，也就是2020年，那座城市经历了磨难，也重塑了辉煌。

第二段话用的是短句，无论是说还是听，都比第一句要容易，似乎是一个人沉浸在对往事的回忆中，娓娓道来。由于其间可以从容停顿，说的人会很从容地表达出来，听的人也会很顺利地接收并理解句子的意义。句子简短容易形成一种明快的节奏，可以用来描述复杂的情况，传递明朗的信息。长句这种表达方式听上去句子结构更加复杂，似乎显得口语表达者有更强的句子掌控能力，但口语中的长句不如短句便于听者接受。长句的定语、状语多，联合成分多，或某些成分结构复杂，内容含量大，并不适合于口语，所以，汉语口语中原生的长句非常少，除非是为了特殊的修辞目的，或者为了适应特殊的口语语体。

如何判断口语中句子的长短呢？有一个简单的方法：从上一个标点（停顿）到下一个标点（停顿）之间算一个小句，一个语篇中，小句的平均字数不超过12个字，这就是使用了短句。

口语中用于说理的句子一般多用长句，对话一般多用短句。通常口语中会长句和短句兼用，根据表达的需要使语言变化多姿。长句之所以长，是由于定语、状语等附加成分长而多，或者并列成分多，或者结构层次繁复；短句之所以短，是由于附加成分少而短，结构简单。汉语口语的妙处就在于它可长可短，把某些复杂的结构用来修饰、限制其他成分，就成为长句；把这些复杂的结构拆开，用来表达相对完整的意思，就成为短句。因此，在训练和使用中应注意有意地多说短一些的句子，少用拗口难懂的长句。长句化成短句可以有许多方法，如添补主语、重复谓语、增加停顿等。

"给话语照镜子"这个方法同样可以使用在这里。打开手机录音软件，在评述的时候盯住那些声音的波动曲线，你就能"看到"自己的句子长不长了。

（二）多用单句少用复句

汉语素以简洁著称，这一点也正跟汉文化追求含蓄、领悟的思维方式密切相关。口语中缺乏复句是汉民族思维方式的直接反映，由于不重视逻辑推理思维，口语中复句的比例很小。汉语口语的复句有一个突出的特点就是多用意合法，复句间的关系不是靠形式上的标志即关联词语，而是靠意念上的联系来表示的，因此充满灵活性。用意合构成的复句经常表现为一种歧义的结构，需要放到更大的语言环境中才能被理解。比如"他不走，我走"这句话，即可理解为因果关系，也可理解为假设关系：

因果关系：因为他不走，所以我就走。（既然他不走，那么我就走。）

假设关系：如果他不走，那么我就走。

口语：他不走，我走。

在即兴评述中多用单句更符合即兴口语的表达和接受习惯。

（三）采用"前抓后挂"式口语句型

由于口语是思维的直接反映，人的思维是呈散点辐射的，即多维的，而口语是单向、一维的，这就容易造成说话人以平面铺陈的方式来表达思维，造成听的人难以抓住重点，被一些想到哪儿说到哪儿的表达拖得晕头转向。

以一则关于"买房"的对话为例:

问: 你买那么多房子干啥?

答: 我爷爷在新中国成立前在琉璃厂开店做书画生意。爷爷把用不了的铺面租给了一对法国夫妇卖香水。后来,没人买香水了。法国人就回国了。20多年前,我家老宅来了一个法国人,进门就坐院子里哭。是那对夫妇的孩子。从小在这个院子里长大。前店后厂,前边做买卖,后边住。我奶奶拿出了一瓶香水,说这是那对夫妇走的时候留下的礼物。这瓶香水跨越了整个50年代、60年代、70年代、80年代、90年代,等着他的后人归来。那是承载记忆和时间的记录仪。

这一段语言表达的样式在生活中很常见,可称为"拖死狗"式的表达。句子的意思跨度非常大,跟着思维飘到哪儿算哪儿,听的人一头雾水,被拖得七零八落。这是因为说话者不考虑听者的跟随能力。正确的说话方式应当是:进行口语表达时先将最重要的话概括出来,放在最前面,让听的人有个"抓手",有一个总的印象;再往上一句一句地挂修饰语,愿意挂多少就挂多少;最后再加一个总结句。所以,符合口语表达规律的表述应当是这样的:

房子是承载记忆和时间的记录仪。(主句)

新中国成立前我爷爷在琉璃厂开店做书画生意。(1级修饰)

爷爷把用不了的铺面租给了一对法国夫妇卖香水。(2级修饰)

后来法国人就回国了。(次2级修饰)

20多年前,那对夫妇的孩子回到我家老宅来了。(3级修饰)

他从小在这个院子里长大。前店后厂,前边做买卖,后边住。(次3级修饰)

那个法国人进门就坐院子里哭。(4级修饰)

我奶奶拿出了一瓶香水,说这是那对夫妇走的时候留下的礼物。这瓶香水跨越了整个50年代、60年代、70年代、80年代、90年代,等着他的后人归来。(5级修饰)

这一切都发生在我家的老宅里。所以说,房子,那是承载记忆和时间的记录仪。(总结句)

用这样的说话方式,听的人就会明白多了,因为它顺应了听者的接受规律。先把最重要的说出来,中间可以一层层地解释说明,最后再加一句总结来强化、加深一下听者的印象。

再以这段日常对话为例:

问: 姜大夫呢?

答：我买了些年糕面，做了年糕，他喜欢吃那种黄米的，我昨天就做了年糕，做了一锅。他吃了不少年糕，他吃完了觉得撑得慌，就出去走走了，他去千佛山了。

这段对话也是"拖死狗"式的，拖了一圈才绕到正题，也不符合口语表达的规律。"前抓后挂"，就是将长句子"掐头去尾"：

问：姜大夫呢？

答：他去千佛山了。他吃撑着了，出去走走。我买了些年糕面，做了年糕，他喜欢吃那种黄米的，我昨天就做了年糕，做了一锅。他吃了不少年糕，他吃完了觉得撑得慌，就出去走走了。

再如：

有人把一些经典文化用通俗易懂的方式解读定义为"文化快餐"。

这句话在听的时候，会感觉抓不住主要意思，就在于它两头离得太远，中间加入了很长的句子成分。"掐头去尾"之后就简单了：

把一些经典文化用通俗易懂的方式解读，有人把它定义为"文化快餐"。

后面一句由于是把要点放在前面，所以在口语表达中，听的人更容易把握要领。养成好的句子组织习惯，即兴评述中的语言才能组织得快捷、有效。

（四）常式句和变式句适当转换

汉语作为一种典型的非形态语言，语序是其重要的语法手段。

汉语句式丰富多彩，从语序的角度可以分为常式句和变式句。常式句是正常语序的句子，变式句是句子成分倒装的句子。常式句是人们语言使用中的主体句式，变式句的形成源自汉语语序的灵活性，表达更为简洁随意。这两种句式各有特点，看一下对比效果：

{ 你难道就不想安安稳稳回家过年吗？（常式句）
{ 难道就不想安安稳稳回家过年吗，你？（变式句：主谓倒装）
{ 所有支援疫区的医务人员出发前在机场开送别会。（常式句）
{ 所有支援疫区的医务人员出发前开送别会，在机场。（变式句：状语后置）
{ 他拿着一本蓝色的《即兴口语》教材。（常式句）
{ 他拿着一本《即兴口语》教材，蓝色的。（变式句：定语后置）

还有的是在口语表达的复句使用中，各分句出现一般次序和特殊次序的变换。例如：

> 因为新型冠状病毒肺炎疫情，所以他今年春节没回家过年。（常式句）
> 他今年春节没回家过年，因为新型冠状病毒肺炎疫情。（变式句：因果倒置）

> 他虽然收到了其他三个院校的通知书，但还是选择了这所学校。（常式句）
> 他还是选择了这所学校，虽然收到了其他三个院校的通知书。（变式句：转折倒置）

> 无论环境多么恶劣，他总能坚持学术研究。（常式句）
> 他总能坚持学术研究，无论环境多么恶劣。（变式句：条件倒置）

对比一下就可以体会到口语句式变化无穷的魅力。从语言接受的角度来看，变式句的偶尔出现可以增加变换色彩，但不能作为主流句式。

（五）避免复句形式充当单句语法成分

句子成分倒装主要是为了强调某一事物。这个表达方式可以用在书面语中，用在网络中或者手机社交沟通中，体现了个性化的表达风格。但是在口语表达中，倒装句出现的一个常见原因是说话的时候脑子没有跟上话语的速度，所以就用倒装的方式来进行补充。基于此，在口语表达中若频繁出现倒装句，往往说明口语表达是有问题的，这并非是一个常用的符合表达规律和接受规律的组合方式。避免频繁使用倒装，因为它违反了口语的单向、线性的特征。看下面的句子：

> 好奇心强、自律性差、缺少监督等，使得留守儿童对手机不能自拔。（书面语表达）
> 留守儿童对手机不能自拔的原因，主要是好奇心强、自律性差、缺少监督等。（口语表达）

前一句是复句形式充当单句的语法成分，由于成分复杂，信息量大，听的人无法预知后面未说出的信息，这就导致听的时候难以一下子把握整个句子的意思；等到整个句子的主要意思全部说完后，又会因为忘了前面已经说出来的数个句子成分，而无法准确地把握整句的意思。因此，从接受的角度来看，说话人应当使用后面一句顺应听话人接受习惯的表述方法。

三、即兴评述的语篇构建

语篇指的是实际使用的语言单位，是口语表达中一系列连续的语段或句子所构成的语言整体，由一个以上的语段或句子组成，其中各成分之间，在形式上是衔接的，在语义上是连贯的。

语篇部分涉及的问题比较复杂，具体可以从六个方面来提升即兴评述语篇的构建：

（一）语言量的控制与留白

一段话语里通常是要含有信息的，而且可能不止一个信息点。这个信息可能是讲话者的主要意图所在，也可能是单纯想传递的信息。信息的把握要适中，不能太"水"，也不能太"满"。

有些话之所以比较"水"，是因为话语中的信息点不明，或者信息过少，导致话语无意义，或者太多歧义。当前部分新闻采编人员和广播电视节目主持人有一种无限生成大量"废话"的"本领"。那些"无限生成"的语句，一般是以极少的语料使言语生成无限扩张。他们依靠的手段有两个：一是"散点式漫游"，东一榔头西一棒槌地想到哪儿说到哪儿；二是充分运用语言的"递归性"（recursiveness），其表达结构循环往复，说着说着就不由自主地又说回来，然后又在原有的起点顺着说下去。这就是颇被人诟病的"一级甲等的流利的废话"。

如果口语表达中语言量超过一定的限度，表达过于紧凑集中，反而使得听者无法顺利接受信息。在语言设置上，在关键地方语速不能太快，要张弛有度，理性语言和感性语言适度搭配，以保证语言传播的顺利抵达。这就需要依靠表达者敏锐的言语调检能力，把握留白的时长以及停连方式和气息。声音的空白也属话语的"留白"技巧之一，留白一定是与表达的节奏和语气有机搭配的，在统一的表达意图支配下形成一个灵动的语声形态。

在即兴评述中，评述者容易出现接连不断地说话，不敢较长时间停顿等状况，对时间的流逝有一种下意识的恐慌，唯恐声音的传播过程中出现空白，因而许多人在每句话的中间会有磕绊或停顿，但在两个句段的接口处却不敢有停顿。这是一种不好的评述习惯，要及时地意识到并进行修正。

在传播意图和表达目标的引领下，运用停连、重音、语气、节奏等外部手段，加上择词、构词、组句等内部手段结构整个语篇，在规定时间内最大限度地增强言语内容的含量，开拓听者的思想和接受度，这才是语篇构建的良好手段。

（二）串联语、省略和指代

串联语是即兴评述中用来串联各部分的话语。它通常出现在述和评之间，有助于将整个即兴评述融为一个整体，是有机的关联协调话语。

常见的串联语有：

通过这个材料，我们不难看出……

即兴评述

从这个新闻中，我们可以看出正反不同的两个观点……

下面是我的看法……

我有三点看法……

以上就是我的即兴评述。

串联语通常具有衔接转换和补充完善的作用。如果放在某些关键部位，它可以起到和标记语同样的作用。

组织和连接单个的语句，使其成为一个连贯的、有条理的整体，这就要在语篇层次上掌握使用语言的规则。词语等连接成分是特征明显的形式标志，关联词语就是一种典型的语义连接成分，它可以连接复句中的分句，表示分句间的关系，也可以连接句子或段落。

恰当的串联语可以推着口语表达者往前走。就像使用键盘进行"盲打"，一旦进入这个境界，即兴评述的语言组织就会如鱼得水，进入自由王国。

A：本来你们一走，我就打算来一场说走就走的旅行。

B：结果？

A：结果，被各种文字债缠住了。

B：我猜就是。

这段对话中，"本来"是串联语，由于它的出现，对话的另一方直接猜到了结局：肯定是没有去成这个"说走就走的旅行"。

关联词可以使语言连接紧密，语意表达连贯。表4-4-1是口语中常见的连接成分：

表 4-4-1

语义关系	连接成分举例
时间	原先、事先、很久、以前、不久前、过不多久、随之、随后、接下来、曾几何时、顷刻之间、片刻
序列、列举	首先，其次，最后；第一，第二，第三；一则，再则；其一，其二，其三；进一步说
加合	相应地、无独有偶、再说、此外、还有、更有甚者、另外、补充一点、除此以外
真相、实情	其实、实际上、确切地说、老实讲、不瞒你说、说句心里话
转折、选择	要不、但是、不过、然而、闲话少说、言归正传
条件	要是、不管怎样、无论如何、无论、不论、要不是这样、否则
让步	退一步说、自然、诚然、固然、当然
结果	终于、果然、不出所料、果不其然、果真、难怪、怪不得、原来如此
原因	所以、于是、因此、因而

续表

语义关系	连接成分举例
目的	为此
解释	这就是说、换句话说、也就是说、具体来说、具体地说
举例	拿……来说、例如、比如说、举个例子、以……为例
题外、补充	还有、另外、再说、补充一句、顺便说一下、顺带提一下、附带说几句
归纳、总结	总之、综上所述、总而言之、一言以蔽之、一句话、总的来看
意外	谁知、哪料到、突然、猛然间、岂料、岂知
推论	不用说、由此可见、显然、毫无疑问、可以肯定、这意味着、这说明
比较、对比、对立	同样、相比之下、与此相比、对比之下、相形之下、与此相反、相反、反之

关联词是许多评述者较容易掌握并使用的语篇连接手段。在即兴评述的语篇中，可以看到很多借助关联词来进行上下文衔接的例子，尤以"因为……所以……"使用得最为频繁。在不影响主要内容表达的情况下，还可以使用插入语，如"还有""另外一点就是"等来衔接，引出接下来起补充意义的句子。这些插入语的使用，可让语气更为舒缓，也让评述者放慢了组织语言的步伐，争取一点思考的时间。如：

还有，我觉得，很多人结了婚以后，他们，因为结婚，就觉得很稳定了；另外……就有可能不那么注意经营自己的婚姻，这就导致婚后各种各样问题的出现。

在即兴评述中使用"也就是说""具体地说""我解释一下"等插入语，可以换一种说法对前面的话语内容做进一步解释，以使叙述或评论更加清晰易懂。如：

·两个人结婚以后，具体地说，尤其是，妻子生完孩子之后，丈夫跟妻子的关系会变得越来越像很好的朋友，而不是爱人。

·可是，实际上，是命运让你觉得你有这样的能力改变自己。

结构衔接指语篇中某一小句与上文另一结构存在承上关系。常见的方式有替代、省略、照应等。如果表达者缺少口语语体意识就可能造成下面两种不良的语言现象：

第一种是关联词滥用或错用。

作为连接成分，关联词的使用固然重要，但由于口语的粗略性，没必要像书面语那样讲究字句完整，否则反而会影响语意的贯通。初级评述者容易出现关联词滥用的现象。如：

因为上个月我们有一个春假，所以我去南京旅行了。但是在南京的几天因为一直

即兴评述

下雨，影响心情，<u>所以</u>我只能一直在饭店里睡觉，只去了总统府一个地方，<u>所以</u>这次旅行不愉快。现在，<u>因为</u>春假我出去旅行了一次，<u>所以</u>最近不能再安排其他的旅行计划了，<u>因为</u>我要准备考试了。

这个评述片段中使用了4组"因为……所以……"，层次不仅没有因此更清晰，反而导致语句啰唆，结构不紧凑。

连接成分一般都是连接性词语，不仅有一定的意义，而且有的还是两个、三个一起使用，在语段上需要套用。如果评述者缺乏语篇的全局意识，就会出现错用或漏用的现象。如：

对于这个情况，除了加强学校管理以外，我还有几个建议。<u>一个</u>，学校的最后一节课下课时间可以做相应调整。<u>另外</u>，学校的餐厅可以错时用餐。

这段话就表现出评述者语段组织的不当。画线部分应当替换为表示列举的词语"一是""二是"，或者"第一""第二"，这样就清楚了。

第二种是省略和指代不当。

替代是为了避免重复，被替代的词语可以是名词、动词词组或中心词、小句等。比如前面说了"马云"，后面再出现时可以用"他"来替代。省略和指代不当在口语中十分常见。省略不当是口语表达中常见的一个问题；在指代方面，有时该用不用，而最常见的是指代不明。如：

·关于"丁克"问题，我认识一个人，没有孩子，到老年的时候收养了一个，对<u>他</u>很好。一直在公司上班，<u>他</u>的生活虽然衣食无忧，但还是有些辛苦。（省略不当）

·关于"丁克"问题，我认识一个人，<u>他</u>没有孩子，到老年的时候收养了一个，<u>他</u>对<u>他</u>很好。<u>他</u>一直在公司上班，<u>他</u>的生活虽然衣食无忧，但还是有些辛苦。（指代不明）

·一个男生过来扶起了老人，但是<u>他</u>的子女来了以后，却诬陷是<u>他</u>推倒了<u>他</u>，后来，在交警的调解之下，还找了目击者才证明<u>他</u>是做好事。（指代不明）

第一段里是省略不当，是孩子对他很好，还是他对孩子很好？谁一直在公司上班？句子中没有表达清楚。

后两段里都出现了画线部分的"他"指代不明。说话人自己心里是清楚的，但是在话语层面并没有对听者表达清楚"他"具体指的是谁。

省略的用法，用对了可以使语篇简洁、明快。

她是北京人，<u>她</u>生于广州，不过<u>她</u>现在住在香港。

人称代词"她"反复出现在每一个小句的开头，这通常是说话人边想边说，缺乏语篇意识造成的。从单句看，语言形式正确；从整个语篇来看，就显得啰唆，应该省略画线部分，改为：

她是北京人，生于广州，不过现在住在香港。

在进行即兴口语表达时，需要了解语篇的三种衔接与连贯手段：显性手段，运用连接成分，通常为词语；半隐性手段，运用省略和替代的方式；隐性手段，运用句子的逻辑关系。无论是显性、半隐性还是隐性的衔接与连贯手段，目的都是为了将许多个句子塑造成一个有着共同主题的语篇。

（三）逻辑顺序的衔接与连贯

在口语表达中，逻辑手段一般不使用外显的、有形的形式，而是主要靠句子、段落内在的语义联系来表现。如果说显性的手段主要体现的是衔接问题，那么隐性手段则体现的是连贯。连贯不仅仅是一个形式问题，它更多的是一种语义特征，包括社会文化背景、认知心理模式、语篇与语境等的关系。不同的篇章结构体现出不同的语义衔接方式，如按照时间顺序、空间顺序、认识或感情发展变化顺序来安排句子与段落等。

汉语中，习惯于从大到小、由远及近、从左到右、由上及下地来思考和理解事物，因此很多语篇都是按照这样的时空顺序来组织的。比如表达时间的方法是"2020年2月28日晚上8点45分"；介绍家庭成员的顺序是"爷爷、奶奶、爸爸、妈妈"；说方位，先说"东、西"，再说"南、北"等。这方面的例子随处可见。老舍的《济南的冬天》就是按照从里到外、从大到小、由远及近、由低到高的空间顺序来描写的：

古老的济南，城里那么狭窄，城外又那么宽敞，山坡上卧着些小村庄，小村庄的房顶上卧着点雪，对，这是张小水墨画，也许是唐代的名手画的吧。

那水呢，不但不结冰，倒反在绿萍上冒着点热气，水藻真绿，把终年贮蓄的绿色全拿出来了。天儿越晴，水藻越绿，就凭这些绿的精神，水也不忍得冻上，况且那些长枝的垂柳还要在水里照个影儿呢！看吧，由澄清的河水慢慢往上看吧，空中，半空中，天上，自上而下全是那么清亮，那么蓝汪汪的，整个的是块空灵的蓝水晶。这块水晶里，包着红屋顶，黄草山，像地毯上的小团花的小灰色树影。这就是冬天的济南。

连贯是从语意上对语言运用做出的要求。一个长的语篇往往有好几段，先说哪一段，后说哪一段；一段之中，先说哪一句，后说哪一句，需要通盘考虑和合理安排，尽可能前后贯通，语意畅达，一气呵成。要使语段语意连贯，首先要做到话题前后统一，不分散主题。不能随意改变叙述的角度，不管是说明一个意思，还是描述一个对象，总要有一个表述的角度，如时间的角度、空间的角度、人称的角度等。思路还要连续不断，按照事物发展的时间顺序、空间位置的变换顺序、事物操作的程序顺序等来安排。

运用显性或半隐性手段可以实现语篇的"形合"，运用隐性手段可达到"意合"。语篇组织的运用既受到口语表达水平的限制，也受到思维能力的限制。在做即兴评述练习时，多做语篇分析，多思考，能为评述者的表达提供更大的提升空间。

（四）标记语的使用

既然口语是线性的，要使它快捷有序地组织起来，最简单的方法是给它加好标记，就好像给一列火车的各个车厢贴上车厢号一样。如果缺少这种线性语言中的标记意识，说出来的内容之间就容易缺乏连贯性，有的还会出现串联词的滥用现象。

有些评述者在拿到题目后思考得比较深入，但说出来却比脑子里想的混乱，很多是因为没有使用代表逻辑顺序的词语。在开会的时候，管理者喜欢说"下面我就说三点"，这"三点"可以迅速地将所要表明的要点归类，形成几个逻辑清晰的条目。如拿到"越高学历的高知家长的孩子成绩也越好"这一话题，分析原因时可以用"第一、第二、第三"的"序数标记语"，或者"首先、其次、最后"来完成整个语篇的逻辑构建：

这种"越高学历的高知家长的孩子成绩也越好"现象，我觉得有四个主要原因：

第一，高知家长对社会问题的看法更多元和深入，站得高看得远，也会给孩子带来更广阔的视野和更有条理的思维，因而孩子的起点也会较高。

第二，在学习知识方面，由于高知家长自己做了表率和榜样，孩子潜移默化也会往高处走。

第三，高知家长更有条件正确辅导孩子的文化课，随时做孩子的家庭教师。

第四，高知家长更加开明，和孩子的关系更有可能民主和平等，有利于创设合理融洽的亲子关系。

这样使用序数标记语来进行评述，容易从形式上做到表述层次分明、逻辑清晰。

（五）流利性、停顿和套语

口语中的流利性首先是时间性现象，对流利性进行分析主要依据时间性指标。最能说明流利性的是语速和停顿次数。语速指发音速度，即说话人在单位时间内发出的语音总数，表现为说话的快慢；停顿指说话过程中短暂的停歇。通常有 4 项流利性测量指标：语速、发音时间比、语音速度、停顿间的平均无间断语流长度。其中最能说明问题的是无间断语流长度。

语流长度是指两个停顿之间发出音节的数量。我们听体育解说员的解说，或者看相声演员表演贯口，他们只为呼吸留很小的停顿，而停顿之间的语流却非常长，特别是在一些集体球类比赛中，解说的频率是很快的，在比赛最胶着的时刻，其话语状态跟相声或小品中的"贯口"有的一拼。那几乎不停顿的滔滔话语给人"超常流利"的感觉。停顿间的语流持续越长，说出的话语就越流畅。2020 年鼠年春晚，黄晓明和金婧在小品《机场姐妹花》中，围绕着"乘客点餐"两次出现了大段贯口：

两套紫米煎饼，一套煎饼不放葱，一套煎饼只放葱，五套绿豆煎饼，两套加啥也不加辣，一套加辣啥也不加，剩下的啥啥也不加，五个茶叶蛋，两个笨鸡蛋，三个鹌鹑蛋，五个荷包蛋，荷包蛋两个单面煎，三个双面煎，单面煎的放酱油，双面煎的放辣椒酱，剩下还要点原味豆浆，三杯热乎的，两杯凉嗖的，一杯温瞪的一杯温瞪的还有一杯温瞪的，三杯黑豆豆浆，一杯加冰不加糖，一杯加糖不加冰，一杯加冰又加糖，所有原味豆浆都要大杯的，所有黑豆豆浆都要小杯的，所有加冰的都要中杯的！

从文字版可以看出这段"点餐"一共 193 个音节。但两人在小品中的语流长度分别是：黄晓明 27 秒，金婧 22 秒。日常表达中，流利的语言代表了一定的说话速度，但只要有正常的表达速度即可，不必像小品中那样为了效果而追求快速。小品中这种高密度的语速可以给我们提供一个口齿练习的范本，评述者可以用这段贯口来练习一下，看看自己的"嘴皮子"怎么样。

你在进行贯口练习的时候体会到了什么？是不是在快速表达之中，可贵的停顿非常重要？体育解说和贯口表演，只有较少的停顿次数和较短的停顿时间，但这些停顿担负着重要的任务。停顿的频率跟句子的切分有关，当你把一个句子切分成一个个的片段时，切分得越细，停顿也就越多。如下句：

应该说在大城市更容易做到一对生育二胎的夫妇给孩子提供同样优质的教育资源。

这句话在表达的时候，可以切分成下面的样子或者更细：

应该说 // 在大城市 // 更容易做到 // 一对生育二胎的夫妇 // 给孩子提供同样优质的教育资源。

应该说在大城市 // 更容易做到一对生育二胎的夫妇 // 给孩子提供 // 同样优质的教育资源。

即兴评述

显然，在切分之后，话语说出的难度变小了，也更符合听者的接受规律。

口语中的停顿分为自然停顿和非自然停顿。口语表达中的自然停顿不仅仅是为了呼吸，也是为了传达意义的需要，顺应听者的节律，留给听者吸收和理解的时间。但对于流利性较低的表达者而言，非自然停顿的次数可能较高，超出了实际需要。

流利的即兴口语不是完全没有非自然停顿，即兴表达中的停顿有如下特点：停顿不经常；停顿一般都被补白；停顿发生在有意思的转折点上；两个停顿之间的长语流里有很多音节和词语。

即兴评述中流利的表达需要一定的准备时间，话题的熟悉程度、素材的难易程度等会对流利性产生影响。在言语产生过程中，理顺口语句法、缩短词语的提取速度有助于提高语言的流利度。

在即兴评述中使用套语等预制语块，可以大大提高信息的提取速度。套语，也是支架的一种。靠着它，评述者可以把自己的语言在瞬间"扶上墙"。

套语是语言中存在的一种特殊形式，是兼具词汇和语法特征的语言结构，通常由多个词构成，并具有特定的话语功能。短语如"日复一日、年复一年"，固定结构如"为……起见"，俗语如"百闻不如一见"等。由于这些都是整体储存在记忆中、使用时整体提取的，在口语表达时可以大大减轻大脑的词语提取和语言编码的压力。它的"预制性"使其输出时能够被预见，即使评述者表达有缺陷、语病，或者听者没听清楚、没听完全，也可以预见其意思，保证语言传输的畅达。

（六）4/3/2 与 4/2/3 重复练习法

重复练习同一则材料能有效加快语言的提取速度。4/3/2 重复练习法，就是让评述者向不同的对象讲述一件内容相同的事，对第一个人用 4 分钟讲完，对第二个人用 3 分钟，对第三个人用 2 分钟。在越来越短的时间内重述同一内容，语言输出的流利性和准确性都能达到较好的效果。

同样也可以使用 4/2/3 重复练习。流利性、准确性、丰富性之间有时是矛盾的关系，由于注意力的分配不同，说话语速快，往往会降低表达的准确性。流利性是一个语言加工过程，以意义为中心，反映了语言表达者完成真实任务时实际处理语言的能力。

仅从流利的层面来分析，即兴评述者具备以下三种能力有助于形成流利的表达：

第一种是以话语填充时间的能力，即说话过程中没有过长的停顿，说出话语的量比质显得更为重要。这种能力往往表现为大脑对语言输出的监察是无意识的、自动的。

"流利的废话"就属于这种"以话语填充时间的能力"。这也是在较宽范围的场合驾驭合适话题的能力，这种能力使人在遇到难度较大的话题或意想不到的情形时不至于张口结舌。4/3/2重复练习中的"4"，就是假设这样带着"水分"的表达在一段评述中占用了4分钟的时间。

第二种是用连贯的、理念的、语义密集的句子说话的能力，这种能力表明了即兴表达者对语言的把控。相对于带水分的4分钟，语义表达被浓缩了——在一段评述中只用2分钟的时间。

第三种是在第二种浓缩和简明的基础上，在语言使用中发挥创造性和想象力的能力，它形成了即兴表达时语言的丰富性。这样的语言在浓缩的基础上增加了形象性，所以它需要3分钟的时间。

按照这样的练习原理，在4/3/2重复练习的基础上，又可形成4/2/3重复练习法。

即兴表达的流利性，实质为话语的"流畅性"、语义的"连贯性"、句法的"正确性"和语言使用的"创造性"的结合。流利性属于整体性概念，所展现的是进行语言传播或者言语交际的基本技能，其自身并不具备单独存在的价值。因此，某些表达者虽具有说"流利的废话"的能力，能填满话语时间的空隙，表示"我已经流利地说完4分钟了"，但并不具备其他的存在意义。

语言流利性是高效快速地运作语言的能力，流畅、连贯地表达思想的能力。对语言任务的驾驭能力也可以作为衡量说话者口语流利性的指标。

★ 评述训练

1. 出生21天会笑，3个月时能自己挪动身体，5个月开始坐在小车里，11个月能走，14个月会跑，20个月会说话，21个月多一些就会背诵，这是一位小宝宝的成长轨迹。您要是问现在的年轻父母如何能让宝宝如此快速地成长，他们中的大多数一定会毫不犹豫地回答您：早教！那么早教究竟该"早"在何时呢？家长们的答案可能更会让您吃惊不小：6个月！如今的年轻父母们因为工作压力，生育年龄平均延后3到5年，因此对孩子的婴幼儿时期越来越重视。早教机构的出现，从某种程度上弥补了家庭教育自身的不足。你怎么看半岁的宝宝去上学？

2. 前阵子，贵州一名小学生考试得了奖状，回家走出了"傲视群雄"的步伐，被全国网友热传。无独有偶，泰州靖江生祠镇一章姓男孩这学期期末考了个全班第一，于是诗兴大发，爬上10米高楼楼顶，俯瞰生祠镇秀丽风光，谁知，想下楼时却因为恐高被困楼顶，只好站在楼上呼救，后被民警救下。你对此怎么看？

即兴评述

3. 马克思写《资本论》花了40年，达尔文写《物种起源》花了20年，哥白尼写《天体运行论》花了36年，摩尔根写《古代社会》花了40年，歌德写《浮士德》花了60年，托尔斯泰写《战争与和平》花了37年，司马迁写《史记》花了15年，左思写《三都赋》花了10年，李时珍写《本草纲目》花了27年，曹雪芹写《红楼梦》花了10年，徐霞客写《徐霞客游记》花了34年。以此做即兴评述。

4. 英语专业八级的本科毕业生，在哈尔滨火车站当售票员，为外籍旅客服务，获得老外"粉丝"无数。你对此怎么看？

5. 古希腊哲学家赫拉克利特说："智慧就在于说出真理，按照自然办事，倾听自然的话。"就是说，智者应该坚持真理，按照客观规律办事。如范晔所说"智者顺势而谋"，这就是与逆潮而动所施展的诡计狡诈划清了界限。以此做即兴评述。

6. 辽圣宗是辽国的一代明君。他发现一个叫萧朴的臣子把自己的领地治理得非常好，就询问其施政的经验。萧朴非常谦恭地说："我哪里有什么经验啊！臣下到这里之后，只不过学会了炒毛栗子，这里盛产毛栗子，把毛栗子放在同一锅里炒，出现了问题，小的炒熟了，大的还生着，而当大的炒熟了的时候，小的又炒糊了。我就吩咐把大的小的分开炒，只要火候掌握得好，大小毛栗子都能炒得一样香甜可口，所以臣下办任何事情，就像炒毛栗子一样，既注意层次，又注意火候，除此之外臣下再无其他能耐了。"辽圣宗听了，哈哈大笑说："你这炒的哪里是什么毛栗子，分明是在教寡人如何治国啊！"后来，辽圣宗就把萧朴调到自己身边，发现他处理事情，无论大小都能做得恰到好处，不久就把他升到了宰相。以此做即兴评述。

7. 一则"利用随手拍摄的钥匙照片，就能够轻松在网上配钥匙"的消息在网络上流传。搜索"配钥匙"等关键词，搜到不少可以进行远程配钥匙的店铺，家门钥匙、汽车钥匙都能远程配制。网店客服说，有图就能配各种钥匙，"拍几张照片给我，在家等着收钥匙就行了"。你对此怎么看？

8. 长假期间，景区公共厕所排长队是常事，尤其是女厕。为什么女厕总是排长队呢？比利时根特大学的研究发现，两间同样大的厕所，男厕有10个小便池加2个隔间，女厕是10个隔间，而女生如厕平均需要90秒，男生需要60秒，这样算下来，女厕平均等待时间是6分19秒，而男厕只要11秒。如何缩短女厕排队时间？答案是，增加女性坑位。

按照当前《城市公共厕所设计标准》要求，在人流集中的场所，女厕、男厕（含小便站位）的坑位比例不应小于2:1。而现实中，女厕和男厕的比例很难达到2:1，有时候连1:1也达不到。你对此怎么看？

9. 当有人喋喋不休地抱怨时，不耐烦的旁人可能会扔一句"有病"，当然这是气话。但如果抱怨成了生活的常态，别不当回事儿，抱怨对身心的损伤绝不亚于大家熟知的糖尿病、高血压。慢性病具有病程长、病因复杂、患病人群多、健康受损和社会危害严重等特点，从这个角度看，长期抱怨具备慢性病属性。举个例子，动脉硬化是导致心脑血管病的元凶，但是动脉硬化是个缓慢的过程，要十几年甚至几十年才把血管堵死。50多岁的人，动脉硬化每年血管都狭窄1%、2%左右，但你生气发怒，1分钟动脉可能狭窄许多，情绪就这么厉害。所以长期处于负面情绪不能自拔，对心脑血管等是一点好处也没有。你对此怎么看？

10. 常有人说，某某小孩优秀，是因为她家有钱，有资本、有条件让她"见世面"。你觉得"见世面"跟金钱有没有关系？

11. 有统计数据显示，为送偶像出道，用在投票和各种应援花费上，各方粉丝自掏腰包超过2 000万元。从千人见面会到偶像生日会各家"粉丝"场外布置，准备易拉宝、横幅和花墙，送礼物，买LED屏，为偶像承包广场……对于"粉丝"经济，你怎么看？

12. 江西九江小伙小聂因夜跑时顺便捡垃圾，意外成"网红"。武宁县委书记看到信息后要求大力弘扬他这种"全民管城"的好行为。你对此怎么看？

13. 健康医疗大数据是指健康医疗活动产生的数据的集合，既包括个人从出生到死亡的全生命周期过程中，因免疫、体检、治疗、运动、饮食等健康相关活动所产生的大数据，又涉及医疗服务、疾病防控、健康保障、食品安全和养生保健等多方面数据的聚合。谈谈你对大数据如何影响社会生活的看法。

14. 某市公交车队有一位女驾驶员，她家境富裕，有别墅，有一辆宝马X5轿车和一辆本田CRV轿车，但她依然坚持凌晨5点20分起床，开始一天的辛苦工作。目前她已开了18年公交车，是为数不多的四星等级驾驶员之一。她说，这份工作带来的乐趣，不是宝马车和别墅能代替的。你怎么看？

15. 除夕至正月初二是打车最难的3天，主要原因是春节出行需求增多，但大部分司机也选择休假与家人团聚，某打车软件提出乘客需额外支付3—8元不等的"春节服务费"。你怎么看？

16. 父母的思想，决定了家庭的价值观。父母的言行引导了整个家庭的风气，这风气就是家风。我们常常提到一句话"上梁不正下梁歪"，就是说这家人家风不好。家风正，遂人不斜。谈谈你对家风的看法。

17. 你认为电商平台是否会全面取代零售业？

即兴评述

18. 防控新冠肺炎疫情期间，你最大的改变是什么？《中国青年报》此前进行的一项调查显示，98%的受访者表示更加注重个人卫生。更勤洗手了、习惯戴口罩了、采用分餐制了、不吃"野味"了、游玩先预约了……多数受访者表示，疫情结束后仍会继续保持这些习惯。

习惯需要培养，养成好习惯不容易。多名专家和受访者表示，好习惯就要保持下去。此次抗疫中形成的公共卫生常识、生活和社交习惯，可上升为普适性的行为规范、凝聚成现代社会的治理智慧，并真正成为公民普遍遵从的生活方式和文明行为。出门戴口罩、不聚集扎堆、社交距离保持1米、使用公筷公勺、回家勤洗手、注意消毒……防疫期间，这些原本是硬性的疫情防控要求，正在成为越来越多人的自觉行为和日常生活习惯。以此做评述。

19. 某市出台政策：无偿献血超过4 000毫升，子女参加中考可获得加分，其中献血4 000毫升加1分，6 000毫升加2分，超过8 000毫升加3分。你怎么看？

20. 亲情、友情、爱情，如果必须舍弃一个得到剩余的两个，你的选择是什么？谈谈你的理解和看法。

第五章　即兴评述分类和评述路径

前面对即兴评述的几个关键要素做了宏观上的把握，本章在前四章基础上对即兴评述进行分类，并根据不同的类别找到相对应的评述路径。根据即兴评述的内容，可以分为人物评述、事件评述等；根据着眼点的不同，可以分为全面评述和重点评述等。人物评述，主要指对人物思想、言论、行为、性格、品质的评述；事件评述，主要指对事件性质、意义、背景、根源或发展趋向的评述。全面评述即多角度的透视；重点评述则是有选择地发表意见。这些都不再详细阐述。本章主要根据即兴评述的出题特征和考查形式，大致分新闻即兴评述、话题即兴评述、图片即兴评述和群体即兴评述四种形式，分别予以解析。

第一节　新闻即兴评述

评述所依据的材料来源是整篇新闻材料的即兴评述，就是新闻即兴评述。

新闻即兴评述的材料，相对于其他类型的评述材料来说很好区分。新闻即兴评述通常所提供的材料字数较多，篇幅较长，似乎不容易概括主题，但在评述时的好处是，事件叙述清楚完整，给一些平时积累较少且不擅长发散思维的评述者提供了较为充足的话语材料，评述者不用担心没有话说，仅仅是原材料就够复述了。但难点是浏览评述素材本身花的时间较多，如果是主题简单，内容单一的新闻材料还容易处理，假如新闻材料内容复杂，不止有一个信息点，概括起来比其他类型的即兴评述难度要大，相对而言更容易出现概括有误和评述跑题现象。

一、信息点的平行联想

从新闻素材中的某一个点拓展开信息点的平行联想法，它可以使用在新闻类材料

即兴评述

评述中,也适用于其他类型的即兴评述。下面通过例题48来体会一下面对新闻评述材料展开平行联想的妙处。

⊃ 例题 48

6月6日,济南长清孝里镇广里中心小学教室飘出孩子们快乐的歌声。每隔一周的周三是孩子们最盼望的日子,这一天,会有一些爷爷奶奶来到学校教他们唱歌。这些爷爷奶奶来自山东省直老战士合唱团支教团,为了让这些乡村孩子能和城里孩子一样上音乐课,他们一坚持就是4年多。

支教队来到后,不仅带来了音乐课,3年前,还帮助学校成立了一支合唱团,定期排练。合唱团在省会大剧院参加第四届济南国际合唱比赛,获得了银奖,这一次的经历给孩子们带来的远远不止一块奖牌。"一开始上台紧张,现在我一点都不紧张了。" 10岁的郭子琪说。

音乐给了孩子们更大的世界,还给了孩子们一个更大的梦想。这些志愿者老师,也从孩子们那淳朴、真切、清澈的眼神里激发出更慈厚的爱心。

这个周三孩子们上音乐课,等到下个周三,孩子们就要上美术课了。美术老师也是支教队的。今年年初,还有爱心人士为广里中心小学捐赠了全套的鼓乐队乐器,让广里中心小学有了孝里镇的第一支鼓乐队。支教队的影响还在继续扩大:3所小学也有了支教队上音乐课。

在乡村的教育方面,还有太多需要做的事情。这需要更多的人投入其中,但是支教看起来容易,坚持下去却很难。"我们学校之前也来过不少支教的队伍,大多数都是待个三天两天就走了,能待到一个星期就很不容易了。"靳校长说。在这支银发支教队到学校的时候,也没有想到他们可以坚持这么长时间。

支教队负责人说:"需要有人拿出时间来陪伴这些孩子,给他们的成长之路添一点动力。希望我们的队伍再壮大一些,来扎扎实实地做一些具体的事。100名志愿者,有10名能够长期坚持下来就很不错了。但是不管怎么样,我们都会继续做下去。"

这是一则难度适中的新闻评述材料。所谓难度适中,就是各个水平的评述者在面对这则材料时都能有话说,材料主题单一,内容具有普适性,不容易跑题,而高水平的评述者也有上升的余地,不至于被题目限制。面对这则材料信息点的平行联想,可以按照下面三步来展开:

第一步,信息点触发。

信息点的触发,可以由新闻材料中的某个信息点,激发评述者思维的兴奋点。当人处于兴奋状态时，思维最活跃。结合自己的生活和对社会的感受、认知，信息点会触发得更快一些。在评述的准备环节，信息点的触发和捕捉是同步进行的。因为"触发"是潜在的阶段，而"捕捉"就是将这信息点显现出来。例题48材料中有两个信息触发点：一个是乡村孩子，一个是老年志愿者。

第二步，信息点捕捉。

在例题48两个信息点触发的基础上，可以对这两个触发点进行捕捉：一是，乡村孩子缺失艺术类课程；二是，老年人合唱团志愿者发挥余热。这两个信息点的捕捉，通常也就是下一步平行联想的开始。

第三步，信息点平行联想。

随着对信息点的捕捉，思维会沿着相关的方向有规则地延伸开去。借鉴思维发散的"层递拓展"练习形式，把这个流程在新闻即兴评述中外化出来，在增加定语和不同视角挪移的基础上扩展话题内容。结合自己掌握的其他信息或者自身的所见所闻，往往可以联想到更多。平时善于观察、善于发现和积累，有助于尽快地进入思维的兴奋状态，这是平行联想的关键。

下面是针对例题48的信息点展开的平行联想：

先找主词（信息点）：乡村小学、支教队、老年人

乡村小学——少音乐、美术——少体育——少现代教育技术——师资缺乏、资金短缺等

支教队——大学生支教、研究生支教、留学生支教等

老年人——广场舞——跌倒了扶不扶——发挥余热等

看到这个平行推开的联想流程，思维就能清晰许多。面对纷繁的新闻，脑子里随时可以捉到类似的几个信息点，再平行推开几条线，在此基础上就可以把内部言语转化成连贯有序、清晰生动的外部言语。

平时也可以做这种平行联想的练习，练习步骤可以围绕增加信息点中心词的定语或扩展话题内容来展开，如图5-1-1。

使用平行联想，只是提供了一个展开联想的基本方式，还可以在这个基础上根据个人的思考习惯找到更多实用的联想路径。

把头脑中朦胧的大意或信息点进行扩展，再说出来使之成为一段有内容、有秩序、连贯流畅的即兴评述，是通过"展说"达到的，这是一个从确定信息点到扩展信息点再到表达出来的过程。

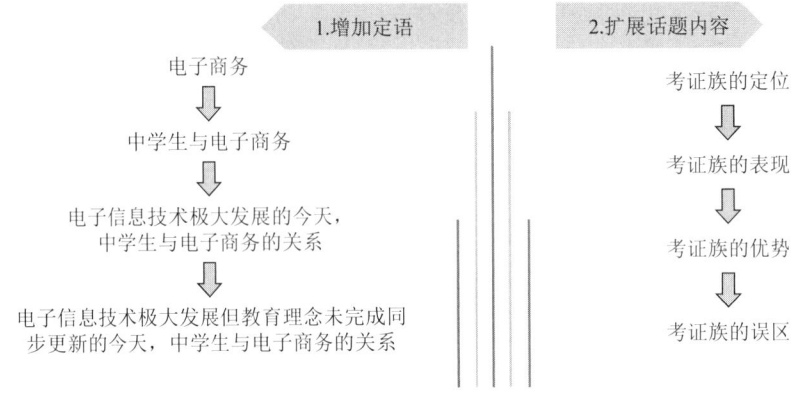

图 5-1-1 "层递拓展"示例

二、避免迷路的明示信息

新闻即兴评述比其他类型评述跑题的概率更高些，新闻材料字数较多，评述者容易被纷繁的信息干扰，因而出现"迷路"，继而评述"走偏"。常见的跑题表现有切入点走偏、离题万里、空中楼阁等。

○例题 49

近日，媒体报道了天津一位 12 岁的女孩，因为不满父母生二胎离家出走，从天津坐公交车一直到了北京通州，后所幸民警联系上家长，安全接回。

情感专家也介绍了一些案例：一个 7 岁的小女孩，在有了弟弟之后，觉得父母对弟弟的疼爱比她多，心中有些不平衡。后来女孩有一次生病发烧，一直呕吐，才感觉到父母对她的用心照顾。小女孩有了自己的想法，看来只要发烧一吐，爸爸妈妈就会对她好，就不会去管小弟弟，结果就不断暴饮暴食，吃完就吐，来索取父母的爱。一位大二女生得知母亲怀孕后，半年不和母亲讲话，甚至春节期间也不愿回家。

在医学上，有一个临床疾病叫作"同胞竞争障碍"，是指在新的同胞出生时，大宝会出现焦虑、烦躁、失眠、哭闹、行为异常，甚至是伤害幼小同胞或是自己的伤害性行为。临床上也有很多老大因二胎出现诱发抑郁症、强迫症等精神障碍。

对于这则新闻材料，分析下面的即兴评述有什么问题：

现在，子女和父母之间的沟通问题真是越来越大了。就拿我们高三学生来说吧，跟父母有沟通问题的真是不少。我们高三学业压力大，不少家长不但不理解，还爱指手画脚。我们青春期的学生，很可能在家言语不合就争吵起来，有的甚至酿成悲剧发生。

就拿我一个高中同学来说吧……

这个评述的切入点走偏了。原材料的主题是"二胎引发的父母与子女之间的矛盾",但这个评论的主题则是"父母与青春期子女之间的沟通问题",属于典型的评述切入点走偏。

"离题万里""空中楼阁"这类的即兴评述,从名字上就可以看出它们都属于更加严重的跑题现象。

新闻评述材料中的明示信息、隐含信息和迷惑信息多方混杂,评述者在阅读材料时应注意甄别,避开干扰,找到最重要的信息。

(一)明示信息

直接在评述材料中用文字体现出来的有价值的关键性信息就是明示信息。评述者只要能在读题的时候区分出它是明示信息,那么信息点的得出就是自然而然的事了。明示信息也叫显性信息。

例题 49 中画线部分"不满父母生二胎"和"同胞竞争障碍",就是材料中的明示信息。只要在读材料的时候捕捉住了这两个关键信息,就是抓到了材料的主题,围绕它们展开就不容易跑题。

在较复杂的材料中,关键性的明示信息往往有一些标记。比如,一些带引号的话语信息,一些专家或政府工作人员说出来的话语信息,还有一些否定词、转折词以及表示缺失的词语后面的语句,通常都会是材料中比较重要的信息。

⊃例题 50

"学校在微博、微信、网站多次发布延期开学通知,并由班主任、辅导员通知到每一个人。他们俩不听话,不重视。"2020 年 2 月 4 日,西北某大学官方微信通报,称该校一名研究生和另一名大四学生,擅自提前返校且未及时向学院报告,被给予警告处分,其他学生要引以为戒,不得私自提前返校。

通报发出后引起广泛关注,有网友开玩笑称"积极上学也要被处分"。校方表示,两名学生跨区域返校,无异常情况,已隔离安置。如果没有发生疫情,提前返校的确是积极上学的表现,理当表扬。但目前正处于合力抗疫的特殊时期,不听劝阻,擅自提前返校,与平时"提前返校"不可相提并论。

当前,抗击新型冠状肺炎疫情形势严峻,为避免交叉感染,尽快打赢疫情阻击战,诸多专家都建议学校延迟开学,各级教育部门积极响应,要求各类学校延期开学,几

即兴评述

乎所有学校均发布通知,并强调要求学生不能擅自提前返校,在家坐等开学通知。涉事高校也是,不但通过各种渠道统一通知,还由班主任、辅导员具体通知到了每个学生。但<u>两位学生不把疫情当回事,既不顾被感染的危险,也不遵循主动报告的规定。</u>往小了说,这显然违反了校规校纪;往大了看,纯粹是给"抗疫"添乱。

专家说,<u>提前返校意味着在返程路上可能接触到大量人员,这会增加沿途和进校后的交叉感染风险。</u>

宅而后定,定而后安。新型冠状肺炎危害不容小觑,非常时期,<u>"宅在家里就是做贡献"</u>这句话很流行,实际上饱含深意。作为学生,就要严格听从安排。不给"抗疫"添乱,其实也是一堂规则意识课。

例题50 这则新闻材料中的画线部分,分别是"转折词后面的话语"、"专家话语"和"引号话语",都属于明示信息。无论材料多长,信息多繁杂,抓住这几处就能简单明了地抓住评述的要点。

（二）隐含信息

隐含信息是潜藏在材料中,没有在材料的文字层面直接表达出来,而是需要评述者根据现有材料和已有经验重建的信息,也叫隐性信息。能够找到隐含信息的人通常不仅要善于发现,而且还要善于联想和推理。

例题49中的隐含信息比较多。根据材料,可以得出"青春期孩子身体不舒服有可能是心病","二胎综合征有可能比我们已知的更严重","随着二胎政策的放开,孩子的心理关怀要跟上",等等。不同的人根据自己的生活积累和对社会现象的联想,还可以挖出更多的隐含信息。获得隐含信息的能力取决于评述者自己重建材料中所未直接表达出来的信息的能力。

（三）迷惑信息

出现在新闻材料中的一些细节干扰了评述者的正常思维,影响了评述者得出正确的结论,这样的信息就是迷惑信息。例题49中"看来只要发烧一吐,爸爸妈妈就会对她好,就不会去管小弟弟,结果就不断暴饮暴食,吃完就吐"这些细节,有可能引起一些评述者的联想。有的评述者想到自己小时候也这样做过,为了获得家长的关爱就装病、故意着凉生病,发烧后家长会给自己买黄桃罐头,因此馋罐头的时候就会出去吹风着凉……这些虽然与新闻材料中的信息有关联,但并非主要矛盾。它们的出现导致评述者偏离了主要的评述方向。

有些信息虽然在新闻材料中明确地出现，但未必是评述的重点。尤其要注意新闻材料中的细节，由于普通人潜意识中往往对鸡毛蒜皮的东西更感兴趣，这些迷惑信息更容易触发普通人的一些琐碎情绪，因此新闻材料中的细节部分也就成了导致评述者离题万里的关键所在。

了解了新闻评述材料中可能存在这三种信息，在读材料时善于分辨和摒弃迷惑信息，注意捕捉明示信息，继而抓住事物发展的主要矛盾。

三、新闻材料的评述支架

无论面对哪类材料、使用什么支架，都要明确一个目标，即在"述"的基础上"评"——通过对某种社会现象进行分析评论，挖掘出现象背后隐藏的道理，表现出评述者看问题的态度。围绕某一新闻材料展开的评论，大致可以归纳出三个类别：赞扬性话题、批评性话题和启示性话题。

⊃ 例题 51

在昏黄的路灯下，两辆大功率轰隆作响的摩托车飞速行驶至路口，随即被交警拦下。这是6月1日晚山东济南历下交警在历山路与和平路开展"平安10号"行动时发生的一幕。

随着气温的升高，市民群众反映强烈的大功率、改装机动车夜晚飙车扰民的现象有所抬头。下周就要迎来高考，近日，济南交警连续在晚间组织查处行动，还考生一片宁静。历下交警大队先后在5月30日、6月1日晚间设点查处"炸街"摩托车以及非法改造车辆。在6月1日晚的查处中，8点30分，行动开始15分钟，就有两辆轰鸣声震天的摩托车沿和平路快速行驶，被正在执法的民警拦下。

经检查，两车均有合法牌照且两名驾驶人均持有准驾摩托车的驾驶证，但核对行驶证照片，民警发现在两辆摩托车的排气筒处均有明显的焊接痕迹。民警支起摩托车支架，发动机器，一加油门，排气管就发出震天的轰鸣声。

"这个声音肯定不对，肯定会对居民生活带来噪音污染，经过核对行驶证，这两辆车涉嫌对排气管进行了改造，我们要暂扣车辆进一步调查处理。"交警介绍说。

在当晚的行动中，历下交警共出动民警40余人次，在辖区设置4个查处点，共计查扣涉嫌非法改型摩托车7辆，其中两轮摩托车4辆，三轮摩托车3辆。

交警表示，针对非法改型改造车辆的查处还将继续下去。

这篇关于整治"炸街"摩托车的素材就可以概括出一个批评性的话题。主要评述内容可以放在对"炸街"行为的批评上，但也有少数评述者会剑走偏锋，将评述的重点放在交警的执法上，这就不太合适了。确定是赞扬性话题还是批评性话题，抑或是中性化的启发性话题，是做出有效评述并且站位正确的前提。

在判定话题类别、方向的基础上，可以总结出一个新闻即兴评述的支架，然后按此思路进行即兴评述（见表5-1-1）。

表 5-1-1

主线	支架	对支架的材料填充
概括	主语+事件主体	高考临近，交警（主语）集中查处"炸街"摩托车（事件主体）。
关注理由	为什么成为热点	随着气温的升高，高考也临近了。大家知道，高考生心情是十分紧张的，连带着家人可能也会休息不好，而到了夜间，一些"飙车族"常常出没于大街小巷，噪音十分扰民。
起因	先外后内 先大后小 先普遍后特殊	这些年，各种现代化的生活方式，给年轻人带来了张扬自我的勇气和欲望。一些年轻人可能为了标榜个性和不同的生活方式，于是改装车辆，加大功率或者增加音响音量，在路上招摇过市。白天车流很大，他们不敢出来，到了晚上，车流少了，交警也下班了，就出来招摇过市，十分扰民，还很容易引发交通事故。
态度	赞成 反对 中立	我觉得严厉查处这类改装车辆势在必行，不仅能还我们一个安静的环境，而且还有利于道路交通秩序的维护。
联想	联想到相关的事情或现象	其实，说到这里，我联想到此类事情以前也有过，从20世纪80年代提着四喇叭录音机招摇过市的新潮青年，到今天将汽车改装成房车的个性一族，追求个性生活本没有什么，但是应该把握两个原则：一是不要扰民，二是不能违反国家相关法律法规。 ……查处这些飙车党，其实也是给他们的生命安全保驾护航。我联想到我邻居家的一个孩子才20多岁，家境富裕，他就很爱飙车，因为半夜飙车出车祸，导致瘫痪。
方案	对事件提出相关建议	我觉得，这种查处"炸街"摩托车的工作，要长期搞下去，而且要加大惩罚力度，不仅仅在高考之前和高考期间查处。应当在全体市民心中树立遵守道路交通法规的意识，共同维护我们的出行安全和生活环境。

无论是赞扬性话题、批评性话题还是启发性话题，都可以顺着这个支架展开评述。这只是"学步"阶段的支架，熟练之后就可以拆除支架了。

四、应对难题的方法

即兴评述面对形形色色的新闻事件，总有可能遇到难易度不同的内容。准备上即兴评述考场的考生往往最担心的问题就是"抽到了自己不会的题目怎么办"。如果真的抽到了自己完全不了解的事物，有两个方法可以作为应急之策。

（一）寻找公众视角和人之常情

不少新闻中都有故事情节，有故事就会有人物关系，就会有开头、经过、结尾，所以一旦遇到完全不懂的事物，不要自作聪明地去解释该事物的相关信息，这种"想当然"的做法很容易南辕北辙。除了新闻事件的主要矛盾冲突点以外，还可以找到其他的关注点。在遇到难题时，着眼于评述其中人物的关系或事件造成的影响是比较安全的。避开自己不擅长的东西，从公众的视角和人之常情出发，比如恪守爱国、爱岗、尊老爱幼、与人为善、大局为重等，总之，从符合人类发展的总目标方面来说通常会比较保险。

➲ 例题 52

《环球时报》近日曾就"韩联社中文网文章萨德配图瞄准中国国旗"一事进行报道，韩媒此举引发中国网民极大反感。18日，《环球时报》记者在检索韩联社中文网时发现，自从本报8日的报道刊出后，该网站更新的涉及"萨德"的新闻配图并未再出现五星红旗。最近的一篇报道是16日题为"韩军和乐天就萨德部署签地皮置换协议或被推迟"的消息。该报道称，韩军方正在同乐天集团就置换地皮进行谈判，但由于担心在华业务受到负面影响，乐天对谈判表现出消极态度。新闻配的是一张"萨德"系统正在发射的图片，对准的不是五星红旗，而是乐天集团的英文logo。此前，韩联社北京分社社长陈炳太在接受《环球时报》记者采访时，曾否认配图中出现五星红旗是"瞄准中国"的意思。针对中国民众的反感，他表示会向韩联社总部反馈，以后在选用图片时将更加慎重。但对于韩联社方面"何时会将不当配图撤下"，对方至今未给出正式回复。

你可能不明白"萨德"是什么，也没有关注过"萨德"所引发的国际问题，但能从材料中概括出的主要问题是：由于韩国新闻报道时图片使用不妥当，引起中国网民的反感。这是两国之间的外交问题，如果在评述中把重点放在"萨德"上，就成了"明知山有虎，偏向虎山行"。因此，不要说"萨德"或"乐天"，只从两国关系说起就会轻松许多。"避险"的思路如下：

第一步：对事件的简单概括。

韩国新闻报道时图片使用不妥当，引起中国网民的反感。

第二步：着眼于事件造成的影响。

我认为，韩国萨德系统发射时，不论是不是对准五星红旗，这都是一个态度问题，是韩国对华态度问题。韩方应及时将不当图片撤下，否则会伤害中韩之间的友好关系。

第三步：从公众的视角出发，来看待问题。

对于中国网民，我们也要呼吁大家理性对待，不要煽动极端民族主义的思想，要相信政府。同时，我们也要热爱祖国，相信我们的国家一定会维护国家尊严，保持独立自主、友好和谐的国际交往环境。

从对例题52这则材料的处理方式可以看出，面对自己不熟悉的新闻材料，在评述时可以避重就轻，化实为虚，按照以下路径展开：

对事件的简单概括——着眼于事件造成的影响——公众的视角

这样，在面对自己不熟悉的材料时，就可以化难为简，从容应对了。

（二）把握"两重性"原则

新闻即兴评述，需要评述者旗帜鲜明地亮出观点。假如评述者对材料中的主要信息并不太熟悉，或者某个新闻所报道的领域与评述者的实际生活距离较远，这时就可以借鉴一个论辩学中的方法，那就是"两重性"原则。

世界是对立统一的，客观事物往往不只有它显示出的这一面，还有人们看不到但可以想到的另一面。"两重性"原则，可以使评述者从一个客观辩证的角度宏观地看问题，避免对所评述事物的表述出现绝对化。

⊃例题53

上课可以发弹幕向老师提问和吐槽？在重庆邮电大学通信信息工程学院302教室，这样的课堂形式是常态。讲台上的老师不但不管，还乐呵呵地看着同学们"玩手机"。这是该校通信信息工程学院张毅老师创新的上课方式，想上这门课的学生，需要提前半小时占座。课堂上，学生利用手机和老师互动，教室大屏幕上飘过多行文字，有试题答案，有疑惑，还有各种吐槽和调侃。

张老师在教学中发现，大学生上课偷玩手机的一个重要原因，是课堂没有吸引力，一些课程内容本就枯燥艰涩，容易让学生走神。在他看来，既然学生喜欢用手机，不如让手机为教学服务，发挥新媒体的作用。不少学生在平时就喜欢一边看视频，一边发弹幕，如今上课也可以发弹幕，这种场景代入感对学生们产生了巨大的吸引力。学生兴趣盎然地关注弹幕内容，时而开怀大笑，时而凝眉思考，自然无暇用手机不务正业。

这是一则关于使用了现代教育技术手段的课堂教学报道的新闻。如果评述者对"弹幕"以及当代大学生的课堂教学形式并不太了解,也可以参考前面的步骤展开评述:

第一步:对事件的简单概括。

在重庆某高校,上课可以发弹幕向老师提问和吐槽,这可是个新鲜事儿。

第二步:着眼于事件造成的影响。

年青的一代是看着电子设备长大的,传统教学方式对他们来说容易觉得枯燥,缺乏吸引力,学习效率低。对此,老师创设情境,优化教学环境,活跃课堂氛围,让课堂生动起来,提高课堂教学的吸引力。允许学生发弹幕提问和吐槽也是可以理解的。

第三步:从"两重性"原则出发,辩证地看问题。

对这个问题,我觉得可以从两方面来看。

一方面,上课发弹幕向老师提问和吐槽,活跃了课堂气氛,调动了大家的积极性。寓教于乐、寓学于趣的目的是提高学习效率。事实上,这样也确实做到了。大家争相占座上课,上课时也不再拿着手机不务正业了。

从另一方面来说,也要看到有学生本来就依赖手机,如果再鼓励他们用手机发弹幕提问,会不会加重学生的手机依赖症?发弹幕不能从根本上解决课堂枯燥的问题,虽然有新意,但并非是课堂提问的最恰当方式,也并非是师生互动的最主要方式,师生还是用语言交流与沟通吧。

一件新事物要从两面看,短期内可能会起到一定作用,但如果经常化,反而会产生其他的不良影响,应谨慎借鉴。

对例题53这则材料的处理,是将"公众的视角"换成了"两重性"原则:

对事件的简单概括—着眼于事件造成的影响—"两重性"原则

通过对例题52和例题53评述的拆解分析,可以总结出新闻即兴评述中的难题解决路径,主要是这样三步:

第一步:简单概括新闻的主要内容。

第二步:从公众意识和人之常情出发,围绕新闻主题做宽范围的解读。

第三步:从符合社会公众价值观的角度,给出个人看法和对策。

难题,通常要通过实力来解决,但在实力不够,遇到的评述素材又棘手的情况下,作为"应急"的方法,按照这几步来做,新闻即兴评述中遇到的难题通常会最大限度地得以化解。

即兴评述

★评述训练

1. 2019年10月2日18时50分，上海大外滩区域瞬时客流达到22万人。按照外滩面积34.6公顷数据来算，留给每个人占的地方只有1.7平方米。黄浦警方为此采取"雨刷式过马路"来疏导人和车辆。

人均占地1.7平方米是什么概念？2018年，央视网报道了肯尼亚维多利亚湖中的米金戈岛，该岛面积为2 000平方米，住着近1 000人，人均占地面积为2平方米，号称全球最拥挤小岛。10月2日18时50分的外滩，可以说比全球最拥挤小岛还要挤。但是，外滩居然不是热门景区中最拥挤的。八达岭长城6月开始限流，每日最大限制客流量为6.5万人次。10月3日，八达岭长城官微说，当天9时38分，6.5万张票卖完了。尽管客流被限制了，但你看到最多的仍然是人。按照长城总面积1.9万平方米计算，在6.5万人都进去的那一刻，人均面积只有0.3平方米，1平方米内得挤下3个人。

世界最挤的地方，也许是10月3日上午某时某刻的长城。

2. 直播带货成了不少人的副业，甚至是主业。近日，人社部等部门发布了9个新职业信息，包括区块链工程技术人员、城市管理网格员、互联网营销师、信息安全测试员、区块链应用操作员、在线学习服务师、社群健康助理员、老年人能力评估师、增材制造设备操作员。在"互联网营销师"职业下增设"直播销售员"工种。这意味着带货主播成为正式工种，李佳琦们正式转正了。一块粉布做背景墙，几根木针和毛线团当道具，这是50岁北京店主张女士的淘宝直播间。这家淡如水的小店保持每场3万多人次的观看。2018年6月张女士开淘宝直播在线教授织毛衣，首次直播只有几十人围观。2019年，淘宝直播开启飞速增长模式，连续三年引导成交增速达150%以上。张女士意识到前一年打开的是通向直播带货风口的新大门。趁着这股东风，张女士也开启快速扩张模式，如今"大妈直播团"已增加到6人，每天至少播12小时，交易几乎全部发生在直播间。特别是疫情期间，张女士的编织服饰专营店迎来爆发性增长，上半年店铺业绩达到1 000万元，超过去年全年销售额。

3. 2019年1月25日武汉大雪。中午12点18分，"饿了么"菱角湖万达站点接到了一个特别的订单，4份冬瓜虾米粥共计104元，订餐客户黄先生在备注栏写下"不用送货，天气冷，请帮我送给外卖小哥自己和在天寒地冻里工作的环卫工人"。

黄先生点单的餐饮店店长看到订单留言后，在4份粥外又多赠送了两份，"多让两位环卫工吃上也好！"外卖小哥袁先生沿路送几单外卖，都会多行五六公里去寻找路边的环卫工人，然后双手递上粥，并把黄先生的善意转告给环卫工人。14点26分送完中午派单后,袁先生回到菱角湖万达站点吃自己的午餐,"今天特别暖心,好多订单的客户留言,说即便送餐迟到了也不会催,希望我们注意安全"。

记者了解到,25日,不少市民匿名为户外工作者点爱心餐,还有不少市民留言让骑手小哥送外卖时一定将安全放在第一位,不要着急送到。

4.高考前夕,荆州中学一张试卷火了,被戏称为"最减压试卷"。试卷的每一道题都是"鸡汤"加"知识点"的组合,用段子引出提问,令人捧腹。"遇见你的那一刻,我的心电图就如函数""确认过眼神,你是不是会做题的人"……与这份"网红试卷"一同走红的,还有10余名荆州中学高三数学老师,其中最年轻的,是今年25岁的郑老师。

对于走红,郑老师感到有点意外。"这个命题的初衷,是为了增加考试的趣味性,为学生减减压。"离高考不到10天,高三学生压力非常大,学校也采取了不少办法为学生减压。当学校让他出高三数学试卷时,一个大胆的想法浮现出来:把网络流行的"抖音体"融进试题中,让诙谐的语言与题目内容有机结合在一起,增强试卷的趣味性,让学生的压力得到有效释放,做题更有动力。郑老师立即着手寻找热门歌曲、构思场景,再把相关场景融进题目中……

"第2题填空题:确认过眼神,你是不是会做题的人""第21题:你的生活就是定义域,你的思想就是我的对应法则。你的微笑肯定,就是我存在于此的充要条件。"……融入了《醉赤壁》《纸短情长》等多首"抖音神曲"的这套"网红试卷",上交至高三数学备课组后,引起了激烈的讨论。有老师认为十分新颖。也有的担心不够严肃,家长有意见。经过一个多星期的反复斟酌,也参考之前网上的类似"减压试卷",证实了试卷的可行性,最终确定了试卷内容。

起初大家的担心,在试卷发下去后都烟消云散了。学生反响很好,达到了老师们出题的初衷。"很多学生都被逗乐了,还有两个女生当场哭了,据称是被老师的良苦用心所感动。"

5.提到共享单车,大家首先讨论的是安全问题。按照我国《道路交通安全法实施条例》规定,骑行自行车、三轮车必须年满12周岁。然而,调研中发现,超过20%的中小学生不知道年满12周岁才能骑共享单车,还有超过20%的中小学生明知违规也骑过共享单车,超过35%的家长同意不满12周岁的中小学生使用共享单车。

"我看到过有小学生放学使用共享单车,还在马路上比赛。"在受访者中,不少人看到过各种各样违规使用共享单车的情形。而使用过共享单车的学生普遍表示,共享单车使用安全问题,主要会出现轮胎卡到脚踝,刹车、车把不灵敏导致控制不住方向等。对此,有网友评论道,运营企业应更新技术,把机械锁改成智能锁,禁止未满12周岁的学生注册。另外,社会和学校要加大宣传力度,让家长们肩负起监管责任。

6. 6月1日,包头市南海湿地风景区里碧波荡漾,到处是快乐游玩的家长和孩子,一群戴着鲜艳的红领巾、高唱《少先队之歌》的老人吸引了众人的目光。组织者王秀梅说:"小时候生活条件艰苦,没有享受到过'六一'儿童节的快乐。"他们小的时候娱乐项目很简单,女孩子跳皮筋、踢毽子,男孩子滚铁环、弹玻璃球,即使这么简单的游戏,也带给他们无限的欢乐和温暖的回忆。

这些"老顽童"都是60后,1973年在石拐区大磁小学一年级四班共同读书学习,以前没有条件过"六一"儿童节,心中不免有些遗憾。前些日子,王秀梅心中萌生了一个想法:组织当年的小学同学们补过一个"六一"儿童节。她把这个想法发到微信同学群里,得到大家的热烈响应。当年的小学生们如今已是满头白发,大家相约来到南海湿地风景区,戴上了鲜艳的红领巾,打沙包、踢毽子、跳绳……共度欢乐"六一"儿童节。

"老顽童"们纷纷表示,这几十年国家发展速度太快了,大家都过上了幸福的好日子。活动结束时,他们拍下了一张迟到了很久的"六一"儿童节合影。

7. 杭州九莲小学五(3)班的马思齐熟读《西游记》,发现了其中一个漏洞——从东土大唐到西域,里面的菜名似乎都是江淮美食。

在一篇作文里,马思齐列举了《西游记》不同故事里宴会上的菜名,就算到了西域,菜也是中餐。

第五十四回西梁女儿国国王婚宴菜单:玉屑米饭、蒸饼、糖糕、蘑菇、香蕈、木耳、石花菜、黄花菜、紫菜、蔓菁、芋头、萝蓏(卜)、山药、黄精……

第六十七回驼罗庄斋饭:面筋、豆腐、芋苗、萝白、辣芥、蔓菁、香稻米饭、醋烧葵汤……

第六十九回朱紫国:狮仙、笋芽木耳、蘑菇、黄梁饭、菇米糊、粉汤……

第七十九回小儿国国王宴请:狮糖、粉条、蘑菇、木耳、黄精、香稻饭……

"从菜单可以看出,米饭、蘑菇、香蕈、木耳、豆腐、面筋、芋头、萝卜,几乎每顿饭都有。相同的食物穿越了十万八千里,遍布各个地域,比孙悟空的筋斗云还要快还要远。《西游记》作者吴承恩是淮安人,这些食物大多是江淮美食。"马思齐说,《西游记》读了好几遍,有些故事看了十多遍,里面很多菜是相似的,应该是吴承恩老家的菜,就写了这篇作文。

浙江大学人文学院院长楼含松教授看了马思齐的作文后说:"小朋友的思考非常值

得肯定,她读书细心,作文的观点大致是合理的,作家笔下的细节往往和生活经验关系密切,但这些菜品是否淮安特有很难说。"

8.西安电子科技大学南校区体育馆副馆前有一条红砖铺成的"校友路",宽约8.6米,长约30米。在这些红砖上,有些刻的是学生姓名,有些是昵称、班级、公司名等。在这些名称下,还刻有1至6位不等的数字,这些数字有的代表认捐校友的学号、班级,也有的代表出生日期或其他具有特殊意义的数字。

据相关负责人介绍,"校友路"上的红砖是从2017年出现的,是由当年毕业的学生认捐的,认捐校友信息需通过学校审核,目前已有近6 000名校友认捐。每块砖31元起,寓意学校诞生于1931年,也表示西电学子和母校永相连,将代代学子们的希望不断延续,将母校精神继续传承,也让校友在母校留下永久的印记。

一名已毕业的校友表示,他最开始以为是对学校有贡献的校友,可以将名字留在此处,"后来才知道是毕业校友认捐的,所以我毕业的时候也认捐了一块砖,上次放假还带女朋友回来找过我的名字,感觉挺有意义的,很有归属感"。

该校几名大一的学生表示,因为平时上课、吃饭几乎不会从此经过,所以没有发现这条路的不同之处,"我们第一次留意这条路上刻有名字,看着这些密密麻麻的名字,就好像这些校友和我们认识一样,于是我们在想,等我们毕业的时候,也希望可以认捐几块砖,将它们留在学校,以后可以和好友再回来看看"。

9. 2019年11月16日,网上曝出济南一张近万元的出租车发票,单据显示里程918.4公里,花费9 926元,而时间仅用不到两小时。这引起了不少网友的质疑。出租车发票显示,乘客上车时间是2019年11月15日4点27分,下车时间为6点14分,不到两个小时如何从济南西站到达东莞呢?

出租车公司证实"发票是真的"。计价器的时间显示无法超过24小时,乘客实际下车时间应该是16日6点14分,全程耗时近26个小时。同时公里数也只能显示到百位,无法显示千位。从济南西站到东莞市实际距离1 830公里左右,这才引起网友的质疑。对于网友关心的空车回程问题,工作人员解释说,返程费用由驾驶员承担。

据了解,出租车驾驶员是一位38岁的男士,目前他已经回到济南,正在休息不便接受采访。而这个大单的乘客是一位带孩子的母亲,孩子患有自闭症,不便乘坐其他交通工具。

自闭症又称孤独症,被归类为一种由于神经系统失调导致的发育障碍,其病征包括不正常的社交能力、沟通能力、兴趣和行为模式。患有自闭症的孩子就是我们常说的"来自星星的孩子"。对于"来自星星的孩子"来说,出行成为他们的一大困难。这些孩子对未接触过的陌生事物都会表现出莫名的恐惧或者兴奋，交通工具狭小的空间以及偶尔的失重感很容易对敏感的他们造成刺激，可能影响他人安全。

在很多人看来，自闭症孩子并没有独立出行的能力，必须有家长陪同，或许这成为一位母亲选择不远千里打车带孩子出行的原因。实际上，自闭症患者乘坐公共交通引发风波的事情屡次见诸报端。

10. 中午12点15分，浙江大学紫金港校区东二教学楼走廊，领饭的同学已经排起4列长队。几分钟后，拿到饭菜的大学生们四散分开，有的在休息区找到好位子。没找到地方的，随便在走廊里哪个角落，或者就在台阶上席地而坐，快速地吃起饭来。一切可以站或坐的地方，都能看到捧着盒饭在吃的大学生。有些人一边往嘴里塞饭，一边还在专心看书。这些饭，是学校食堂工作人员打包好送来的，有个霸气的名字——"学霸餐"。

每天，浙大食堂能卖出约1 000份盒饭。学生蹲在路边吃午餐，已经成为浙大紫金港校区的一景。有浙大学生说："在浙大，学霸餐就是一种信仰。没吃过学霸餐，都不好意思说自己是浙大人。"

"你们为什么不去食堂吃饭？"记者很好奇，逮住一位正在吃饭的同学问。"食堂？太远了。那里人又多，打饭还要排好久的队，浪费时间。"这位戴眼镜的男生说。

在浙大的课程表上，上午最后一节课下课的时间是12点15分，下午第一节课上课时间是13点15分，中间只有1个小时。紫金港校区面积大，一共分东西两个教学区，但主要的几个食堂都集中在离教学区较远的大食堂。从教学区骑车到大食堂大约要花8至10分钟的时间，如果步行，哪怕紧走慢赶，也要20多分钟。离教学区最近的临湖餐厅面积比较小，到了中午也总是挤满了人。为了给学生节省时间，食堂打包好盒饭送到教学楼，最贵套餐15元。

11. 6月21日上午，青岛市市南区72岁的于女士送外孙上补习班。在上公交车时，驾驶员要求他们出示"健康码"，于女士和小外孙都没有"健康码"，被拒绝乘车，这让她感到很失落。"我们一老一小，孩子还要赶时间上学，没有'健康码'，驾驶员把我们赶了下来，只能步行走了三站路，累得满身大汗还好没迟到。"于女士介绍，她和老伴都没有智能手机，对于如何办理"健康码"，之前也不太了解，出行遇阻让她挺窝火。家住市北区胶州路、今年70岁的李先生，同样遇到没有"健康码"被拒绝乘车的情况。上周他准备从胶州路乘车前往四流南路，因不能出示"健康码"而被拒绝上车。"老年卡都是实名制，'健康码'无法办理怎么办？"李先生抱怨道，他没有智能手机，孩子长年不在身边，对于办理"健康码"无所适从。对于"健康码"，还有些老人不熟悉操作智能手机，有的老人手机套餐没有流量，新规定给他们出行带来了意想不到的困难。

12. 12月14日，在济南府学文庙南广场整治提升工程现场，一段有着百余年历史的老青石板路被发掘出土，重现天日。这段老青石板路藏身于30余厘米的土层下，是在施工中被工人发掘出土的。青石板路的每块石板长约1米，厚20余厘米，材质斑驳，有着十足的历史沧桑感。

济南市考古研究所李所长介绍，这段石板路的年代属于清代，用料取自济南南部山区的青石，从制作工艺到铺设手法都"很济南"，石板与石板之间没有刻意地追求严丝合缝，而是根据石材的本身形制铺设，当时石板路下便是泉水潺潺，"清泉石上流"的景致处处可见。对于这段石板路的保护，李所长表示，如果整治提升后的路面路差与这段石板路不大，可以继续利用；如果路差较大，建议进行保护性展示，让它继续为济南老城区"添彩"。

13. 四川成都市温江区某中学2019届高中学生成人仪式上，在学生与家长的书信和礼物交换环节中，某高三男生用攒的压岁钱给妈妈买了一枚钻戒，为此花光了积攒的压岁钱。男生说："有一次从妈妈口中得知，她结婚时没能有个钻戒。这句话我一直记在心中，寻思着如何弥补她的遗憾。这枚钻戒是一周前为妈妈买的，自己即将步入大学、社会，陪伴妈妈的时间会越来越少，但这枚戒指会代表我一直陪在妈妈身边。"

该校校长表示，针对高三学生的成人仪式是该校"孝·亲"教育的重要组成部分，让学生在经历18岁这个"转折点"时，不仅开启对高考和未来的拼搏，也开始对自己、家庭以及社会有所担当。

14. 前段时间，一个误入武汉的90后大连小伙蒋文强在网上走红，他的故事被网友称为东北小伙"人在囧途"之武汉版。2020年2月12日，他按计划去长沙与人谈合作事宜，乘坐了一趟经过武汉的高铁，阴差阳错在武汉下错了车，陷入了困境：高铁站不再售票，车打不到，酒店也住不上。眼看着就要流落街头，却因为偶然看到志愿者招聘信息而找到了解决办法。

蒋文强在搜索酒店时，网页下方招聘信息中"包吃包住"四个字吸引了他。通过应聘志愿者，他找了一份在武汉第一医院隔离病区打扫卫生的工作，一天还有500元的报酬。就这样，蒋文强继续阴差阳错，成了抗疫一线的一员。

15. 生活垃圾处理一直是困扰城市发展的难题。随着社会的发展，垃圾数量日益增加，垃圾种类五花八门，对垃圾进行简单填埋已经不能达到环保要求，垃圾分类被提上日程。正是看到其中蕴藏的商机，诸多企业将关注目光从垃圾的终端处理向前端分类转移，同时开始向西部地区布局。

为了更好地帮助业主实现垃圾分类，西安某物业垃圾分类项目部自主研发软件，鼓励小区居民进行垃圾分类。小区用户实名注册成为绿色会员后，可以用可回收垃圾换取积分，而这些积分可以用来兑换一些小礼品。

我国以往对于可回收垃圾的资源回收，多依赖拾荒者，长期处于无序化状态。随着垃圾分类的开展，企业逐步参与进来，提升了资源回收率。以上海为例，资源回收率大约增加了20%。

16. 近日，浙江大学的一门实验课刷爆了浙大师生的朋友圈，课堂上学生们自制面包、酸奶、比萨，还能跟着老师酿酒，引得众人纷纷感叹"这是什么神仙课啊！也太幸福了吧"。据开设这门课程的浙大生命科学学院杨志坚老师介绍，这门开设于2010年的实验课只有0.5学分，为了保证教学质量，一直坚持小班化教学，将每个班级的人数严格限定在30人。后来由于过于火爆，在同学们的强烈要求下才将人数扩展为33人，3个人一组，在课堂上不仅要学会制作美食，更要学会与人沟通合作。除了制作一些甜点美食外，这门叫作"生活中的微生物发酵实验"的课程也会教学生酿酒。自开设课程以来，杨志坚都会用一下午的时间带着同学们一起酿酒，同时也向同学们穿插讲解一些品酒的方法。"每年酿的酒都会有所不同，主要的参考依据还是原材料的价格，有的年份橘子便宜我们就用橘子酿酒，有的年份葡萄便宜我们就会用葡萄酿酒。"每一次酿酒实验完成后，杨志坚都会为同学们保管这些他们亲手酿的酒，等到毕业时，同学们可将其取回。

今年6月份，浙大2018级新闻传播学专业的林同学刚刚拿到硕士学位证书，然后找杨志坚老师拿回了自己本科时酿的酒。杨老师还特意准备了精致的小酒瓶，小心翼翼地将酒装好。

据杨老师介绍，这门实验课开课的初衷主要是为了给同学们普及食品安全的知识。近年来食品行业日渐规范，这门课便将重心更多地放在感受美食的魅力上，除了日常让同学们亲手制作美食，满足"吃货们"的小愿望之外，杨志坚也时常在课堂中教同学们一些鉴赏美食的技巧。

17. 2019年"十一"期间，旅游点外卖已经成为新趋势。在济南的众多景点中，大明湖、五龙潭、芙蓉街成为外卖订单量最多的景点。"十一"期间，大明湖附近，近1 080个用户下单"饿了么"，外卖点了黄焖鸡米饭。最贵的一单外卖来自历下区，这位用户花2 090元，点了麦当劳的家庭套餐。

在"十一"期间有不少争分夺秒学习、工作着的人,济南图书馆外卖订单超过800单,送往交警大队的订单有2 700多单,送往环卫站点和消防队的订单分别为260单和419单。

数据显示,济南人外出最喜欢在青岛、北京、泰安这三个城市点外卖。今年"十一",济南人旅游时最爱点的特色小吃是山东黄焖鸡米饭、西安肉夹馍、云南米线。许多消费场所的订单量环比节前增长超过100%。其中,游乐游艺、手工DIY、密室逃脱更是成为今年济南市民休闲聚会的新选择,来自上述场所的订单增速分列全市前三位。

18. 同城配送已经不受限于一座城市,如今也传到了高铁里。高铁作为我国新时代的出行利器,被国外的网友评为"中国新四大发明"之一,而从2017年7月17日开始,它又增加了一个中国特色:外卖送餐服务。

铁路部门将在全国27个主要高铁客运站,推出动车组列车互联网订餐服务。点点手机,不仅可以选高铁列车上的餐车盒饭,也可以订沿途社会品牌的餐食,并享受送餐上车服务。

那么一份热腾腾的外卖是如何送到乘客手中的呢?乘客点餐后,餐饮店开始做外卖,然后由外卖小哥送往高铁站;当列车停车后,车上配送中心的工作人员会在第一时间下车与外卖小哥确认订单交接,由其上车后再配送给车上乘客。

这一项外卖界的创新举动让众多网友纷纷为其点赞,然而试行阶段却出现了许多问题。有网友发微博称,自己点了高铁外卖后没收到餐。这位网友的微博截图显示,其乘坐从北京南发往上海虹桥的G5次列车,点了一份32元的"香菇鸡腿饭"套餐。G5次列车于10点46分到48分在南京南站停靠,但11点27分这位网友的外卖仍在配送中。

19. 2020年2月,有网友指出武汉大学出版社出版的《动物小百科》中存在关于果子狸的不当表述。11日,武汉大学出版社有限责任公司回应称,已第一时间通知全国各销售网点全面下架该书。

"果子狸全身都是宝,它们的肉可以吃,是我国历史悠久的稀有'山珍',它们的脂肪是化妆品生产中难得的高级原料,也可以医治烫伤,它们的皮毛可做皮手套,它们的尾毛和针毛,可以制成毛刷和画笔。"在这本儿童读物中关于果子狸的介绍,引发网友抗议。

有网友感慨,"希望吃野味的习惯能在一代又一代的教育中逐渐消失,可是才发现给孩子们看的科普读物书,充斥着这类低俗的内容。"

即兴评述

20. 按照国家广播电视总局工作部署，在总局网络视听节目管理司指导下，中国网络视听节目服务协会联合央视网、芒果TV、腾讯视频、优酷、爱奇艺、搜狐、哔哩哔哩、西瓜视频、快手、秒拍等视听节目网站制定了《网络综艺节目内容审核标准细则》，于2020年2月21日发布。

《细则》围绕才艺表演、访谈脱口秀、真人秀、少儿亲子、文艺晚会等各种网络综艺节目类型，从主创人员选用、出镜人员言行举止，到造型舞美布设、语言文字使用、节目制作包装等不同维度，提出了94条具有较强实操性的标准，将对提升网络综艺节目内容质量、满足人民美好精神文化生活新期待起到重要作用，同时也是抵制个别综艺节目泛娱乐化、低俗媚俗等问题的制度性举措。

《细则》提出，综艺节目的主创及出镜人员，不得选用因丑闻劣迹、违法犯罪等行为造成不良社会影响的艺人；综艺节目的制作包装，不得以流量艺人、制作经费炒作话题，进行过度营销和夸大宣传。选秀及偶像养成类节目中不得设置"花钱买投票"环节，刻意引导、鼓励网民采取购物、充会员等物质化手段为选手投票、助力；主持人、嘉宾介绍或评价选手、节目参与人员时，不得使用带有侮辱、歧视的言语，或者连带侮辱、歧视某一特定群体的语言。针对情感交友类节目，《细则》规定，不得宣扬拜金主义、奢靡之风、享乐主义；不得以婚恋交友、感情考验为幌子，对节目参与人员进行各种人性测试，揭露人性弱点。少儿亲子类节目不得出现少儿着装暴露或模仿某些成年人装扮，不利于其身心健康成长的情况；不得集中展现或宣扬炫富、享乐主义等不利于未成年人身心健康的价值观；未成年人节目不得宣扬童星效应或者包装、炒作明星子女。针对游戏比赛类节目，对于存在安全隐患的游戏，在比赛环节设置中不得没有安全指导或安全提示，不得人为激化矛盾、故意制造低俗噱头。

第二节 话题即兴评述

话题，是我们日常生活中关注的各种事件的一个概括。话题即兴评述，指的是评述的基点是高度浓缩的一句话或几句话的新闻或观点，评述材料中不出现事件的具体情节和相关细节，通常是把近期发生的某个社会现象用简短的话描述出来，要求在此基础上做即兴评述。话题即兴评述材料通常字数较少，对材料中所涉及的新闻高度概括，有时已经在材料中给出了要评述的主题，这就大大减轻了因概括材料而可能导致的偏题。但话题即兴评述也有另外一个难点，那就是由于原材料本身字数较少，提供的评述材料往往不足以支撑评述者的话语。当评述者对抽到的题目不熟悉，又不擅长发散思维时，很容易陷入"没有话说"的窘境。

一、话题的两大类别

相对于新闻即兴评述来说，话题即兴评述的材料内容范围很广，表现形式多种多样。根据话题的内容可以将之细分为新闻热点类话题和社会观点类话题两大类。

（一）新闻热点类话题

话题即兴评述中的新闻热点类话题评述，和上一节的新闻即兴评述很像，区别在于字数和表述方式。

这类题目的素材，通常是某一时期、某一方面人们普遍关注的热点、焦点和难点社会问题，它通常是一个高度概括的新闻话题。例如：

你怎么看帮同学写作业挣外快现象？

如何看待"伪娘"文化等反串之风？

近日出现不少老年人因智能化"被弱势"的新闻，智能时代如何不让老年人掉队？

很多小区的物业都拒绝共享单车进入，但有人认为共享单车解决了"最后一公里"问题。你对此怎么看？

风驰电掣的外卖小哥交通违法事故率不断提高，你怎么看？

"我们被手机控制了"，你如何看这句话？

这类题目对于见多识广、对生活认识深刻、了解社会、长于发散思维的评述者来说比较容易；但对抽到不熟悉的题目，又不善于联想的评述者来说，这类题目的难度高于新闻即兴评述。

（二）社会观点类话题

社会观点类话题的评述中心，本身就是一个观点。即兴评述要以这个观点为中心话题进行评述。它又可以细分为四种类型：俗语谚语类话题、政策解析类话题、自选观点类话题和两重看法类话题。

第一，俗语谚语类话题。

俗语谚语类话题题目中的关键内容是广泛流传于人们生活和工作中，同时又得到人们基本认可的一些谚语、俗语和道理。这类评述素材本身就是一个流传甚久的观点。例如：

即兴评述

"志和者，不以山海为远"，对此谈谈你的理解。

你怎么看"行百里者半九十"？

谈谈你对"随心所欲不逾矩"的理解。

"合抱之木，生于毫末"这句话怎么理解？

对这些题目的评述首先要解释原词原意，然后以发展的眼光来给出新的解读，同时还要联系当今的社会现实和自己的感悟。

并非所有的谚语和俗语都是放之四海而皆准的，有的有很大的片面性，还有的已经不能与时俱进，这些谚语、俗语或道理在现实生活、工作中受到了质疑。例如：

俗话说"车到山前必有路"，按照这样的观点，人们干工作、做事情就不需要有计划吗？请谈一谈你的理解。

这就需要在面对这些题目时既了解古语，也深谙现实。在评述中做到古今结合，古为今用。

第二，政策解析类话题。

这类题目给出的是一个已有的做法或者政策，评述者要围绕着现有的做法或政策，结合现实谈谈自己的理解。例如：

艰苦朴素、反对奢侈、勤俭节约是中华民族的传统美德，但是，扩大内需、拉动消费又是当前推动我国经济发展的重要政策。对此，你如何理解？

国家提出将由"中国制造"向"中国创造"转变，你如何理解这一字之差？

习总书记指出"房子是用来住的，不是用来炒的"，结合现实生活谈谈你的理解。

涉及已有政策的评述，需要评述者先对国家政策、社会形势和社会问题有基本的了解，在这个基础上进行分析才能有的放矢。评述时先要解释政策以及政策出台的背景，既要谈看法，还要能举出现实的例子，因而评述者要具备一定的时政分析能力以及对社会现象的洞察力。

第三，自选观点类话题。

自选观点类话题，其实就是考官把命题的环节交给了考生，题目中没有提供观点，而是仅有一个话题范围，需要评述者在评述前自己选出一个观点。因此，此类题目给了评述者较大的自由表现空间。例如：

你认为中国古代最伟大的朝代是哪个？

你的男（女）神是谁？为什么？

如果世界上有"后悔药"，你打算把哪一段时光重来一遍？

说说你身边有哪些陈规陋习，应如何克服？

在我们国家的建设成就中，给你印象最深的是哪一项？谈谈你的认识和感想。

如果战争明天来临，今天你会做些什么？

面对自选观点类话题，需要注意的是在这个题目之下，落脚点的确立非常重要，要找自己熟悉的、有话说的点来展开评述，不要依赖惯性思维，否则不仅会落入俗套，无法谈出具有个人特色的见解，而且还有可能说几句话就山穷水尽了。比如这道题目：

谈谈我们的教育中最缺少什么？

这个题目看上去有一个评述的主题，就是"教育"，但在这个范围内评述之前还要自拟一个中心论点：那个缺少的东西到底是什么。是自由？是个性？是创新？是启发？在选择中心论点之前，评述者肯定要做一番衡量。

还有另外一种题目看上去似乎不难，很接地气，自由度也很大，但是要说出理由来就不那么容易了：

现在超市里出售的鸡蛋也是类型丰富：散养土鸡蛋、圈养土鸡蛋、家养鸡蛋等，让人眼花缭乱。如果让你买鸡蛋，你挑哪一种？为什么？

这道题，说自己打算买哪一种鸡蛋，这不难，难的是给出什么样的理由，并且在这个基础上，将评论上升到一个比较高的层次。选哪一个并不重要，重要的是自己对这个论点的熟悉程度，能否围绕着它做出充实的、有理有据的评论。自选观点类话题评述的关键，是评述者能否弄清这个题目的用意，在选择了论点之后还能展开洋洋洒洒的评述。

第四，两重看法类话题。

两重看法类话题，也叫正反型观点评述，它有点像论辩题目，提供了针对某一问题的正反两方面的看法，似乎正反都有一些道理，需要评述者做出选择性分析。

两重看法类话题，评述的基点是一对矛盾命题，也就是通常意义上的论辩中的正方和反方。这种题目很好判断，它区别于一般社会观点类话题的最明显之处在于：两重看法类话题的观点只有正反两面。例如：

作为一名在校生，你认为学校的基础设施和教师队伍应当优先发展哪一个？

你认为国与国之间是"国强必霸"好还是"平等相待"好？

有人说，领导者有丰富的经验是首要的，创新是次要的；有人说，领导者的创新是首要的，经验则是次要的。你的看法是什么？

当代社会更需要冷静的头脑还是热心肠？

人有没有表达偏见的自由？

情比金坚还是金比情坚？

富余的社会资源应用于探索未来还是改善民生？

高校大量引入留学生是利大于弊还是弊大于利？

两重看法类话题往往与评述者的日常生活和工作密切相关，评述者拿到题目后能展开思考，容易引出话题；这些问题一般都没有法律和道德上的定论，允许个人从不同的角度和立场发表不同观点。面对两重看法类话题，评述者是否具备批判性思维很重要，批判性思维可以在评述时带来创造性的分析，这是观点对抗的兴奋点和内在动因。只有对某个事物持怀疑、批判态度时，才会产生探究和辩驳的兴趣与热情，在即兴评述中才会进行多角度的分析。好的评述应有创造性的分析，敢于和善于提出新的具有建设性的观点和论据。

有的正反型观点评述，是以两人或者三人一组的方式进行的，这种集体参与的评述，也是要先挑选一个立场，然后再按照惯常的评述方式展开。

二、观点分类及相应评述步骤

话题即兴评述提供了一个简洁的话题，评述者要针对这个话题给出一个成型的观点。对话题即兴评述的观点进行划分，可以大致分为选择型观点、策略型观点和概念型观点三类。不同的分类对应着不同的评述路径和评述步骤。

（一）选择型观点

这类题目首先要明确自己是否认同题目中的观点，或认同哪一个观点。通常包括：认同或者不认同，是或者非，对或者错，有或者无等。再进一步细分的话，还有认同型选择、二选一型选择和多选一型选择等。

例如：

你怎么看"最好的孝敬是带父母跟上这个时代"？

你认同"为了成功不择手段"吗？

青少年追星可怕吗？

你怎么看青少年给网红"打赏"的行为？

谈谈你对"金山银山不如绿水青山"的看法。

"女要富养，男要穷养"，你怎么看？

有人说"艺人假唱＝卖假货"，你怎么看？

这类题目是选择型观点中的认同型观点题目，就是在题目中提出一个观点，问你是不是认同。

对选择型观点这一类题目，要先选后评。这类题目的评述路径也比较简单：

选择观点→提出理由→做出分析→总结提升

⊃例题 54

大学生旷课后，需要把检讨发朋友圈集赞 100 个方能免于处分。对于辅导员的这个做法你同意吗？

针对这个观点，可以有认同或不认同的对立看法。无论评述者选择哪一方，都要先表明自己的态度。评述还可以更深入一步，采用下面的评述路径：

选择观点→提出理由→对对立面的批驳→重申己方观点

支持（认同）：

这个方法不错，是一种很好的督促方式，学生既能认识到自己的错误，也可以在努力寻求点赞的过程中，和同学们有更加深入的了解和交流。因为通常发了这个以后就会有人问，还要解释一下，这个过程能更好地认识自己的错误。可真是"一方有难，八方点赞"了。大学生刚脱离了家长的监管，学校管理通常也是宽松式的，难免失去自制力，而集赞能让他们把"不正确"的事让人知道，从而产生被关注的压力。至于面子问题，我觉得旷课本身并不是什么特别大的问题，给人知道也不会让人过度产生羞耻心。

反对（不认同）：

这个方法没有意义。发朋友圈集赞，通常容易令人联想到微商的做法，或者是去酒店吃饭，集满几个赞可以送个菜。但这是教学管理方面的，发到朋友圈集赞，一是伤害学生自尊心，容易出现师生矛盾；二是比较浪费时间和精力，比如我，我平时手机上只有 200 多个好友，有一多半可能还是不常看朋友圈的。要是没有那么多好友，集不满又该怎么办？

由两方观点可以看出，支持方和反对方是对立统一的，各有道理。遇到这类题目，选择哪个观点，取决于评述者在这个立场上是否可以做出充分的有价值的评论。

还有一类评述是以给出选项二选一或者三选一的方式呈现的。这类话题要先对提供的选项做一个选择，然后再展开评述。

⊃例题 55

进入老龄化社会后，养老院养老、社区养老和子女养老，哪个更能成为未来养老的主流？

即兴评述

例题55给出了三个选项，需要评述者先三选一，再进行下一步的评述分析：

我认为到了老龄化社会，由于传统思想的影响，很长一段时间内应该还是以居家养老，也就是子女养老为主，以养老院养老和社区养老为辅。

这类三选一的话题评述，从评述路径上比认同型观点题目多了一个环节，就是不仅给出选择项的理由，通常还要对另外两项简单加以分析。常用的评述步骤如下：

选择观点→提出理由（选择项的理由和非选择项的理由）→做出分析（对三项都做出分析）→总结提升

再如二选一的话题评述：

◯ 例题 56

宽松的运动服式校服和合体的韩版校服，哪个更适合当前的中学生？

例题56是二选一的话题评述，就此展开的评述也是先要做选择：

选哪一种校服，这要看我站在谁的角度上来评价。学生们会喜欢合体的韩版校服，而作为家长，我还是喜欢那种宽松的运动服式校服，它不像韩版校服那样让人容易想入非非，继而引发早恋。而且宽松的运动服对正在长身体的孩子来说肯定是利大于弊的。

（二）策略型观点

策略型观点评述，评述的基点是要提出一个策略。它的题目上通常会标记有"如何""怎样"等字眼。

在互联网时代，如何不再让谣言"跑赢"真相？

网络时代，我们如何选择新闻？

对策略型观点这一类题目，通常可以有两种评述路径，一种是按照步骤一来进行：

步骤一：背景→典型事件分析→原因→策略（策略依据：国家政策或公众意识）

另一种是采用开门见山式的步骤二评述：

步骤二：观点→典型事件分析→原因→策略（策略依据：国家政策或公众意识）

◯ 例题 57

高三女生与同班男生谈恋爱，老师通知双方家长，双方家长居然都默许了。假如你是老师，遇到这种情况该怎么办？

下面对例题57的评述就是按照步骤二的方式展开的：

老师通知双方家长，应该是了解具体情况之后，在疏导男女双方无效的情况下才打电话通知双方家长的。而双方家长都以自以为"开明"的方式向校方施展"太极拳"，我觉得学校可以拿出强硬措施，按校规该开除就开除，该劝退就劝退。高三阶段是准备高考最为关键的一年，在高三阶段，你可以暗恋，可以把暗恋当作最好的恋爱方式，但千万别"踩雷"。（观点）

这些年来，随着社会的发展、观念的进步，很多家长也对学生的早恋逐渐持开明的态度，但是，开明并不就等同于默许，更不是纵容。材料中的这种情况，在我们的生活中是有，但这是极少数现象。

提到高三，不用说大家就能联想到什么。在有些以高升学率和严格管理著称的高中，比如×××学校，一旦发现高三学生早恋，会直接劝退，不得参加高考。（典型事件分析）

这种做法看上去比较武断，但校规校纪必须板上钉钉。在一所高中，规矩不是随圆就方的"橡皮筋"，很多"高考工厂"之所以把校规校纪定得那么严格，甚至采用"军事化""监狱化"管理，为的就是让校风学风更纯净，让大部分高中生都能安心学习，这是高考中旗开得胜的保障。

对高三学生早恋实行"一刀切"，源于学校的管理需要有令则行，一旦这种事学校开了小口，就有可能群起效仿，"军心"动摇。（原因）

高中阶段不属于九年义务教育，学校有权依据校规劝退。高考这个敏感的字眼，容不得所谓的"开明"。对于早恋，家长们可以"佛系"，但学校不能。当然，我认为，对早恋的学生进行心理疏导是必要的，严令禁止也要在实施过程中注意方式方法，避免学生走极端。（策略）

这段评述就是典型的策略型观点评述，从头到尾都是站在学校和老师的角度谈如何对付受家长支持的高中生早恋的问题。因此，开始评述时，提出了非常鲜明的观点，那就是高三学生可以暗恋但不能"踩雷"。为证明这个观点拿出了高升学率的×××学校做典型事例分析，在分析原因的基础上最后提出了策略，给人水到渠成、合情合理的感觉。

（三）概念型观点

概念型观点，题目上通常会有一个主概念，这类评述的基点是某个概念。

例如：

谈谈你对"道德绑架"的看法。

你如何看"路怒族"？

即兴评述

谈谈网红"带货翻车"现象。

你如何看"隔代亲"?

你认为什么是"熊孩子"?

这类评述先要对题目中的关键概念下一个定义,然后再展开进一步的评述。有的概念型观点评述题目中已经给出了概念的定义,如例题58,这种题目的难度就降低了。如果题目中没有给出概念,那就需要在评述的时候先给概念做出清晰的界定。

⊃ 例题 58

某电商平台发布的《2019年中国年货消费报告》显示,品质取代价格成为年货消费的首选因素,以"好好吃饭"为代表的国民日常消费呈现出更注重"悦己"体验的升级特征。以取悦自我为追求的"悦己型消费",更加注重自我、个性,更加强调品牌和品质,这些正是消费提质的主要特征。你怎么看?

这个题目中的主概念是"悦己型消费",评述者可能对这个概念并不太熟悉,但是通过研读题目,可以发现题目中已经给出了答案,只要稍加综合,就可以在评述中把概念论述清楚:

"悦己型消费",说白了就是以取悦自己为目的的消费行为。它是消费者消费理念迭代升级的结果,比如春节或者长假期间,来商场购物的消费者,倒不一定就是由于缺什么买什么,大多就是为了满足自己的喜好和需求。不少人觉得,忙忙碌碌一年,终于盼到了春节假期,要让自己身心得到放松,而最直接的放松就是走走逛逛,买想买的、吃想吃的、玩想玩的,这样才能对得起自己一年的忙碌。

有些概念型的观点题,也会以命题演讲的形式出现在即兴评述的考场上。

⊃ 例题 59

请以"共享"为题发表一段3分钟的演讲。

这种命题演讲也就是已经给出了论点的话题即兴评述,它的中心就是一个"概念",围绕着它展开的评述可以分四个步骤来安排结构:

概念界定→亮观点→摆论据→重复论点(提升)

第一,概念界定。也就是对题目中的核心概念下定义。在这里需要先阐述对"共享"的认识和理解。

第二,亮观点。在明确概念的基础上阐述某一观点的正确性,比如这道题可以阐述"共享"的重要意义。

第三，摆论据，证明观点。这部分需要展开论证，比如结合当今的资源紧缺、交通拥堵等，论证推广"共享"的重要性。

第四，重复论点，做个小升华。任何话题评述都不能就事论事，而应该在结尾部分对论点进行总结提升，呼应题目。在这个评述中可以指出"共享"对于个人以及社会的发展都具有重要意义，从而升华到共享社会的建设层次。

由例题59可以看出，这种题目看上去是命题演讲的形式，但也是即兴评述的一种，从评述内容上来讲与一般的即兴评述并无明显区别。

⊃例题60

你如何理解"精致穷"？

下面是按照"概念界定→亮观点→摆论据→重复论点"的步骤做的评述：

"精致穷"是一个网络流行语，就是用来形容一种普遍发生在年轻人群体中的生活方式。简单地说就是"为了追求精致而变穷的"。（概念界定）

"精致穷"的人往往有着乐观的人生态度，他们往往有着鲜明的个性，在生活中更加注重个人体验。"精致穷"的群体，每月发了工资要先还信用卡和花呗账单，账户余额几乎为0，你觉得他们会焦虑吗？其实不会。他们往往比别的人更加洒脱，工作不开心便可能辞职。在他们心里，个人的感受最为重要。（亮观点）

"精致穷"的人虽然赚得不多，但并没有因此而放弃追求精致，他们是为了自己向往的生活和喜欢的东西而变穷的。

相比之下，真正焦虑的人是谁呢？是那些不精致的人。他们的工资省吃俭用，其实在还了贷款之后，每月也所剩无几。他们出门挤公交、吃路边摊、不穿名牌。他们不敢花钱。他们只不过是满足了对车、房的欲望，压抑了对精致生活的欲望而已。他们才是最怕失业、最焦虑的人。

相反，"精致穷"的人，却没有这些贷款压力，失业了顶多这几个月不再购买贵重的东西而已。（摆论据，证明观点）

其实人的一生中很多机会往往都取决于外在的一个标签。"精致"是一个标签，往往更有优势，因为代表着这个人拥有社交能力的概率更大。不精致的人大概是不知道精致的人在工作、生活中有多大的优势。但是"精致穷"从来不代表冲动消费，也不代表处处精致，更不代表安于现状。

我认可"精致穷"，为了"精致"而变穷，我认为是值得的。（重复论点）

只要判断出题目属于概念型观点，就可以按照这个路径来做，这样评述就清晰了。

三、三条路径

先来看一个出现在即兴评述考场上的"有瑕疵"的话题评述例子。

◯ **例题 61**

可以播新闻的 AI 人工智能机器人已经出现,你怎么看?

评述:

最近两年,随着科技的发展,人工智能机器人也逐渐出现在我们生活当中,而对于人工智能机器人来播新闻这一现象的出现,我持一种中立的态度。首先,AI 人工智能机器人播新闻它可以减少新闻播报中的一些失误,可以更精准地把新闻传递出来,但是,人工智能机器人它并不具备人类新闻播报员的一种亲和力和情感,它播出来的新闻相对僵硬,并不能很好地给对象……给人们产生一种好的对象感,听上去会有一些枯燥和乏味,并且它没有人类新闻播报员那种优美动听的声音,能更好地让观众去接受。所以我建议人工智能,机器人应该……用在更为合适的其他地方,新闻播报应该保留我们的人类播报员……人类播音员。

这个评述没有深入进去,虽然不至于是无效评述,但是有效的评述成分组织得不够有条理。这也导致了评述语言出现改述、无意义替代等多种问题。如何将话题即兴评述有条理地深入下去?

话题即兴评述可以明确三条路径,分别是先述后评、先评后述和边述边评三种。

(一)先述后评

先述后评,就是先叙述话题的主要内容,然后进行评论。述的方式可以是复述、描述或解说,内容集中放在前面;评的内容主要是对述的对象发表观点和意见,可以相对集中放在后面。一般评述人物、事件、见闻或者别人的讲话,都适宜采用这种方式。评述由评和述这两种基本表达方式构成,但就评述的性质来说,评是目的,述是手段。述要先点出评的对象、内容和范围,然后评才能做到有的放矢、有针对性。先述后评符合人们由具体到抽象认识事物的规律,因而是最常用的评述方式。

将这种评述方式拆分得再细一些,就是这样的路径:

现象→观点→分析→策略→展望

◯ **例题 62**

西安曲江池遗址公园,一名 62 岁的泥人儿艺人张师傅捏卡通人物在公园售卖,他有时也捏游客真人塑像。这些年因小猪佩奇火爆，他专门学捏后每天能卖出几十个，收入可观。通过多年积攒，张师傅已为子女买房。以此做评述。

针对例题62，按照前面给出的路径展开评述：

泥人儿是一门传统工艺，这些年来多在一些民间组织的活动中，比如山会、大集中见到，一些民间艺人所创作的作品，也大多以传统的人物形象为主，比如福娃、金鱼、长胡子老爷爷等。小猪佩奇是诞生于英国，引进后在国内迅速走红的一个卡通形象，由于样子很像吹风机，带有很明显的标识色彩。（现象）

这位捏泥人儿的老爷爷，其实是很新潮的，他看到小猪佩奇在年轻人中走红，就放弃了传统人物，而是来捏小猪佩奇，这就是一种与时俱进。（观点）

近年来经常听到大家呼吁保护民族文化，传承非物质文化遗产，但很多年轻人平时也不关心这些，而是忙于追逐一些手游、影视剧里的新的形象。由此可见，我们的很多濒临灭绝的民间工艺，如果能够灌注进新的时代色彩和流行元素，就可能带来新的生机和活力。（分析）

其实不只是泥人儿，我觉得其他一些工艺的发展，也可以借鉴这位爷爷的做法，跟上潮流，与时俱进。不过，我也想到小猪佩奇的作者要是知道自己的作品在中国被做成各种表情包、各种泥人儿产品，都不知道找谁索要版权费。（策略）

总之，复兴民族文化，保护悠久的手工艺，就要与时俱进，让传统的东西吸纳进新的形象，这才真正体现了大国重器和工匠精神。（展望）

先述后评，有助于缓缓导入，使得评述观点不至于太突兀，评述也更显得有理有据。先述后评比较适用于擅长叙事讲故事的人。

（二）先评后述

先评后述，就是先提出自己的观点，稍作阐述，再叙述材料以证明自己观点的正确性。这种评述方式，把评放在前面，首先立场坚定、旗帜鲜明地提出自己的观点，然后再点明评述的对象或内容，有助于引起听者的注意，突出自己的观点。一般是观点比较明确、肯定、集中，说话者急于表达观点时，更适合采用这种形式。

将这种评述方式拆分得再细一些，就是这样的路径：

观点→现象→分析→策略→展望

⊃ 例题63

有人在朋友圈发照片说在迪拜旅游，却与同事在超市相遇。你对此怎么看？

按照前面提供的路径，对例题63进行的评述是这样的：

这种情况在生活中还是时有发生的，我对此的看法是非常不赞同的。（观点）

假装在国外旅游，想要炫耀自己生活的富裕，在朋友们面前充门面，不料却在超市里碰到了同事，感觉脸上挂不住。这真是够尴尬的。这种事在朋友圈还是时有发生的，听说有人会特意找一个定位，发自己在某著名地点的照片，在朋友圈炫耀。（现象）

看起来这事情颇为好笑，但也说明确实存在这么一群喜欢"打肿脸充胖子"的人。其实这类人活得挺辛苦的，他们既要费心费力撒谎来彰显自己的生活，又要绞尽脑汁地不断去圆谎，要知道，你每扯一个谎，就要多耗费更多的精力来圆谎。一不小心就会被撞破，会尴尬无比。（分析）

这类人，其实并不能说人品有问题，可能就是他们向往的生活暂时还没有得到实现的一种表现吧。其实这些人应当调整心态，面对真实的自我和现实生活，不要活在虚幻的想象当中，否则，不仅会在虚荣的谎言中迷失自我，而且还会受到周围人的疏远和鄙夷。（策略）

当你把精力放在真实的工作生活中，好好充实自己，加倍努力，你的梦想就会实现。（展望）

先评后述适合主题突出、观点明晰或评述者有自己创新性看法的评述。这一评述的好处在于，先将观点呈现出来，即兴评述的主题更加鲜明。

（三）边述边评

边述边评，就是一边叙述一边评论。这种评述方式通常会在比较从容、自由的状态下采用。在学校里，语文老师在串讲课文、评价作品的时候，或人们在谈论人物、评价事件时，都经常采用这种方式。边述边评，可以随着事件的发展或评述内容的增加、扩大，依次发表自己的意见，能使评述观点更加明确具体；同时，边述边评，有述有评，两种表达方式交替进行，也更加宜于维持听者的注意力。但述评以后要注意归纳小结，述评过程中不可浮光掠影，泛泛而谈。

边述边评的方式，更常用于"概念型观点"的即兴评述。评述路径如下：

概念→现象→观点→策略→展望

再通过例题42"如何看'反向春运'"，体会这种评述路径的具体运用：

"反向春运"是指年轻人选择将老家的父母和孩子接来自己工作的城市过春节，也称"反向团圆"。近两年，这成为不少年轻人与父母共度春节的新方式。（概念）

近年来"反向春运"风生水起，过去"春运"一边倒的"单向流动"格局正在被悄悄打破，同时也为人们孝亲敬老和举家团圆提供了又一种地点与方式的选择。"反向春运"让一家人过年多了一种选择，既让子女尽到孝心，还更省钱更轻松。提到"春运"，在人们的习惯认知里就是节前集中回乡、节后扎堆返城的人口"大迁徙"。"一票难求"更加剧了众多旅客年复一年的疲累与焦虑。

每年，"春运"火车票都提前开售。"抢票大战""一票难求"的大众槽点标签背后，是返乡客对于亲情的"虽远必达"。

面对每年"春运"运输资源倒挂的问题，很多在大城市打拼的上班族们，运用起"反向春运"的逆向思维。"春运"期间，从北上广等城市去往各个方向的车票都比较紧张，而从其他城市到一线城市的火车票反而比较好买一些。不仅票源宽裕，很多航空公司"春运"反向航线也价格优惠。越来越多的上班族们，也就换个过年方式，不再执着于抢春运回家的火车票，而是将父母和留守子女接过来，一起过个"反向春运"年。（现象）

我觉得，"反向"是一种特别好的新式过年法。

首先，工作地点离家远，春节假期短，旅途的疲惫和短暂的停留，会给这个年带来很多的遗憾。这个问题，"反向春运"可以解决。让父母提前来到子女工作的大城市，这样过年的时候，可以踏踏实实地陪七天，觉得不够还可以多待几天。成家的小伙伴们也可以不用纠结"是去你家还是去我家过年"，让双方父母都来，一大家子就在大城市团圆了。哪怕过年单位要加班都不怕，白天陪不上，还有晚上，回到家可以见到父母、吃到父母做的饭，这就是"反向春运"带来的幸福。

其次，不用费心安排单位的工作好早走一会儿或者在家多待两天，拜托家在当地的同事帮忙值班等。这些问题，有了"反向春运"就都可以解决。

最后，不用费尽心思、劳心劳力地去抢票，还可以节省不少不必要的开支。因为过年的票不好买，有的人抢不到二等座只能坐一等座甚至商务座，甚至花高价包车回家，而这些，"反向春运"也解决了。（观点）

其实"反向春运"是充分利用资源和时间的无奈之举，更多的人盼望的还是候鸟迁徙，到点归乡。对于运输部门来说，需要进一步挖掘潜能，提升服务。（策略）

"反向春运"的风生水起，过去"春运"一边倒的"单向流动"格局正在被悄悄打破；同时也为人们孝亲敬老和举家团圆提供了一种新的选择。其实，无论是"春运"还是"反向春运"，背后表现出来的，都是城市奋斗者的美好向往。（展望）

通过对例题42展开的边评边述可以看出，按照这个路径展开的评述观点与生活结合紧密，层次清晰，步步深入，有概念、有策略，这样高水平的评述就源自采用了合适的评论路径。

以上就是话题即兴评述的三种路径，评述者可以根据评述素材的不同和自己的惯用方式来选用，在每种评述路径的最后都可以采用延伸提升的方式来将整个评述提升到一个较高的层次。

四、多角度与核心点

虽然话题即兴评述的题目大多十分精练，但它含蕴的内容往往非常丰富，评述者围绕主题可从多角度展开即兴评述。

⊃例题 64

某高校餐厅有一位女学生买了22元鸭脖，因忘带饭卡要求使用微信支付，食堂阿姨同意了，但事后该女生举报食堂阿姨违规使用第三方软件收费，最终导致阿姨被罚款两万元，女生自己得到了两千元的奖励。你怎么看？

前面讲过评述的多角度问题。关于例题64这则话题的评述就可以从多个角度展开。

评述1.

这名女生遇到的真是现实版"农夫与蛇"，同情阿姨好心没好报的遭遇。

学校有学校的规定，对食堂阿姨也有专门的规定。遵守规定是没问题的。只是，你觉得阿姨占了学校的便宜，你完全可以托其他同学用饭卡替你打22元，然后你微信转给帮忙的同学22元。是你自己选错了求助对象，利用了食堂阿姨的善心，然后又来举报，破了阿姨的财，伤了别人有心帮助你的善心，而你自己得了两千元钱。这居然发生在高校大学生的身上，用过去的话就是"农夫与蛇"，用现在的话这就是说"钓鱼执法"。

评述2.

我觉得有几个要点要清楚。一是阿姨收了钱有没有帮她打卡，如果按这个数额打了卡就没有问题；如果没打卡也没有上交，而是自己收了，那就是私吞，这个是比较严重的。如果打卡了，那是这个制度不太合理。二是不管如何，这个女生去举报都不合理。如果她看到别人转账，她可以去举报，但她以自己未带卡为由，请求网开一面，让食堂阿姨帮她转账，然后又去举报，这明显有"钓鱼"嫌疑。

围绕着话题即兴评述展开的联想有纵式联想和平行联想。可以看出，评述1是纵向往深处挖掘的，多次点出"农夫与蛇""钓鱼执法"，评述的核心点非常突出。评述

2的联想是横向展开的，通过设定条件，围绕话题中的现象分了两种情况，分别展开评述，这种多角度分析做得很周密。两个评述角度不同，各有千秋，都是切题的。

话题即兴评述的素材虽然简短，但有时并非只有一个核心意义，而是可以辐射出不同的分支，评述者需要在各个分支中找一个核心点来做即兴评述的中心。

表 5-2-1

例题	分支	核心点
近年来体育生加分现象混乱，很多人通过各种奇怪的项目能顺利加分得以入学。你怎么看？	有些项目是可以加分的；有些项目不应该加分，一些小众的项目，比如……不该加分；有的项目可以多加分，现在加分加得还不够……	高考应规范、公平，各种奇怪的加分说到底就是为了照顾个别人。应加大力度，杜绝招生中的以权谋私，把公平还给每位考生。
上班族抱怨大量老年人在上班高峰期乘公交车出行，你怎么看？	老人也有自由坐车的权利，应从公交建设上找原因。老年人乘坐公交车也应自觉避开上班高峰期。	老年人可以在上班高峰期乘公交车出行，但这里有个关键词是"大量"。

从表 5-2-1 中的第一个例题可以看出，面对体育生加分这个话题，可以辐射出好几个分支，加分项目、加分多少等这些分支都与题目有关联，但在评述时需要选择一个核心点来集中进行评述。核心点要抓准，这道题的核心点可以放在"考试公平"上，抓准了不仅能做到命中要害，而且可以在这个基础上深入下去。

从表 5-2-1 中的第二个例题来看，上班族抱怨大量老年人在上班高峰期乘公交车出行，使交通挤上加挤，评述可以从老人的角度、公交建设的角度，还有上班族的角度等展开，这些都是评述的分支，但核心点可以抓住题目中的"大量"二字，这就在一个小切口上，找到了一个更好的评述点。老年人高峰时段乘坐公交车的问题之所以被推上舆论的风口浪尖，不是老年人不可以乘坐，而是一个"量"和"度"的问题。

话题即兴评述由于事件叙述简明概括，相对于长篇大论的新闻评述题目来说，减小了跑题的可能性，但由于多角度论证视角的存在，跑题现象依然时有发生。在多角度的基础上抓"核心点"是反跑题的重要一环。

⊃例题 65

李奶奶把和女儿的聊天截图贴满家中，内容是女儿的指导教程，如何使用电动马桶、支付宝看病挂号等。李奶奶说"新奇玩意儿的用法记不住，问多了又怕女儿烦"。对此你想说什么？

围绕例题 65，下面是某个即兴评述考试中考生的评述实录：

近日，李奶奶为了更熟练地使用一些家里高科技的家电和一些手机软件，她把自己和女儿的聊天截图贴得家里到处都是。李奶奶觉得这些新奇的东西自己记不住怎么用，问多了又怕女儿烦。其实，这种现象现在在很多的家庭里是经常出现的。

随着现在高科技以及互联网的发展，许多高科技的家电以及各种比较方便的软件陆续出现在我们的生活中，其实这些东西的出现为我们的生活带来了很多方便，和很多……哦……比较……比较好的用处。但是对于老人们来说，老人他们比较习惯传统的一些东西和方式，他们并不会……他们并没有……并不会很熟练地去使用这些新奇的东西。对于他们来说，这些新奇的东西不但没有给他们带来便利，反而给他们带来了很多难处。其实作为儿女，如果想要让父母更方便，其实作为儿女我们与其选择这些高科技的东西带给我们的父母，不如选择一些更适合他们的东西让他们使用，如果真的想要让他们学会这些高科技的东西，那我们可以回到家中仔细地教他们如何使用，而不是单纯地只在网络聊天中告诉他们，这不仅不会让他们很好地学会怎样使用，反而会给他们带来许多困扰。

这段评述虽然说了3分钟，但有效信息很少，改述、无意义替代、无意义重复等语言问题反复出现，提炼之后大概只有这么几句：

高科技时代，电子产品的出现给我们的生活带来了很多便利，但对很多老年人来说，如何学会使用它们就成了一个新问题。子女应该：1.别给他们使用新产品；2.要用就仔细教他们。

这样一提炼，就会发现考生这段评论太"水"，有效信息很少，在"别给他们使用新产品"这一点上，还有跑题之嫌。这一点超出了原话题材料的辐射范围。

再来看下面一段评述实录：

最近两年，有许多老人开始愿意去学习和接触一些高科技、互联网的新产品、新事物。我认为这是一种……十分好的现象。去学习和接触一些新产品、新事物对老人的帮助还是很大的。去学习一些新事物可以帮助老人更好地开拓他们的大脑和思维，可以预防老年痴呆这类病症的发生，有益于老人的身心健康。现在这些高科技的新产品、新事物以及手机软件都是比较方便的，可以为老人的生活带来许多便利。但是现在关于如何帮助老人去使用这些新产品、新事物也成了一个很大的问题。因为老人的……老人他的认知和学习能力要比我们年轻人弱得多，所以现在有很多人他们会选择用自制说明书的方式来帮助自家的老人去学习这些东西。像可以……像有许多人，他们以画画的方式和微信聊天的方式……来帮助老人去学习和接受这些新产品、新事物，这样……以这样的方式去教老人要比让老人去看那些……僵硬的说明书要好得多，可以帮助老人更快地……更能理解地去学习。而且我希望现在许多商家他们在设计这些高科技产品的同时，可以在其中增加一些方便老人使用的物品。让老人……让老人能更好地融入我们这个新社会。在当今时代，我们每个人都应该跟上时代的脚步，所以我们更应该帮助身边的老人去融入这个新时代、新社会。

这段评述只有2分半钟，虽然比前一段少了30秒，也存在一些语言问题，但有效信息多了不少，提炼之后大概有这么几句：

最近许多老人学习新的电子产品。学习新事物可以对大脑和思维有好处，有益于老人的身心健康。高科技产品也可以为老人的生活带来便利。但如何帮助老人学会使用新产品？因为老人认知和学习能力比年轻人弱，所以：1.可以使用自制说明书、画画和微信聊天方式，这比让老人看说明书要好得多。2.商家在设计高科技产品的同时，可以增加一些方便老人使用的环节，让老人更好地跟上时代的脚步。

通过前面两个评述的对比可以看出，面对话题即兴评述，一个重要的提分点是增加围绕核心点展开的有效信息。找出核心点之后，围绕着核心点，即兴评述还可以充分发掘大脑中储存的各种相关材料，增加一些感想和建议，这样的评述既有深度又有个性：

假设一个人能活到80岁，从退休算起，还有20—30年的时间。这个时间很长，完全可以学习新事物，更好地享受生活，也更好地为社会做一些力所能及的贡献。尤其是一些空巢老人和失偶、失独、失能老人，孤独感会让他们产生厌世情绪，甚至伤及身体健康。如果对老人的孝敬只是靠给钱、买东西，一味提供物质，而忽视心理需求，割断他们与社会的联系，只会加快他们衰老的速度。当老人对新鲜事物产生兴趣，向年轻人讨教时，不少人会表现出不耐烦情绪："你都这么大岁数了，学这个干啥。""说了你也不懂。"

其实对大多数人来说，"有作为"才会"有快乐"。老人也是一样，他们也有自由意愿，有归属、尊重和自我实现的需求，这些方面与年轻人无异。所以，我们要打破社会对老人的固有认知，充分尊重他们的各种选择自由。让"老有所学""老有所为"以及"老有所乐"紧紧联在一起。我们每个人也都会有老去的一天，善待老人，也是善待每一个未来的自己。

由于话题评述题目本身表述高度精简，这就给一些不擅长讲话的评述者增加了难度。相对于新闻类的即兴评述材料来说，面对缺少材料的话题类评述题目，有些评述者容易感到原材料复述困难，说几句就无话可说了。要解决原材料过于简单这个问题，可以采用平行联想的方式，进行话语的拓展。

五、难题的化解

话题类的即兴评述,由于题目本身提供的信息有限,不少评述者感到这类题目遇到"难题"的概率较高。如何破解这类难题呢?

有的题目看上去比较大,如果从大处着眼,往往无从下手,但如果找一个自己熟悉的小切口,化整为零,化大为小,化虚为实,可能就会发现题目并不是那么难。

○例题 66

谈谈加大知识产权保护这项工作力度的实际意义。

这是出现在艺考考场上的即兴评述题目。对高中生来说,这是一道比较难的评述题。这个题目直观上看是一个政策层面的解读,但其实属于概念型观点评述。虽然我们每天享用的都是人类智力劳动所产生的成果,但是真要在考场上进行评述,还真是不太好入手。

解决的办法就是化虚为实,化大为小。下面这个评述来自一位艺考考场上的高中生:

拿到这个题目的时候,我问自己:你看过盗版电影吗?

站在考场上的时候,我也得问问各位评委:你看过盗版书吗?

这些,我都看过。感觉怎么样?不好。

加大知识产权保护,看上去好像跟我们没有太大关系,我们不拍电影,我们不写书,没有发明专利,但是,所有这些都是跟我们每个人的生活息息相关的。保护了知识产权,也就是保护了消费者自己的利益。

要在几分钟内围绕"加大知识产权保护"这个主题展开评述,要界定概念,还要评论它的现实意义,难度还是挺大的,但评述者用简单的方式化解了这道难题,方法就是化虚为实、化大为小、以问导入。

★评述训练

1. 一位做室内装修的农民工在河南省实验中学黑板上写下"不奋斗,你的才华如何配得上你的任性""不奋斗,世界那么大,你靠什么去看看"等寄语,农民工的话发人深省。你怎么看?

2. 有位小朋友从两岁开始,每到大年初一便会给长辈磕头拜年,坚持了7年从未断过。家长说,向长辈磕头是表达孝心的一种方式,也是对他人养育之恩的感谢。谈谈你的看法。

3. 2020年7月7日，上海市西中学考点，一对年过八旬的老夫妇开着残疾车送孙女赶考。83岁的奶奶说孙女刷题到凌晨1点，每天只睡四五个小时，从小学到高中补课花费了100多万元。爷爷奶奶都是20世纪60年代本科生，希望孙女能考上清华。以此做即兴评述。

4. 某大学规定，在新学期学校将使用课外锻炼App监督大二、大三学生每学期完成120公里跑，其中30公里必须在早上6：30到7：30，分30次上传到App中，不合格者必须重修体育。你怎么看？

5. 2018年元旦前后，朋友圈掀起一股"晒18岁照片"热潮，而2020年元旦前后，又是一股"2017-2019"对比风潮。你对此怎么看？

6. "婚闹"往往会变成"胡闹"，这一现象引发热议。你怎么看？

7. 高考，它没有多复杂，也不那么高深，它只有两个字：公平。为自己的命运做出了多大努力，你就能获得多大的回馈。你挥洒的每一滴汗水都不会辜负你。谈谈你心中的"高考"。

8. 随着全国各地中小学放暑假，一群群"小候鸟"陆续迁徙来到大城市，与在此打工的父母短暂相聚。然而，对于来自偏僻乡村的"小候鸟"而言，大城市的生活环境、出行环境相对复杂，"小候鸟"难以适应、融入。他们的父母也忙于生计，无暇照顾，"小候鸟"又面临"二次留守"问题。多数"小候鸟"缺少最基本的看管、照料，更不用谈更高层次的情感与心理陪伴。你怎么看？

9. "有偿跑腿"现象在高校日渐盛行。只要花点钱，就有人替你"跑腿"，帮忙取外卖只是最基本的服务，2元代送一个充电宝，3元代取一次快递，5元代上一次课……你对此怎么看？

10. 某地取消路桥收费站，工作人员要求当地政府解决工作问题，其中一位说："我今年36了，我的青春都交给收费了，我现在啥也不会，也没人喜欢我，我也学不了什么东西了。"对此谈谈你的看法。

11. 近日，陕西西安的贾先生在路边见到自己的车，却不敢"相认"。原来，当天贾先生看见几名小学生趴在自己的车前盖上写作业。询问后得知，原来小姑娘们在等公交车，车还没来，她们就先写会儿作业。

贾先生跟她们开玩笑"这么用功，以后绝对都是名牌大学的学生"。

小姑娘们问他"这是你的车吗？"贾先生谎称这不是自己的车，简单交谈后便走开了。等了十来分钟，孩子们坐公交走后，他才驾车离开。"当时看到她们在写作业，不忍心打扰，就先去对面喝了杯茶"。如何评价这种"美丽的谎言"？

即兴评述

12. 中式英文"add oil"(加油)被收入《牛津英语词典》。对此你有何看法?

13. 长沙4名援鄂护士相约吃火锅,期间聊起了在武汉金银潭医院工作的经历。买单时得知已有人替他们结了账,并留下一张小纸条:"你们的负重前行换来了我们的岁月静好,谢谢你们!"以此做评述。

14. 华东政法大学一名学生因为没有按时上交作业,向老师解释错过交作业的原因并希望补交。老师则表示,可以论证迟交作业的正当性。为此,这位同学写了篇《论推迟作业之合理性》,不想老师回了两份《关于"迟交作业案"的归入法分析》,引起网友热议。对此你有何看法?

15. 第二次世界大战后,美国的建筑业迅速发展,瓦工需求量很大,对失业者而言,这是个难得的机遇,许多小伙子都去应聘当瓦工。有个叫麦克的青年为了生计来到芝加哥,但他看到招工广告并没有应征去当瓦工,而是在报纸上登了一则"你能成为瓦工"的广告。他租了一间店铺,请来一位瓦工师傅,买来1 500块砖头和一堆沙石做教材,办起了瓦工培训班,很多工人蜂拥而至,愿出高价接受培训,结果他10天就获利3 000美元,等于一个瓦工200天的收入。请以此来做评述。

16. 说起对邮箱的印象,很多人都停留在了20世纪八九十年代。如今,在金华站前小学校园内,却悄然出现了"红领巾邮寄用邮箱",在师生间架起了一座桥梁。不到一周时间,校长就收到了十几封信。校长说,"通过这个渠道,我们可以了解老师,熟悉学生的学习生活状态,也给自己打开了一扇新的窗户",面对孩子的热情来信,校长会用不同的方式来回复。站前小学邮箱只面向学校内部不对外寄信,信件上还有学校专属印章,每天上午9点开箱,再根据收件人传递,学生、老师、家长和来宾均可实名制寄信。对此你有何看法?

17. 你是否认同"年味越来越淡"的说法?

18. 天津市餐饮行业协会成立煎饼果子分会,后续还将制定天津煎饼果子团体标准,为从业者提供煎饼果子的"正宗范本"。此前沙县小吃、扬州炒饭、重庆小面都已有过尝试。标准制定者有"正本清源"的考虑,也有提升产业的盘算,但消费者最关心的仍是,"标准化"之后的小吃,是否变得更好吃了。对此你有何看法?

19. 纪录片《我的诗篇》聚焦了一批不同年龄、不同行业的工人诗歌创作,诗歌涉及矿井下、流水线上、制衣厂间、爆破作业等场景、题材,对"工人诗歌"你有何看法?

20. 一段工人和领导安全帽对比的视频在网上热传。视频中,两个安全帽相碰,一线工人的黄色安全帽像蛋壳一般被撞碎,而另一顶红色帽子则安然无恙。评一下这种"帽子现象"。

第三节　图片即兴评述

图片即兴评述，是对评述者展示一张图片，评述者根据图片上的内容进行即兴评述。展示的图片可能是某些新闻事件的现场照片，也可能是漫画、简笔画。有的图片上配有部分文字，有的则是纯图片。由于图片是平面的、二维的呈现，有的图难免形象朦胧，主体模糊，评述者对图片的感受、想象和反应各有差异，任何描述和解读都有可能。这类即兴评述可以考查出评述者的观察力、联想力、表达能力、对问题的思考途径等。

图片即兴评述不能仅仅描述、说明图片中画了什么，它还需要评述者开动脑筋，多角度审视图片蕴含的深层含义，进而把握题目的核心内容。

⊃例题 67

叠

这张新闻图片，背景是 2018 年 12 月 14 日，山东日照一名 3 岁孩子独自在家时，翻出窗外，头卡在窗户外的护栏上，身子悬在半空。看到这一幕的邻居纷纷行动起来：

有人在下面撑被子，有人组成"人梯"托住孩子，有人试图破门进入房屋……最终有惊无险，孩子被救回了房间。

这张图片用来做即兴评述题目是合适的，因为用来做图片题目的基本要求就是图片有一个相对直观的主题。例题 67 这张图片在只有题目"叠"而没有其他解释的情况下可以看明白，并且具备评述的核心意义。这道题的核心点是"救人""助人为乐"，也可以平行联想，附加上"儿童安全"等内容。

下面就来分解一下图片即兴评述的几个关键步骤。

一、捕捉明示信息

很多图片中是有字的，拿到图片题之后首先要认真解读图片中的文字，包括图片的标题、图片中人物的话、图片中的横幅或标语上的字等，这些文字通常是图片的关键信息和观点指向所在。

➲ 例题 68

"读"以稀为贵

例题 68 中，标题是"'读'以稀为贵"，对图片的解读就要建立在这行字的基础上。在评述中也要以这行字所传递的信息为重。

首先，这张图片有一行字："读"以稀为贵，这让我联想到了"物以稀为贵"这句话。何为"物以稀为贵"，就是物品因稀少而珍贵。那么我们可不可以理解为："读"以稀为贵，就是当前读书的人太少了。

围绕着图片中的关键字展开评述就会紧扣中心，不容易跑题了。

二、描述和解释

在点明图片中的关键信息之后，第二步就要对图片的内容进行描述或解释。

（一）对图片的描述

对图片题的评述，首先要将图片中所呈现的东西用语言描述一下。这部分，有点像"看图说话"，这一步描述得怎样，主要取决于评述者的语言再现能力。这种"述"通常很简单，以下是对例题68图片的描述：

这张图中，一个人坐在一本大"书"上，捧着一本书在认真读，周围是一群拿着手机拍照的人，他们自己没有读书，却在围观这个读书人。一个读书的人，周围围着一圈儿不读书却拍照的人，这是不是有一种"读以稀为贵"的感觉？

有的评述者觉得图片很直观，大家都能看到，就放弃了"述"这个环节，直接开始"评"。其实"述"的环节是不能随意放弃的，因为它是整个即兴评述的重要组成部分。

（二）对图片的解释

在有的图片评述中，"述"不仅肩负着描述图片内容的任务，还要在这一步将图片中含糊不清的地方解释清楚。还有的"述"需要解读图片中特有的寓意。

⊃ **例题69**

$$1.01^{365}=37.8$$
$$0.99^{365}=0.03$$

有的图片题，需要评述者先"看懂"，再"说懂"。这一步做不好，后面的评述就无法正确地展开。例题69这张图片，第一眼看上去容易让人发蒙。这道图片题由于没有标题，大大增加了解读的难度。突破口在哪里呢？在"365"上。365是一年的天数，就是说，图片中的其他信息，都是跟一年365天有关的。在观察和思考的基础上，进行推导之后就可以描绘出图片的主要意思：

图中是两个算式：1.01的365次方，和0.99的365次方。

这张图片很有意思，它看上去很抽象，其实，突破口在365上。大家都知道365是一年的天数，一年有365天。那么就可以理解为：1是你一天本分的努力和工作，

0.99 说明你今天偷懒了，1.01 说明你完成了本分的工作的同时还多做了一点事情，这三种不同的心态会导致你一年后收获的结果不一样。

一年中每天的工作都未完成，一年下来的收获只有 0.03，就仅仅是一个小数点之后的小尾巴。

一年只做本分的工作，多一点也不完成，365 天之后，你的收获还是个 1。

假如每一天都在完成基础任务的基础上，再多做个 0.01，一年后收获就是翻倍的。

至于，为什么要选择相乘而不是叠加，可以理解为，这种努力，并非简单叠加，而是滚雪球。从开始就偷懒，就会越滚越小；而从一开始就多做一点，雪球就会越滚越大。

这道图片题难度较大，但由此可见，看懂图片和解释清楚图片的重要性。例题 69 比较有代表性，评述者把图片看懂并解释清楚了，这个评述也就基本上完成了。

三、浅联想和深联想

可以在对图片进行描述的基础上展开广阔的联想。围绕图片的主题所展开的联想可分为"浅联想"和"深联想"。

在"述"的基础上展开联想，这个联想是从图片中的内容生发出来的，它通常要"高于"和"广于"图片本身。这是对例题 68 图片内容的联想：

有位作家说过，书是人类进步的阶梯。在当今这个科技大发展的时代，人们的生活大都和电子网络产品息息相关，出现了大批"手机党""听书族"。"低头族"倒也是经常有，但却是低头看手机而不是看书。校园如此，社会上更是如此，能沉下心读本书的人越来越少了。在快餐社会，人们用手机拍照，发朋友圈，许多书不再"看"，而是改为"听"了。这些"快餐"行为取代了读书行为。就算是买了本书，借了本书，也往往是拍个照发朋友圈了事，能踏实地坐下来认真读完一本书的时候太少了。

这段"评"，就是在前面"述"的基础上，结合对生活的感知展开的联想，由浅入深，从图片上的一个读书人联想到了图片之外的电子阅读。

➲ 例题 70

堵

例题 70 图片题目是"堵",对图片的描述比较容易,随之而来的联想也比较容易展开,但"浅联想"易,"深联想"难。下面来对比一下浅联想和深联想的区别(见表 5-3-1):

表 5-3-1

	浅联想	深联想
例题 70	城市交通堵塞,影响人们出行	公共交通应该优先,且大力发展
	交通堵塞需要疏导,警察警力不够	中国经济的腾飞,人民生活的繁荣

通过对照可以看出,针对图片的浅联想通常是比较直观的,往往是站在个人的角度来展开的。深联想则站位较高,通常是站在群体的角度来展开的联想。深联想可以通过下面这个路径来达成:

图片现象→复式联想(平行拓展由浅入深)→由实入虚→拓展提升

四、图片的视角拓展

一张图片是平面的,但评述者要把视角拓展开,将"平面"的图片做成"立体"的评述。

绝大多数用来做评述题目的图片已经表明某个立场了,这一点通常在图中会有所提示。本着思维的"顺向""不否定原题"的原则,即兴评述应当在原题的立场上做提升和延伸,而不是推翻原题中的立场。

针对图片题目的拓展提升,可从纵向的延伸性联想和横向的拓展性联想入手。

即兴评述

● 例题 71

这张图片虽然没有标题，但内容很直观，容易描述。由于图片中有"海外游学"和"高收费"的字样，可以从中看出原题的立场：对"海外游学"中的"高收费"是否定的。从背书包的学生们的身高可以看出，他们是少年游学者，通常为小学生。图片是对当下"小游学生"现象的批评。对这一原题中的导向，评述时不应当推翻。

基本评述：

从图中可以看出，这些小游学者们，组织他们出国的是他们当前就读的学校，而支持他们出国游学的是高额的费用。（复述图片）

这种游学是否是必需的呢？可能大多数情况下，是一种攀比吧。学校给提供了这样的机会固然不错，不过有可能在经济条件不一的孩子们中造成一定的攀比心理。经济条件比较好，能提供出国费用的，自然欢呼雀跃；而不能出国的，就有可能产生自己不如人的心理。（初级观点）

绝大多数的父母，都给了孩子很好的生活环境，不会缺衣少穿。但这种小游学者的生活是不是必需的呢？值得我们深思。

以上是根据图片内容做出的基本评述，大部分评述者都可以联想到。图片中给出的一个信息是"学校"，评述的联想也是围绕着"学校"展开的。基本联想的路径为：高收费游学→学校→父母。

再进一步的，就是延伸观点，需由浅入深。

延伸观点1.

游学虽好，但它不是基础教育，支持它的是高收费。不可能每个孩子都能说走就走。

假如一个孩子，全班都去国外游学了，唯独他没去，孩子的心理或多或少都会受到一些影响。那么，作为家长，有条件，可以让自己的孩子出国去增长见识；如果没有条件，不妨坦诚地告诉自己的孩子，让他理解父母，同时也认识到社会的残酷。我想这比强撑着让孩子出国游学得到的教育效果更好。

看上去，延伸观点1似乎和基本评述的观点差不多，但仔细看来就会发现，它的联想视角是这样的：高收费游学→学校→家长→社会。

和基本评述的视角对比一下，不难看出延伸观点1做了视角上的更高一层的拓展。

延伸观点2.

由此我看到两个方面：第一是高收费支持下的游学现象，需要量力而为。第二也要看到，这是社会进步的体现。与上一代人相比，中国人初次出国的平均年龄正在迅速降低。

有的小学一个班的学生，小学六年，出国率就几乎达到百分之百。这是祖国繁荣、社会进步的体现。面对这种现象，我们没有必要把它当成洪水猛兽，把这些人看成是崇洋媚外，毕竟社会进步了、发展了，即便收费高，有的人也有支付能力。但另一方面，量力而为，不攀比，学生和家长都要保持冷静的心态，才是我们要提倡的。

延伸观点2的联想轨迹是：高收费游学→社会→国家→学生和家长。与延伸观点1对比，这个联想又上升到了国家发展的层面，因而更深入了一层。

对一个现象进行浅联想和深联想之后，在这个基础上要进行拓展和提升。面对一张简单的图片，需要评述者有"俯瞰"它的格局。面对图片，评述者要想象着自己有了一个机会站在观景台上，拥有其他人看不到的视角，然后向听者积极地描述这个风景，同时传达自己的感悟，用自己的人生境界来丰富眼前的风景。

★评述训练

请对每道题中的图片进行评述。

即兴评述

1.

同一块石头，在弱者面前是绊脚石，在强者面前是垫脚石。

2.

3.

4.

5.

6.

7.

你的时间

8.

选择

9.

10.

11.

起跑线

12.

即兴评述

13.
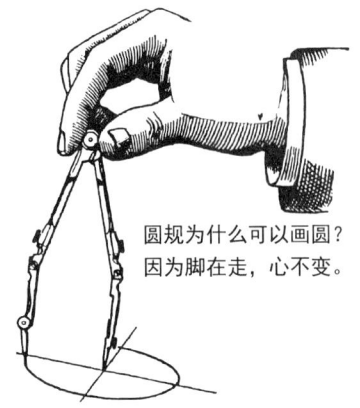
圆规为什么可以画圆？
因为脚在走，心不变。

14.

过度医疗

15.

16.

岔路

17.

18.

19. 　20.

第四节　群体即兴评述

绝大多数即兴评述都是以单人的形式进行的，但有时也会出现群体即兴评述的形式。在与即兴口语相关的测试形式中，经常采用的题型主要有自我介绍、命题演讲、即兴答问、即兴评述、模拟主持、即兴论辩和小组讨论等。群体即兴评述多以"小组讨论"或"双人论辩""多人论辩"等形式出现，之所以将这种在群体中发表观点并展开讨论的题型单独放入一节，是考虑到这种群体形式具有独特性和典型性，从即兴评述的考查和教学两方面来看，都难以撇开这种群体参与的评述形式。

群体即兴评述，就每一个参与的个体而言，评述思维、语言、立场等各方面和个人评述大体是相似的。主要有两个区别：

一是在群体即兴评述中，个人"述"的成分减少，主要是开门见山直入主题的"评"。在提出个人的观点之后，对事实的"述"通常以边述边评的方式展开。

二是在群体即兴评述中，进行个人评述的同时要随时考虑在场的其他人。群体评述是群体性的活动，在这个活动中，个人的评述是有反馈的，可能有支持、有反对，也可能被干扰、打断和抢话。因此，在个人发言的时候要格外注意表述的措辞和逻辑的严密度，不仅自己表达要简洁紧凑、顺畅严谨，同时还要及时倾听、反馈、记录和总结，在一个群体中以别人能够接受的方式强化自己的观点和立场。

除了一般的语言考查外，群体即兴评述还可以考查参与者的沟通力、洞察力、领导力等。群体即兴评述不仅适用于面试考查，而且也是日常即兴评述练习的好方法，尤其在一个班里有多人同时进行即兴评述学习时，群体即兴评述练习有助于活跃气氛、增加参与度、培养集体意识以及优化练习时间。

一、常见形式与流程

相对于单人即兴评述来说，群体参与的小组讨论式即兴评述可以形成一个压力面试的情境，评述者在一个群体中的表现，不仅可以流露真实的立场观点，而且因为人在团体中会无意识地暴露日常生活中的行为模式，其在表现出理性一面的同时，也会有大量的情感流露，内在自我表现得更充分。群体参与的论辩式和小组讨论式即兴评述会在短时间内提供多样化的观察角度和丰富的观察素材，对考官而言，很容易得到评估差异，并能对竞争同一岗位的应试者同时进行比较，即横向对比，观察到应试者之间的显性差距。

群体即兴评述的参与者在讨论问题情境中的地位是平等的，但是在群体即兴评述活动结束时，往往会有人从中脱颖而出，成为自发的"领导者"。无领导小组面试是群体评述的典型形式，众考官坐在离应试者一定距离的地方，观察、倾听之后为应试者评分；应试者就所给材料展开自由讨论，题目一般取自拟任岗位的职务需要，或是现实生活中的热点问题，具有很强的岗位特殊性、情景逼真性、典型性及可操作性。

小组讨论为群体即兴评述的主要形式，属于情境式即兴评述，要求采用集体参与评述的方式进行情景模拟的讨论。参与者4—8人为一小组，各组在没有指定领导者的情况下，在规定时间内对一些问题进行讨论。有时，这种小组讨论需要形成一致意见，或在特定情境下完成某项任务。参与者按照易于讨论和观察的方式站立或就座，通常按照U形排列，考官集中就座于缺口处一面，以利于观察（如图5-4-1）。

图 5-4-1　群体即兴评述现场

群体即兴评述在以小组讨论的方式进行时，常见的流程是：

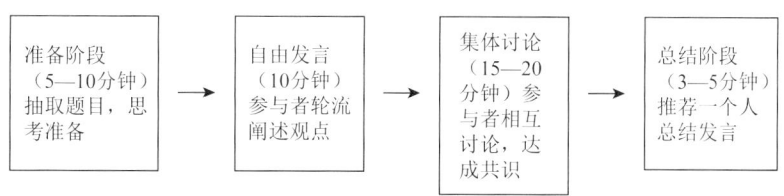

图 5-4-2　群体即兴评述流程

在不同的群体评述测试中，还会根据人数、岗位要求、考场安排等，有不同的考查时间要求及流程设置。

二、题目类型和争议点

群体即兴评述既然是多人参与的评述，它的题目设置就显得颇为重要，因为群体评述的题目设置如果稍有不妥，就有可能直接导致群体评述活动无法顺畅进行。和单人即兴评述题目相比，群体即兴评述的题目设置要特别注意有一定的"争议点"，能够引发参与者各抒己见，形成争议。从题目形式上看，常见的群体即兴评述题目可分为开放式、两难式和多选式三种。

（一）开放式题目

开放式题目，观点选择范围大，评述的落点可以很宽。这类题目主要考查参与者思考问题是否全面，能否有针对性地提出问题，思路是否清晰、有逻辑，是否有新的观点和见解。开放式题目又分完全开放式和部分开放式，例题 72 和例题 73 就分别对应这两种类型。

⇨例题 72

在一个团队中，你认为什么样的人能做好带头人？

关于"带头人"问题，参与者可以从自己想到的任何方面，如带头人的道德修养、人格魅力、才能、亲和力、管理方式等角度来评。这类题目出题容易，但在对参与者进行评价时有一定的难度，因为完全开放式题目可能导致参与者各自为政，不太容易引起各个参与者之间的争辩，测查的能力范围较为有限。这类题目是群体即兴评述中最常见的题目之一，它的适用范围也比较广。

即兴评述

➲ 例题 73

中国是礼仪之邦,注重人际往来,可现在有的却演变为请客送礼、行贿受贿。对此,有的人认为应该完善制度,有的人认为应该加大惩罚力度,有的人认为应该加强作风建设。假定你是本市纪委工作人员,你觉得应该采用何种方式解决此问题,并设置方案。

基本要求:准备提纲10分钟,每人5分钟阐述观点,40分钟自由辩论,5分钟总结陈词。

相对于话题即兴评述中的选择型观点题目,群体即兴评述中的开放式题目要照顾到多人参加,题目在设置"争议点"时,有时会列出多个情形或方案,这就是部分开放式题目,看上去似乎有点像多选式题目,但不同之处在于,部分开放式只是对题目的范围做了部分的列举或划定,并未规定必须从中选择一个或几个。例题73这类部分开放式题目较多出现在公务员或事业编考试的无领导小组讨论中。

(二)两难式题目

两难式题目提供了两个各有利弊的答案,参与者可以从中选择一个自己认可的观点,并陈述理由。例如:

作为快速交通的代表,飞机和高铁你更赞同发展哪个?

新冠疫情期间,停工停产和大面积感染,哪个对于经济影响更大?

直播带货将成未来主流还是昙花一现?

网课有助于自主学习还是不利于自主学习?

两难式题目选择了一个观点就意味着对另一个观点的否定,因此它除了可以考查参与者的语言表达能力、分析问题能力之外,还可以看出参与者是否擅长权衡、对比、说服等。两难式题目经常出现在单人评述中,在群体即兴评述中主要是以论辩的形式进行,参与者可以是二对二对辩,也可以是三对三或者四对四对辩。两难式这类题目在考查和练习时,可以分组后抽签决定立场;也可以降低难度,先确定立场,再根据立场分组。

这类问题对评述者而言,既通俗易懂,又能够引起充分的论辩;在操作流程及评价应试者方面也比较简单有效。这类题目在命题时应注意提供的两种备选答案具有同等程度的利弊,不能出现一个答案比另一个答案有明显选择性优势的情况。

(三)多选式题目

多选式题目就是题目中提供了多项选择,需要评述者在多种备选答案中,选择有效的一种或几种,或者对备选答案按照一定标准进行排序。

➲ 例题 74

小刚正面临高考填报志愿，你作为他的班主任老师，从老师的角度出发帮他选学校，要从以下四个方面考虑：

1. 地域
2. 兴趣
3. 专业
4. 职业

要求：对这 4 个观点按照重要性来排序，1 分钟每个人阐述个人观点——个人的排序观点以及为什么这样排序。

自由讨论，5 人一组，不限定时间。

这是一道典型的排序选择的多选式题目，试题来源是 2019 年某高校的播音主持艺术专业复试中的群体即兴评述环节。

多选式题目，首先要仔细审读题干，明确题目的限定条件以及特定的背景，以此作为选择的突破口。

多选式题目对于参与者来说，出题难度较大，但有利于揭示参与者各个方面的能力和人格特点。这类题目出现概率较高，有的题目本身也很有意思。但也有的题目不适合群体评述，只适合单人评述。例如：

若母亲、妻子、儿子三人同时落水，该先救谁？

这个题目很多人都见过，它的另外一个版本流传得更广，那就是妻子和母亲落水，先救哪一个。虽然它有"争议点"，但属于个人选择，只利于个人抒发观点，而不适合群体展开讨论。

三、群体即兴评述的测试点

群体即兴评述的评判有两个要点：一是参考单人即兴评述的各项评分标准。二是在单人即兴评述的评分基础上，增加群体的部分，通常是各考官对每个应试者的某几个特定测评要素打分。

不同的测评要素会根据测试导向的不同，有不同的权重得分。在具体实施过程中，可根据具体情况确定测评的要素和各要素的权重，有的特定岗位面试，这些测评要素的设置还要和具体的岗位、职位相对应。这里仅列出比较常见的两个群体即兴评述的评分表。

即兴评述

第一是按个人分项评分。

除了一般的即兴评述测试点以外,在群体即兴评述中,参与者以下几方面的表现会计入测试点:

表 5-4-1

分项 测试点	分项得分	1号	2号	3号	4号	5号	总分	备注
语言方面	发言的主动性、语言表达能力、论辩说服力等							
非语言方面	面部表情、眼神、姿态、手势等							
个性特点	自信、情绪稳定性、反应速度、组织协调能力等							

第二是按量化分项评分。

在群体即兴评述中,还有一种比较科学的评判方法就是量化,这种方式通常不会在评委的评分标准中显现,而是评委在应试者群体评述的过程中,为了各项评分的科学、公正和准确,自行掌握的记录方法。量化分项通常可以采用加点的方式,进行分项记录,最终根据加减点来统计得分,这样就使得评判更加科学,打分理由更充分。表 5-4-2 为考官进行量化分项评价的标准:

表 5-4-2

量化分项得分	1号	2号	3号	4号	5号	总分	备注
参与有效发言(次数)							
调节争议,创造别人发言的机会,促使众人达成一致意见次数(次数)							
能提出见解和方案,敢于发表不同意见,说服别人,支持或肯定别人意见次数(次数)							
倾听他人意见,有心记录、分析、归纳、总结不同方面意见(总数)							
发言有针对性(总数)							
时间观念(总数)							

有了这些量化分项得分记录,考官在评价时会更有依据,便于根据应试者的具体量化的言语和行为表现,对其相关能力和个性特征做出相应的评价,并由此来综合评价考生的优劣。

四、群体即兴评述释疑

可以熟练进行单人即兴评述的人，在群体即兴评述时还会遇到一些新的问题。

（一）话语量多少

话语量多少是群体即兴评述的重要参照物。在群体即兴评述中参与程度的一个重要指标是评述者发言的多少，按照量化分项评分要求，每个参与者都会有一个大致的发言量记录，作为测评的依据。

话语量少并非绝对地导致整体测评成绩低，评委会推测某个参与者话语量少的原因：

- 可能是性格原因。
- 可能不适应这种群体讨论的场合。
- 可能对话题不熟悉。
- 可能未能抢到发言机会就放弃了。

群体即兴评述中有时会出现有人滔滔不绝有人无声无息的场景，如何看待这种话语量的分配呢？

参与者是不是积极地投入了话题的讨论，话语量这一点很重要，群体即兴评述中没有话语量，也就是几乎一句话也抢不上的，测评成绩肯定不会好。因为面试既然确定了群体即兴评述这种形式，"说不上话"就是一个致命问题。但也要具体情况具体分析，有的人话语量多，源于其擅长抢话，忙于自己抢话未能照顾到其他人的发言，未能协调群体的发言量，导致其他人出现不满情绪。群体中如果有六七个成员，始终是两三个人在发言，这时，某个参与者对那些不怎么说话的人的态度是怎样的，是不搭理还是会照顾到他的观点，会不会征求意见，等等，都在测评范围之内。

抢话说，虽然发言频率高，但这样的评述者过于自我，缺乏集体意识和合作态度，会影响其在群体即兴评述中的成绩。

（二）言语分量

某人说了不少话，但是都没起什么作用，没有影响力，可以说这就是话语没有分量。话语量和言语分量在测评中是如何占比的呢？

同样分量：*话多＞话少*

不同分量：*少话高分量＞多话少分量*

话语量代表了参与度，言语分量代表了影响力，这是两个不同的概念。在群体中

即兴评述

讲究的是"适者生存",找到适合自己的位置就好。"适者"是那些积极主动参与讨论、思维活跃,经常有比较新颖独特的观点,善于协调,在关键时候能引导大家思考新的方向,为评述进程做出贡献的人。

群体评述中每人都有表现欲,当所有人都希望做"领导者"角色时,往往更需要一个"辅助者",这就是在很多情况下言语量相对较少的人分数却远高于争做"领导"的参与者的原因。好的"辅助者"能看到群体最需要什么,并努力扮演好这个角色。群体评述不能以自我为中心,要迅速判断群体中更需要什么,比如,在大家讨论跑题时,及时出来提醒、引导;在没有观点可以延展下去时,主动引导出新的讨论方向。

(三)破冰者

破冰者,是指在群体即兴评述开场的时候第一个发言的人。"破冰"这一行为是一把双刃剑,好处是第一个发言,观点都是新的,不会出现自己准备说的观点被别人说了的烦恼;破冰者也是开拓者,容易给评委留下深刻印象,有可能树立威信,成为群体的领袖。但也容易成为其他参与者攻击的靶子,如果破冰者本人没有足够的实力,很容易被反驳,沦为"抛砖引玉"的"砖"。

判定能否顺利破冰,可以这样来衡量:对引导话题有十足把握就做破冰者,没有把握则选择第二、第三或第四位发言者。

(四)观点重复

独立发言阶段和其他人观点重复了怎么办?

这是困扰很多人的一个问题。其实群体即兴评述中的独立发言,并不等同于单人即兴评述那样要求必须完整、有条理、分析透彻、思考充分。后发制人的评述者,并不需要面面俱到,可以转换表达方式进行补充,或者只就评述主题中的某一方面深入去谈,讲出自己的特色。

群体即兴评述有别于单人即兴评述的地方,在于"比"。单人的即兴评述,重在自我展现,而群体即兴评述,是把你放在一个群体中,看看你和别人"比"会是个什么情况。"适者生存"即由此而来。

★ 评述训练

1. 5—9人一组,根据以下材料,做小组讨论。(10分钟准备,30—40分钟讨论)

几年前,《中国青年报》社会调查中心通过题客调查网和民意中国网,对14 406人进行的一项调查显示,在干部选拔过程中,有50%以上的受访者认为,逆淘汰就发生在身边:空谈的淘汰实干的,投机的淘汰忠诚的,优秀的反倒被拙劣的挤掉。

逆淘汰,简言之,就是坏的淘汰好的,劣质的淘汰优胜的,小人淘汰君子,平庸淘汰杰出,等等。有人说,逆淘汰并不是新的现象,有史以来这种悲剧常常发生,李太白只能游山玩水,陶渊明唯有去种田,屈原不得不自投汨罗江,等等,都是逆淘汰的表现。还有人说,逆淘汰现象恰恰体现了"适者生存"这一进化论的核心思想,只有适应环境才能够不被淘汰,而不是强者生存。

逆淘汰的现象,不仅在人口方面有所体现,而且在社会各个方面都有所体现:

德逆淘汰——好人难当,坏人易做。

财富逆淘汰——劳动致富是神话,投机者赚大钱。

电影逆淘汰——好片不叫座,烂片高票房。

文化逆淘汰——畅销非好书,好书不畅销。

教育逆淘汰——高分庸才,低分人才。

绩逆淘汰——官赏工程大行其道,民惠工程少之又少。

人才逆淘汰——人才选拔暗道多,有才有能靠边站。

创新逆淘汰——盗版猖獗,正版艰难。

提拔逆淘汰——会做人步步高升,能做事当牛做马。

经过小组讨论,完成如下两个问题:

(1)你认为"逆淘汰"的原因主要在哪里?列出三点。

(2)给出"逆淘汰"的解决方案,并按照顺序排列。

2.5—9人一组,根据以下材料,做小组讨论。(10分钟准备,30—40分钟讨论)

10人乘坐双引擎飞机,因大风雪飞机失事坠落到山林中。失事后机身多处撞伤,并引发大火,驾驶员及1名乘客死亡,其他9人无大伤。

失事前,飞机高度显示3 000米左右。失事地点正好在雪线下不远,气温零下15度。失事区域无任何通信讯号。地面崎岖不平,树林茂密,乘客们穿着秋装,但每人有一件大衣。

在飞机爆炸之前,乘客从飞机中抢救出15件物品:该地区的航空地图、大型手电筒、四条毛毯、一支手枪及十发子弹、一支雪橇、一小瓶白酒、一面化妆用小镜子、一把小刀、四副太阳镜、三盒火柴、一瓶军用水、急救箱、十二小包花生米、一张塑料防水布、一支大蜡烛。

讨论：请从这15件物品中，选出5件最重要的，并进行排序，说明理由。

3. 5—9人一组，根据以下材料，做小组讨论。（10分钟准备，30—40分钟讨论）

某东部城市有3.9万大学生今年毕业，有1.7万工作岗位，人大代表提出以下解决方案：

（1）创业补贴，对大学生创业的给予补贴（具体措施若干）；

（2）税费减免，对于录用应届大学毕业生的企业给予税费减免优惠（具体措施若干）；

（3）实习基地，选择1 000个企业创办实习基地，为10 000名学生提供实习指导（具体措施若干）；

（4）鼓励大学生去参加西部建设，有考试加分等措施；

（5）鼓励大学生去中小企业工作，给中小企业贷款方面的补贴；

（6）鼓励大学生去城乡基层工作。

现在作为劳动和社会保障部门的工作人员，希望你能够：

（1）直接进入自由讨论，选择3个最重要的措施；

（2）在最重要措施中选择1个，然后讨论具体执行的步骤；

（3）最后每个人向即将毕业的大学生做两分钟的就业指导方面的演讲，角度自选，可引用所给材料。

4. 3—5人一组，就以下问题进行分组讨论。在集体讨论的基础上，每个题概括出3个要点，再进行相应的单人评述。

（1）如何看待"洗澡蟹式海归"？

（2）网络时代快速发展，网红作为一个全新的职业出现在人们的视野中，部分网红依托大批量的粉丝，通过拍照、直播就能实现快速变现，获得高额收入。分析一下。

（3）如何理解"扶贫要扶智"？

（4）怎么看待商家打着健康讲座、专家义诊、免费体检、免费旅游等方式诱导老人购买高价保健品？

（5）大数据时代，在保护个人隐私和获得生活便利之间，我们应该如何选择？

5. 5—9人一组，根据以下材料，做小组讨论。（10分钟准备，30—40分钟讨论）

如今出国越来越方便了，出国旅游的人也越来越多，在外国人眼里甚至出现了一种"中国式旅游"。为了搞清楚中国人是怎么旅游的，外国人还拍了一部纪录片，叫作《中国游客在巴黎》。中国游客给外国人留下最大的印象就是"快"，每一天行程安排得非常紧凑，在各大景点之间疲于奔命，特别热衷于热门景点打卡，而很少会留在一个景点细细品味它的美或者艺术，这在外国人眼里是十分不解的。

旅游时间有限，就算去国外旅游大部分人也会在一周或者两周内结束行程，时间不多但安排下来的景点却不少，毕竟难得来一次，这些景点不走个遍会有些不甘心，每一个景点能预留的时间也就少了，这才是我们为什么疲于奔命，给外国人留下"快"的印象的原因。

在外国人眼中，中国游客特别热衷于拍照发朋友圈，仿佛只有发了朋友圈才能证明来过这个景点，不管是多么具有观赏价值或艺术价值的景点，都很少细细品味这些杰作，比如去柬埔寨时，大部分人只参观大小吴哥，在参观巴戎庙的时候一门心思只想与"最美的微笑"合影，而将其他精美的雕刻都忽略了，拍完照之后又直奔下一个打卡目的地。

让中国游客特别兴奋的旅游行程就是买买买了，不管是跟团游还是自由行，中国游客都会给自己留下充足的时间买买买，这也是为什么许多国家都喜欢中国游客前去旅游的原因，因为中国人的购买力实在是太强了。

外国游客不解为什么中国游客在选择目的地时不少列几个，而是疲于奔命、走马观花地看完所有景点，也不明白好好的旅游为啥花那么多时间在购物上。外国游客总结的"中国式旅游"十大特征，你有没有呢？

（1）上车睡觉，下车拍照；

（2）奢侈品专柜必须去；

（3）朋友圈狂刷屏；

（4）超大号的行李箱；

（5）偏爱快餐，节约时间；

（6）拍大门打卡；

（7）热衷热门景点打卡；

（8）懒得做攻略；

（9）纪念品不能少买；

（10）回家后：我花了那么多钱，买回来的这到底是啥玩意？有啥用？

经过小组讨论，完成如下两个问题：

（1）你认为"中国式旅游"的问题主要在哪里？列出四点。

（2）给出"中国式旅游"的解决方案，并按照顺序排列。

第六章　即兴评述临场状态调控

听说过"克拉克现象"吗？

罗·克拉克是20世纪60年代澳大利亚著名的长跑选手，他曾19次打破5 000米和10 000米的世界纪录。然而，正是这位出类拔萃的优秀运动员，在他运动成绩巅峰期参加的1964年、1968年两届奥运会上均发挥失常，仅获得过一枚铜牌。因此，克拉克被人们称为"伟大的失败者"，人们以这位明星的名字来形容关键时刻的失常现象。心理学上把这一现象称为"克拉克现象"，也叫"克拉克魔咒"，用来研究优秀选手的大赛失利问题，因为有很多优秀运动员在非常重要的比赛中不能正常表现出实际竞技能力。

日常考试中也常有"关键时刻掉链子"现象，平时优秀的人在关键时候不能正常发挥所具有的能力，导致比赛或者考试失常。临场状态通常会对"即兴"这种表现形式有很大的影响，即兴评述往往也会引发临场紧张影响发挥的问题。过分紧张、焦虑以致不能达到最佳表达状态，影响评述水平的正常发挥，就是即兴表达中的"克拉克现象"。

即兴评述之所以能够产生"即兴"，有三大元素：一是松弛，二是敏感，三是兴奋。临场时高度的兴奋状态，指评述者在此时的触觉、情感、思维力、观察力、想象力、判断力等都处于一个活跃、敏感和机智的状态，从意识到无意识都聚集了无穷的能量，在刹那间可以捕捉到现场感或与现场有关的那些最有价值、最为闪光的东西。

恰当地进行调试，方能达到最佳"即兴"状态。

第一节　评述前紧张状态调整

人的身体是一个十分敏感的装置。即兴评述这个需要较强逻辑能力和表达能力的任务类型，作为考试项目时，往往是一个人面对多位评委展开评述，很多评述者容易心理紧张，生理上也会产生一系列变化，导致语言与行为的稳定性和协调性下降。情绪紧张会引起呼吸系统的错乱，呼吸频率比平常高，呼吸速度失调。因此，处在应试环节的评述者往往语速过快,语言的节奏和音律也会失控。情绪紧张还会引起腺体与内脏器官的变化:唾液分泌减少导致口干、身体大量出汗、尿频等,这些现象都容易导致注意力下降、记忆清晰度降低、思维断片儿、逻辑不清晰等,进而引发声音失控、语流不顺畅、用词不恰当等。

能否调节和控制怯场情绪成了即兴评述成功的关键组成部分。

紧张,在一定程度上可以使神经兴奋、精力集中,但过分紧张又是消极的。很多人说,事先准备得挺好,到评述时就忘了;还有的评述者原本语言流畅,一到考场上就出现口吃现象,即兴评述结束后才会恢复正常状态。这就是即兴评述时的"克拉克现象",通常表现为大脑空白、思维滞塞、言辞不畅、姿态僵硬、表情不自然等,成为阻止评述者充分发挥能力、展示魅力的障碍。

越是期待一个好的结果的人,往往有更多的失败的顾虑,更有可能出现"克拉克现象"。那么评述者如何"减负"呢?下面给出三个评述前的调整方法。

一、替换行为和转化控制

很多人都有过"无心插柳"和"歪打正着"的经历,这给我们的启发是"放下包袱"才能"开动机器"。即兴评述本来只是一个任务,然而,它的结果可能导向一个好的求学机会、一个称心的工作和美好的前景,因而会出现动机过强带来的严重心理负担。

期望过高背上思想包袱,会导致过度紧张,除此之外还有自我意识过敏、消极暗示等因素,有的人过分突出了自己的细枝末节,思想压力过重,越是追求完美,就越担心自己表现不好。比如,某位应试者说话带方音,或者长相上某一点不够好,这时应试者有一种外表扭曲的自我形象感,就会加重心理上的紧张和压力。

即兴评述中的"克拉克现象"分"性格型克拉克现象"和"环境型克拉克现象"。性格内向安静,特别是自卑心理强的人较难适应考场的严肃气氛,对外界的刺激过于敏感,有的人尽管基础不错,但经历多次练习依然容易出现"克拉克现象"。"环境型克拉克现象"属于相对短暂的状态,出现频率很高且很普遍,考生怕现场的声音,若评委有小声说话或某个幅度较大的动作时就会很紧张。

逻辑能力差或语言组织能力不好的人,拿到题目后不知道从哪方面入手,语言和思维不协调,词语搭配不当,调取失误,更容易加剧焦虑感,诱发语流失畅。相关训练可以从平时做起,多关注周围的事件和新闻,经常自言自语地复述某件事情;多尝试和不同的人交流,激发出与人交流的欲望。

即兴评述

对于容易紧张的人来说,可在平时学会放松自己,身心相通,身体放松时紧张也就得到了缓解。有几个简单易行的减压办法:

(一)打个哈欠

哈欠是替换行为(displacement activity)的范例,打哈欠是对压力的回应,它有助于替代焦虑。

你观察过周围的候考者吗?凡是那些处于紧张、兴奋之中,思想高度集中的人是不会打哈欠的。打哈欠通常是在工作告一段落,精神放松、疲倦之后才会出现。打哈欠是精神、肢体处于松弛状态的结果,哈欠原本是身体疲乏的表现之一,有人正在打呵欠,这是机体正在调整疲倦的表现。

打哈欠的目的是增加吸氧量,它具有"清洁大脑"的作用,可以减轻紧张,放松神经;它实际上是一次深呼吸,可以排出肺内的二氧化碳,吸入更多的氧气。

既然如此,可在感到紧张时打个哈欠,可能你会发现它的放松作用非同小可。

打哈欠是想打就能打的吗?差不多。哈欠具有很强的传染性,人们一旦看到别人打哈欠,甚至读到打哈欠或想到打哈欠,就有可能打哈欠。所以说,你可能一时半会不好操控你的紧张情绪,但相比之下倒是好操控你的哈欠。

(二)开心一笑

你平时有储存笑话的习惯吗?这是一个好习惯。

开始即兴评述之前,如果环境允许,可以和周围的人说笑一下,给别人讲个笑话。如果旁边没人,自己回忆一下脑子里最可笑的几个笑话或场景。开心一笑可以让紧张的躯体迅速放松,肌肉不再紧张,血压、心跳有所缓和,心理也会感觉轻松很多。考前交流时要避开那些喋喋不休地诉说自己多紧张,以及考试的种种难度的应试者。很多人在上考场前脑子里和话语中不断出现:

我紧张啊紧张啊。

我今天状态不好。

我恐怕会出错。

我预感到我会卡壳。

我要说不下去了就麻烦了。

……

这些不良的心理暗示只会给自己带来不安,人为地制造紧张气氛。这些消极的暗示特别容易分散评述者的注意力，降低自信。表达焦虑与即兴口语流畅度两者间有着明显的关联，所以这就是为什么一些不太自信的评述者，在考场上进行即兴评述时，出问题的概率更大的原因。

容易紧张的人，可以带上自己平时喜欢的一件小玩意，考前的一段时间里拿出来看看、摸摸，对放松也会有效。

（三）放段音乐

放上一段音乐，和看个笑话具有同样功效。它和开心一笑一样，属于"转化控制"。"转化控制"是通过另一种活动或有意识地改变注意的指向来缓和紧张情绪的方法。如听音乐、看图片、玩抖音，还有秀一个自己最拿手的动作或姿势等，都可以用来摆脱消极的紧张情绪。许多人都知道听合适的音乐可以放松身体也放松心情，考前可以选择自己喜欢的音乐进行放松。注意，最好是轻松的音乐。如果是歌曲，要挑选轻松的、中性的，以免因为歌词诱发分神。如果离上场时间还长，身边有自己喜欢的乐器也可以拨弄一下。手上的肌肉一旦运动起来，大脑就不那么紧张了。

（四）消耗热能

消耗热能，严格说来属于"冷化控制"，这里也放在"转化控制"部分。由于紧张情绪会使人体内产生大量的热能，在面试上场之前，可以设法使肌肉交替紧张或松弛，以提前消耗掉无用的热能。可以让脚使劲地踏地，或者做下蹲运动，直到感觉到腿上有许多热能要释放出来，然后再使它松弛，直到紧张不复存在为止。或者双手先是紧握，然后再放松，重复几次，让能量消耗殆尽。使用一些机械的方法自控，如咬紧嘴唇、手捏肌肤等，这种动觉刺激在大脑皮层能引起强烈的兴奋，对已有的兴奋情绪起负诱导作用，也能达到冷化情绪的目的。

二、暴露冲击

"我喜欢你很久了，你愿意和我在一起吗？"

说出这句话，对你来说困难吗？相信大部分人会回答是的。

对别人说出自己的诉求时都希望得到积极的答复，也会事先考虑被拒绝的风险和后果。表白这件事，一般人衡量再三往往会放弃，因为害怕预期之外的结果。

其实，人们往往低估了自己的适应能力和耐受力。

为什么会适应？

因为经历多了，对几乎所有可能发生的情况都经历了一遍。当它成了生活的一部分的时候，就适应它了，不管它曾跟你是多么的冲突。假如一个人经常去做一些基本会被拒绝的事情，比如上街找人要手机号码，去蛋糕店里要免费蛋糕等，本质就是锻炼自己对被拒绝这件事的承受、反应和适应能力。假如你被所有人都拒绝过了，那还怕被拒绝吗？

"冲击疗法"（implosive therapy），也就是羞耻感冲击练习，又叫暴露冲击，这种疗法鼓励直接接触引起焦虑恐怖的情景，直接使人处于所恐惧的情境之中，以收物极必反之效，从而消除恐惧。预计到自己临场会很紧张，可以提前练兵，创造机会模拟面试，多增加即兴评述的临场实践经验，再面对类似场景时就会坦然很多。通过冲击增强心理适应能力，从而消除敏感反应。

锻炼自信的方法之一就是做你所害怕的事，抓住任何可能引起怯场的场合，强迫自己大声、完整地发表观点，不断校正和丰富情绪经验。

冲击疗法的产生基于一个动物实验：在实验场所发出恐怖的声、光或电击等刺激时，实验动物惊恐万状，四处乱窜想逃离，但如果没有任何出口，就只能待在现场，当刺激持续了一段时间以后，动物的恐惧就会逐渐减轻，甚至最终消失。这一实验表明，只要持久地暴露在刺激因素面前，惊恐反应终将自行耗尽。

即兴评述同样可以创设这样一个模拟应试情境。在这种暴露冲击中，教师通常以消除学生面试恐惧为主要目的，不苛求即兴评述的质量，而是抱着不批评的中立态度，多给予鼓励和欣赏的点评。

平时经常在公共场合抛头露面、当众说话的人，抗压能力也相应较强，特别是有"人来疯"特质的人虽然也会紧张，但出现"克拉克"现象的概率较小。

三、注意力训练

导致考前紧张的一个重要原因是杂念干扰，不能集中精力备考。在考前产生的一切与面试无关的念头统称为杂念，身体放松是排除杂念的前提。

临场不良状态产生的客观原因主要有抽到的题目难，现场和想象的不同，准备时间变短，评述时间有变，听众、时间、环境、气氛的变化等。应试者在大庭广众之下孤立地面对陌生的评委，极易产生心理上的压力。

日常说话一般不受时间的限制，即兴评述要受时间制约且可能随时变化（评委会随时打断）。这就会给应试者带来额外的干扰和心理负担。一些听上去很正常的背景噪音，如某个机器发出的运行噪音、开关门声、椅子的吱吱声、其他人的说话声、外面人的脚步声、窗外卡车卸货的声音以及物品掉在地上的声音等，都有可能干扰评述的正常进行。除了来自外界的声音干扰外，如果面试环境和事先想象得不一样，比如一走进考场觉得过于严肃，或者现场有人员走动，或者在考试中出现一些意外，这些都容易不同程度地给评述者造成一种心理上的压力。这种因时境、对象的不同而带来的不适感也会造成怯场。

进行注意力集中训练是为了提高抗干扰能力。将注意力全部贯注于一个确定的目标，力求不为其他内外干扰而分心，可以做这样一个简单易行的训练：

注视手表秒针的转动，先看1分钟，如果1分钟内没有离开秒针，再延长时间到2分、3分，等到确定了注意力不离开秒针的最长时间后，再按此时间重复几次。每天进行几次这样的练习，经过一段时间后，注意力会更容易集中起来，有利于增强抗干扰能力。

有心理学家调查了体操比赛中得胜者和失败者在赛前的焦虑程度，发现两类人的焦虑水平基本一样，胜利者与失败者的差别在于如何应对焦虑。消除焦虑的最好方法是正视它，并且全身心投入进去。那些获胜的运动员能抛开焦虑，集中精力于要做的事情上，把面前的任务拆分成一系列细小的步骤，从而有效地克服焦虑。

所以，在面对即兴评述这个任务类型之前，几乎所有的人都问过这样一个问题："我紧张怎么办。"应当知道紧张这个感觉是普遍存在的，重要的不是怎么"不紧张"，而是如何正视"紧张"，最好的办法是把注意力集中到下一步要做的事情上。

★ 评述训练

1. 达尔文的父亲是位著名的医生，他希望儿子继承自己的事业也做医生，可达尔文无心学医，成天收集动物标本；父亲无奈又把他送进神学院，希望他将来当一个牧师，然而他的兴趣也不在此，在剑桥基督学院毕业后，又上了海军勘探船"贝格号"做历时5年的环球旅行，在动植物和地质等方面进行了大量的观察和采集。经过综合探讨，形成了生物进化的概念，并于1859年出版震动当时学术界的生物进化论巨著《物种起源》，生物进化论是19世纪自然科学三大发现之一。对此做即兴评述。

2. 可以通过人工智能写诗了，诗人是否要被替代？

3. 为什么现在越来越多的人喜欢看"吃播"？

4. 一外卖小哥因未帮女顾客倒垃圾而遭投诉，你怎么看？

5. 某中学规定男女生走在一起，如距离小于3.6米就被视为非正常交往，你怎么看？

即兴评述

6. 在福建泉州，一少年因与家人发生争执，喝酒后欲跳桥，周围路人起哄"跳啊跳啊"，对这件事你怎么看？

7. 网络时代很多人提笔忘字，你认为原因是什么？

8. 有人把一些经典文化用通俗易懂的方式解读定义为"文化快餐"，你如何看待"文化快餐"？

9. 山东青岛一对新人在去酒店的路上遇到马拉松比赛封路，一对新人索性站在路边为参赛者呐喊加油。你怎么看？

10. 某小学放学后，校长站在校门口劝导家长让孩子自己背书包，你怎么看？

11. 如何看待越来越频繁使用的移动支付？

12. 有人说，每颗珍珠都是由沙子组成的，但不是每一粒沙子都能成为珍珠。你怎么看？

13. 生活就是一面镜子，你对它笑，它就对你笑；你对它哭，它也对你哭。你对此怎么看？

14. 用一个词概括"我理想中的2030年"，并以此做评述。

15. 2020年5月，河南开封，傍晚时分，大妈们跳起了广场舞，而在前面领舞的是一位8岁的小姑娘。小姑娘跟着音乐节拍，动作完成得很流畅。小姑娘的老师称，她悟性好，跳舞比较好看，观众和队员推选她当领舞。你怎么看？

16. 11岁男孩使用双排键演奏《射雕英雄传》，被网友们膜拜，也引发了一些质疑。孩子的才艺是否应该在社交媒体展示？

17. 有人认为多扔垃圾应多付费，你怎么看？

18. 生活中总会不断有完美的愿景和残缺的现实。你怎么看？

19. 成熟是一种亮而不刺眼的光辉，一种圆润而不腻耳的音响。你对此怎么看？

20. 有人说："看视频的时候，弹幕的内容更好看。"你怎么看弹幕？

第二节 评述中的控制应对

对绝大多数人来说，当众讲话都有难以克服的恐惧。正常人无法完全规避这种感觉，就像人怕疼，但不能阻断人的痛觉神经一样。恐惧感是人的机体对外界的正常反应，唯一可以做到的是正视它并尽量化解它。比如，将恐惧化为低一个层次的感觉：紧张，它的副作用就会小一些；再下一步，把紧张进一步淡化，让它存在但是不捣乱。

无论你怎样惧怕，最终都是要开口的。不管开始之前如何调整，都有可能遇到即兴评述过程中说不下去的"意外"，这里总结了几个可以应用于即兴评述过程中的控制应对的方法。

一、避免开口错

如果将即兴评述这个言语活动进行一下分段，那么它的开头无疑是最重要的。即兴评述现场经常听到这样一句话："我可以重新开始吗？"

这就是不少人遇到过的"闹鬼"现象："开口错"，一开口就会说错，话刚出口，就发现错了。英语中叫"a false start"。怎么规避这种"开口错"呢？有两个方法。

一是慎重开口。评述者心里要充分重视开口的瞬间，这个时候通常是注意力最不集中的时候。不要急着开口，开头的部分同时也担负着乐器调弦定调的作用。上台后，可以先像叹气那样吐出一口气，镇定5秒钟再开口，在这个瞬间，可以朝着对面的听者友好地笑笑，扫视一下，稍微抬抬手，动动肩膀。身体的放松、视线的转移和微笑的传递，都可以降低心里的紧张情绪，同时也能让自己的声音显得不那么生硬。在刚开口说话时，语速不可太快，这样容易导致思维和表达脱节；快了也容易表达出错，会加重评述者的紧张。稳住姿态是稳定讲话的开端，而能做到一开始讲话稳定，才可能在随后的评述中条理清楚。

二是开口前先调弦定调。应该在进行评述前先说上几句话，自己调调声，找到评述的说话感觉，这就像乐器演奏前先要调调弦是一个道理。这样可以找准合适的音量范围，打开声音，顺利进入应试状态。

有的评述者会走入另外一个误区，在开始评述之前想先跟评委聊几句，这是不受欢迎的。客套话并非面试考查的内容，它会浪费时间，而且在很多考试中是不被允许的。因此，开口前的"调弦定调"通常是在考场外进行的。

二、有效深呼吸

如果还没开口就感到紧张，那就先不要急着说话，做几次深呼吸。

出现严重压力时，可以采用深呼吸的方式减压。所谓深呼吸，就是胸腹式呼吸联合进行，有助于排出肺内残气，吸入更多的新鲜空气，以供给各脏器所需的氧分。

绝大多数即兴评述者都遭遇过讲着讲着就讲不下去的情况，进入可怕的"冷场"，现场的人往往会说"别紧张别紧张"，但是这话说了跟没说一样。往往下一句就是"还能说下去吗？"再下一句话就是"说不下去就算了，就这样吧。"这就宣告了即兴评述的半途而废。

面对一个紧张的应试者，正确的说法应该是什么？

"你现在做个深呼吸！"

"来，先叹一口气，再做一个深呼吸，深呼吸！"

最简单有效的办法就是深呼吸。深呼吸能使人的胸部、腹部的相关肌肉、器官得以较大幅度运动，能较多地吸进氧气，吐出二氧化碳，加强血液循环，对于解除疲惫、放松情绪都是有益的。之所以在深呼吸之前一定要先叹一口气，这是因为叹气有助于把气吐干净，使得随之而来的深呼吸真正够"深"，从而吸进去更多的氧气。

许多人的"断了片儿"的即兴评述，因此得以继续进行下去。跟打哈欠一样，上场之前打哈欠是为了增加吸氧量，评述过程中出现问题的简单对策就是深呼吸。

三、讲个故事

在日常讲话时没有任何问题，一旦开始即兴评述才有问题的人，往往有个共同的特点，就是这些人即兴评述和日常讲话时的语态有很大差别。

这说明什么呢？

越是陌生的表达越会加重说话人的紧张和不适感，这时，生活化的表达会给评述者带来放松的感觉。如何找到日常化讲述的感觉呢？那就是讲故事。

（一）讲故事容易使你回到舒适的生活状态

相对于自己不常说的评述语言，如果讲个故事或者叙述一个事件，更容易接近即兴评述者的日常表达状态；换用这样的讲话内容，有利于放松心情，从而回到正路，将即兴评述顺利继续下去。

故事是什么？

就像你把一包神奇的蚕豆胡乱地放在一个抽屉里，把它忘掉了一样。当你开始讲述时，可以帮助你发现那包神奇的蚕豆。讲述生动的故事，是人类历史上用来产生影响的最古老的工具。[1]

讲好一个故事就像把自己要说的东西做成一个微型纪录片一样，通过你的表达，重新播放一遍，好让其他人也看到它。

---

[1] 西蒙斯.讲故事［M］.仇朝兵，等译.海口：海南出版社2008：3.

（二）讲故事有助于帮助你的记忆

很多人在走出评述考场之后会说："哎呀，我准备好的东西一上场就都忘了。"

你有没有这样的经历：很努力地要记住某个东西，但是记了很多次总还是记不住。

在兰州，有一家牛肉面馆，叫马子禄牛肉面，但是有人只记住了一个姓马的牛肉面，后面两个字每次都想不起来，每次都需要别人提醒。直到有一天，有人说，这个名字很好记呀，姓马的人大都是回族，"子"有可能是家谱中的辈分字，而过去在西北，很多家庭都喜欢用"福禄寿喜"来给孩子做名字，"马子福""马子禄""马子寿"和"马子喜"。这样就容易记住了，原因是这个名字有了一个故事，故事是顺应人的天性的，它能帮助一个人记忆。

同样是姓"马"，出自电影《夏洛特烦恼》的"马冬梅"的梗，很多人都知道。那段搞笑对话片段之后，再次爆红网络是因为最近出现的一个吐槽期末考试复习时背书状态的段子：

翻书：马冬梅。

合书：马什么梅？

翻书：马冬梅。

合书：什么冬梅？

翻书：马冬梅。

合书：马冬什么？

女主马冬梅的一段自我介绍，加上故事就会瞬间觉得好记了："我爸叫马冬，我一出生他就不见了，所以我叫马冬梅。"

既然讲故事能够使人放松并有助于加强记忆，那么在即兴评述的过程中，它的"救场"就很有必要了。讲什么呢？只要把严肃的评论语言稍稍转向，换成举例子或者讲个事实，甚至仅仅是放下架子换成给孩子讲故事的语态，就会发现评述还可以顺利进行下去。

四、换个姿势

人的姿势是非常微妙的。评述的过程中紧张了，不妨换个姿势，因为姿势的变化，可以分散评述者过于紧张的注意力。随着姿势的变化，评述者会感到僵硬的身体在慢慢舒展，后面的评述也会随之流畅许多。

即兴评述

许多评述者有个误解：即兴评述过程中的姿势和动作都是需要预先练习和设计的，其实不然。即兴评述时随性而发的姿势有助于放松身体，也有助于放松心情，姿势是给思想加上一个想象力，让想法、场景通过姿势传递出来，把它具象化到某个场面。所以，在感到紧张，找不到合适的语言来表达的时候，试着用双手和身体指向你所要表达的东西，模仿它，并画出一个大体的轮廓，这样才能对面前的人呈现出所讲的东西的视觉影像。

评委（或者听众）在听评述者评述时，他们"听到"的往往只是一部分信息，还有一部分是通过视觉来感受到的。评述者的姿势能在无形中传递出"话语"之外的信息。所以，在即兴评述时，合理、有效地使用恰切的姿势，可以强化评述者所提供的信息，增加故事的表现力；能够激起评委（听众）的想象力，使他们"看到"评述者正在讲述的场面甚至思想。

★评述训练

1. 2019年10月4日，湖南长沙一家网红龙虾馆发布公告称，取号已接近2万桌。此前，6 614桌排队吃饭，1 180位等待打车话题已经引发热议，不少食客将排队经历晒出来。一网友称来了3天，排了3天，还是没吃上。你怎么看？

2. 当前，农村有两种"新式不孝"，那就是薄养厚葬和弃养现象。你对此怎么看？

3. 鲁迅先生不仅是一位最热情的战士，也是一位最冷静的学者。他的治学精神，和他的最勇敢的战士精神一样，黑白分得很清楚。他在学问上也是绝不妥协的，他如果要研究什么就丝毫不肯放松。他出版的许多书籍，从校对到刊物封面的装帧，全部是出于自己之手。对此你怎么看？

4. 机器写作软件已应用于新闻采写中，从技术发展趋势来看，未来的媒体将出现人机一体的新闻报道体系。请谈谈人工智能对新闻媒体的影响。

5. 在某高校，一位老奶奶摆摊卖板栗，保卫处工作人员将板栗买光后再让她离开，你对此怎么看？

6. 近年来，中国电影市场上，青春片、喜剧片的票房一路走高，但是艺术片口碑欠佳成为常态，甚至青春片成了"烂片"的代名词。请谈谈你对这种现象的看法。

7. 有些年轻人拼尽全力留在一线城市发展，认为起点高以后才容易发展得更好。你认为值吗？

8. 20岁大学生坐反末班公交，打不到车回学校边哭边报警。你怎么看？

9. 你怎么看女司机专用停车位的设置？

10. 浙大附一医院精神卫生中心发布了一则睡眠实验志愿者招募启事。24小时不睡，得1 100元；48小时不睡，得2 000元。这钱你愿意挣吗？

11. "十一"长假期间，来自青岛的张先生为付10元矿泉水费，刷屏寻找深圳一位卖水男孩。张先生女儿称，在深圳湾看烟花表演，买水时网络不好只拍了二维码，但照片没拍全导致无法识别付款，"事小意义大，要让孩子知道社会是诚信的"。你怎么看？

12. 如何理解"听妈妈的话"？

13. 陕西省铜川市印台区双碑庄开设"婆媳澡堂"，每周的二、四、六属于澡堂的婆媳开放日，一、三、五属于父子开放日。对婆媳、父子一起来的，可以免费。"婆媳澡堂"早在2013年就开始推行了，虽然没有进行大力宣传，但这种方式对改善村风、提升民风起到了非常大的作用。你怎么看？

14. 某公司负责人晚上10点在工作微信群要求10分钟内上报当月营业额。员工王小姐因已入睡未及时回复。10分钟过后，负责人在微信工作群通知王小姐，"你已被辞退了"。王小姐向劳动争议仲裁委员会提起仲裁，拿到了18万元的赔偿金。对此你有何看法？

15. 临近年关，"过年回谁家"成为已婚人士讨论的热门话题，甚至有年轻夫妻会因意见不同而闹别扭，一份对2 001名35周岁以下已婚人士进行的调查显示，70%的已婚受访青年正被"过年回谁家"的问题困扰。谈谈你的看法。

16. 谈谈你对朋友圈里各种"晒"的看法。

17. 谈谈你对"拖延症"的理解。

18. "如果不说谎，我们就活不下去。"你同意这句话吗？

19. 为什么有些话，说得了别人，却劝不了自己？

20. 操千曲而后晓声，观千剑而后识器。以此做即兴评述。

后 记

教方法其实很难,然而"道法术器"少了任何一环都不完整。于是在熙熙攘攘的世事中孤独下来,做了这本关于即兴评述的"简单粗暴"的书。

它更像是《即兴口语》的一个拾遗或延续,只是选了即兴口语表达中的一个很小的、具体的落点。它适合学习即兴口语表达的人们,以及语言教师、即兴评述命题人和评委等。

书中87%的评述语料来自即兴评述考场或训练现场,由现场记录或录音整理而来;74道例题分析提供了学习参照;305道评述训练题尽可能覆盖了各种类型;部分评述素材来源于经过改动的新闻稿;部分图片评述题目中的图片来源于网络。未能一一标注来源,在此一并说明致谢。

这本书的写作起意于2018年冬天的艺考即兴评述考场,收笔于2020年2月。书中尚有疏误,更多内容和语料可关注姜燕团队公众号"口语传播学",并欢迎给作者留言。

阳台是我的书房,我站着写作,坐下修改。抬头看到梧桐树的叶子,楼下小屋的房顶上,每天下午4点多会走过一只猫,白色,从西往东,只走一次。

姜 燕

2020.5.18

图书在版编目(CIP)数据

即兴评述 / 姜燕著． -- 北京：中国传媒大学出版社，2020.9（2021.11重印）
播音与主持艺术专业"十三五"规划教材．实训系列
ISBN 978-7-5657-2743-6

Ⅰ．①即… Ⅱ．①姜… Ⅲ．①播音－语言艺术－高等学校－教材②主持人－语言艺术－高等学校－教材 Ⅳ．①G222.2

中国版本图书馆CIP数据核字(2020)第138976号

即兴评述
JIXING PINGSHU

著　者	姜　燕	
策划编辑	李水仙	
责任编辑	李水仙	
责任印制	李志鹏	
封面设计	风得信设计·阿东	
出版发行	中国传媒大学出版社	
社　址	北京市朝阳区定福庄东街1号	**邮　编** 100024
电　话	86-10-65450528　65450532	**传　真** 65779405
网　址	http://cucp.cuc.edu.cn	
经　销	全国新华书店	
印　刷	三河市东方印刷有限公司	
开　本	787mm×1092mm　1/16	
印　张	15.25	
字　数	306千字	
版　次	2020年9月第1版	
印　次	2021年11月第2次印刷	
书　号	ISBN 978-7-5657-2743-6/G·2743	**定　价** 56.00元

本社法律顾问：北京李伟斌律师事务所　郭建平
版权所有　翻印必究　印装错误　负责调换